Jürgen Court, Arno Müller (Hg.)

Jahrbuch 2023 der Deutschen Gesellschaft für Geschichte der Sportwissenschaft e. V.

Studien zur Geschichte des Sports

herausgegeben von

Prof. Dr. Wolfram Pyta (Universität Stuttgart)
Prof. Dr. Giselher Spitzer (HU Berlin)
Prof. Dr. Rainer Gömmel (Universität Regensburg)
Prof. Dr. Jürgen Court (Universität Erfurt)
Prof. Dr. Michael Krüger (Universität Münster)

Band 28

LIT

Jürgen Court, Arno Müller (Hg.)

Jahrbuch 2023 der Deutschen Gesellschaft für Geschichte der Sportwissenschaft e. V.

LIT

Die Herausgeber danken der Erziehungswissenschaftlichen Fakultät
der Universität Erfurt für ihre finanzielle Unterstützung.

Gedruckt auf alterungsbeständigem Werkdruckpapier entsprechend
ANSI Z3948   DIN ISO 9706

Bibliografische Information der Deutschen Nationalbibliothek
Die Deutsche Nationalbibliothek verzeichnet diese Publikation in der
Deutschen Nationalbibliografie; detaillierte bibliografische Daten sind
im Internet über https://dnb.dnb.de abrufbar.

ISBN 978-3-643-15347-0 (br.)
ISBN 978-3-643-35347-4 (PDF)

© LIT VERLAG Dr. W. Hopf Berlin 2024
Verlagskontakt:
Fresnostr. 2   D-48159 Münster
Tel. +49 (0) 2 51-62 03 20
E-Mail: lit@lit-verlag.de   https://www.lit-verlag.de

Auslieferung:
Deutschland: LIT Verlag, Fresnostr. 2, D-48159 Münster
Tel. +49 (0) 2 51-620 32 22, E-Mail: vertrieb@lit-verlag.de

Vorwort 7

M. Tarik Orliczek
Ansatz einer didaktischen Bewegungsarchäologie – Zum Potenzial der antiken
Sportgeschichte und ihrer Umsetzung im praktischen Sportunterricht 9

Winfried Joch
Friedrich Bachmaier (1903–2001), Direktor der Hochschulinstitute für
Leibesübungen in Bonn (1936) und Münster (1941) – zugleich ein Beitrag zur
Geschichte der universitären Sportlehrerausbildung 57

Alexander Priebe/Miriam Grabarits
Das Institut für Leibesübungen und die kommunale Sportentwicklung in der
Universitätsstadt Marburg 109

Klaus Willimczik
Die dvs – auf der Suche nach Identität. Gedanken zu einer Ideengeschichte
der dvs – eine autobiographisch durchsetzte Dokumentation 121

Matthias Fechner
Objekt und Aura. Der Sportartikel im Zeitalter seiner konstruierten
Einzigartigkeit. Oder: Die WM 1966 als Katalysator für die
Kommerzialisierung des Fußballs 147

Juliane Gansera-Blum
Architekturgeschichtliche Analysen als Instrument sporthistorischer
Forschung 171

Nachruf 213

Autoren- und Herausgeberverzeichnis 215

Vorwort

Im Jahre 2005 wurde in Köln die „Deutsche Gesellschaft für Geschichte der Sportwissenschaft e. V." gegründet. Ihr in der Satzung festgelegter Zweck ist die Förderung des wissenschaftlichen Austauschs und der Forschung zur Geschichte der Sportwissenschaft durch den wissenschaftlichen Dialog sowohl zwischen ihren Teildisziplinen als auch ihren Mutterwissenschaften. Während in vielen anderen Wissenschaften ein steigendes Interesse an der Historie des eigenen Faches zu erkennen ist, ist es in der Sportwissenschaft noch sehr gering entwickelt. Dies führt nicht nur zur Unvertrautheit vieler Lehrender (und natürlich in noch größerem Maße vieler Studierender) mit ihrer eigenen Disziplin, sondern auch zu unzureichendem Selbstbewußtsein und einem Mangel an Argumenten im Kampf um die Anerkennung der Sportwissenschaft als vollgültige akademische Disziplin. Dabei ist zu bedenken, daß sie gerade aufgrund ihrer Eigenschaft als „Querschnittswissenschaft" (Carl Diem) auch für andere Wissenschaften ein höchst anregungsreiches wissenschaftliches Potential anbietet. Zum einen offeriert die besondere Anschaulichkeit des Handlungsfelds Sport eine Möglichkeit der Anwendung eigener Theorien, und zum anderen enthält es aufgrund der Vielfalt seiner Phänomene selbst genügend Anstöße zu Reflexionen pädagogischer, historischer, kultureller, juristischer, ökonomischer, psychologischer, naturwissenschaftlicher etc. Art. Die Mitglieder der Gesellschaft stammen daher aus der Philosophie, Psychologie, Religionswissenschaft, Sportwissenschaft, Anglistik, Klassischen Archäologie, Geschichte und Germanistik. Der Publikation der auf der alljährlichen Mitgliederversammlung gehaltenen Beiträge dient das „Jahrbuch der Deutschen Gesellschaft für Geschichte der Sportwissenschaft e. V."

Dieses achtzehnte Jahrbuch der Gesellschaft enthält die Vorträge ihrer achtzehnten Jahrestagung, die im Juli 2022 in Sutten/Tegernsee stattfand, und wurde um einen Beitrag ergänzt.

Prof. em. Dr. Jürgen Court   Köln
Prof. Dr. Arno Müller   Erfurt

Ansatz einer didaktischen Bewegungsarchäologie – Zum Potenzial der antiken Sportgeschichte und ihrer Umsetzung im praktischen Sportunterricht

M. Tarik Orliczek

> Die kosmogonische Frage, wie all das, was auf der Welt da ist, so geworden sein mag, ist nun einmal eine primäre Beschäftigung des menschlichen Geistes.[1]

So beschreibt es Huizinga ([21]2009) im *Homo Ludens* zwar im Kontext von Wissen und Philosophie, doch kann diese grundsätzlich menschliche Frage auch auf andere Bereiche bezogen werden. Wie selbstverständlich machen Unterrichtsfächer wie Geschichte, Latein, Griechisch, Deutsch, Musik, Kunst oder Darstellendes Spiel die Entstehung und Gewordenheit ihrer Inhalte so explizit zum Thema, dass bspw. ein Unterricht in den musisch-künstlerischen Fächern ohne eine Thematisierung von Epochen fast undenkbar scheint.

Der als ästhetisches Fach geltende Sportunterricht indes muss heutzutage solche kosmogonischen Fragen in der Unterrichtspraxis irritierenderweise nicht (mehr) stellen.[2] Er verbleibt inhaltlich in der Gegenwart, obwohl Vergangenheit und Zukunft in den anthropologischen Fragen *Wo kommen wir her?* und *Wo gehen wir hin?* geradezu als Bewegungen metaphorisiert werden. Auch wenn Bewegung eine Metapher des Werdens überhaupt darstellt,[3] spielt inzwischen die Perspektive der Gewordenheit, d.h. die Sportgeschichte, „eine eher unbedeutende Rolle im Studium [...] von Sportlehrerinnen und Sportlehrern in Deutschland".[4] Wenn also künftige Lehr-

---

[1] Huizinga [21]2009, 122; siehe dazu auch Erll [3]2017. Dort heißt es: „Stiftung, Pflege und Reflexion des kulturellen Erbes scheinen zur anthropologischen Grundausstattung des Menschen zu gehören" (a.a.O., 11).
[2] Im 19. und bis in die Mitte des 20. Jahrhunderts verhielt sich dies noch so, obwohl die pädagogische Relevanz sich von dem hier vorgestellten Ansatz unterscheidet: vgl. bspw. Kurz 1982, 318f.; Krüger 2006, 227; Brodersen 2019.
[3] Das stellte bereits Platon z.B. im *Theaitetos* 153a fest.
[4] Krüger 2006, 227. Bspw. skizzierte Luh (2018a) mit einer „realistisch-pessimistischen Einschätzung" (a.a.O., 12) vor kurzem eine „personell-institutionelle und [...] parallel verlaufende lehrplanmäßige universitäre Entankerung der Sportgeschichte" (a.a.O., 11).

kräfte nicht mehr unmittelbar und praktisch mit ihr in Berührung kommen, verwundert eine Vergessenheit der Sportgeschichte auch in der schulischen Vermittlung nicht.[5]

Hingegen scheint das allgemeine gesellschaftliche Interesse an der Sportgeschichte in den letzten Jahren durchaus gewachsen zu sein.[6] Neben der Verfilmung des Comics *Asterix bei den Olympischen Spielen* im Jahr 2008 liefern einige aktuelle Beispiele dafür die erst kürzlich zwischen 2017 und 2022 erschienenen Dokumentationen *Ikarus*, *Heimspiel* oder *Human Playground*, bei denen sportgeschichtliche Episoden erzählt und traditionelle Sportarten auch vor dem Hintergrund ihres kulturgeschichtlichen Settings vorgestellt werden. Sportgeschichte ist also durchaus medial präsent.

Um an dieses gesellschaftliche Interesse anzuschließen und Überlegungen zum Einbezug der Sportgeschichte in die schulische Unterrichtspraxis anzustellen, soll zunächst dargestellt werden, inwieweit die Kerncurricula der Bundesländer Hessen, Niedersachsen und Berlin sportgeschichtliche Themen überhaupt beachten. Da sich die Sportgeschichte in den Bildungsplänen, wie sich zeigen wird, nicht aus der Rolle einer Marginalexistenz weiterentwickelt hat, sollen mögliche curriculare Räume für sportgeschichtliche Thematisierungen ausgemacht werden. Im darauffolgenden Abschnitt wird daran anschließend das didaktische Potenzial[7] einer experimentellen und praktischen Sportgeschichte mit einem antiken Schwerpunkt herausgestellt und vor dem Hintergrund aktueller sportdidaktischer Vermittlungskonzepte reflektiert. Hier soll ein erster Ansatz einer sog. *didaktischen Bewegungsarchäologie* entwickelt werden, welche sich Fragestellungen der Sportgeschichte und der Sportwissenschaftsgeschichte im

---

[5] Natürlicherweise ist hierbei anzumerken, dass die Sportpädagogik die Geschichte der Leibeserziehung und des Sports durchaus reflektiert in die Sportlehrkräftebildung einbringt; so etwa deutlich bei Dietrich/Landau (1990) oder Prohl (^{3}2010). Zudem gibt es auch eine Reihe von Unterrichtsbeispielen zu einzelnen historischen Sportarten, doch können diese den grundsätzlichen Mangel an einer praktischen Auseinandersetzung abseits einer theoretischen Reflexion nicht aufheben. So konstatiert neuerdings Gissel im Zusammenhang mit dem Turnen, dass viele traditionelle Bewegungsformen „zur kulturellen Bedeutungslosigkeit degeneriert sind" (2018, 39), was an einer „völlig unzureichenden historischen Bildung der meisten Sportlehrkräfte" liegt (a.a.O., 39, Anm. 5).

[6] Vgl. Krüger 2006, 233; Krüger/Ulfkotte/Hübner 2017, 49; Luh ^{2}2020, 88.

[7] Unter dem Begriff des didaktischen Potenzials verstehe ich einen Mehrwert, der in einer inhaltlichen Auseinandersetzung mit dem Unterrichtsgegenstand sinnvoll sein und Möglichkeiten bieten kann, ein ganzheitliches und genetisches Verständnis der Lernenden bei der Gegenstandserschließung hervorzurufen. Zur Gegenstandsfrage siehe Kap. 3.1.

Unterricht widmet. Abschließend möchte der Beitrag am Beispiel eines Staffelwettkampfs eine Möglichkeit des sportpraktischen Einbezugs der antiken Sportgeschichte[8] aufzeigen und bereits vorhandene Umsetzungsbeispiele in einer Auswahlbibliographie zusammenstellen, die sich als Handreichung für historische Zugänge in der Unterrichtsgestaltung versteht.

1 Ein kurzer Blick in die Curricula

Die Begriffe *Geschichte* und *historisch* sucht man in den aktuellen Curricula für das Fach Sport am Gymnasium nahezu vergebens. So kommt *historisch* im Hessischen Kerncurriculum der gymnasialen Sekundarstufe I kein einziges Mal und in dem der gymnasialen Oberstufe lediglich einmal vor.[9] Beim Wort *Geschichte* zeichnet sich ein ähnliches Bild ab: keine Nennung in der Sekundarstufe I, nur einmal erscheint der Begriff in der Oberstufe.[10] Beide Stichworte finden sich ausschließlich im Zusammenhang des allgemeinen Teils, jedoch nicht in den sportpraktisch ausgelegten Inhaltsfeldern.

Immerhin formuliert das Hessische Kultusministerium im Kerncurriculum der gymnasialen Oberstufe für das sporttheoretische Inhaltsfeld *Sportliches Handeln im gesellschaftlichen Kontext*:

> Sport präsentiert sich über das eigene Umfeld hinaus in vielen Facetten auch in der Öffentlichkeit und findet seinen Ausdruck in der *Bewegungs-, Spiel- und Sportkultur, die sich immer wieder neu darstellt und dabei gesellschaftlichen Veränderungen und Einflüssen unterliegt*. An diesem kulturellen Geschehen aktiv, kompetent und gestaltend teilnehmen zu können, verlangt nach einer *kritischen Auseinandersetzung mit Sport als gesellschaftlichem Faktor* mit hoher Bedeutung, da er in einem komplexen Beziehungsgefüge zwischen Wirtschaft, Politik und Medien steht und daher

---

[8] Ich spreche zur besseren Verständlichkeit hier und im Folgenden von der *antiken Sportgeschichte* als einer *Sportgeschichte zur Antike*, auch wenn die Verwendung des Begriffs *Sport* in Bezug zur Antike anachronistisch ist. Vgl. zu diesem terminologischen Problem Wacker 2006 und Knauß 2004a.
[9] Dort tritt der Begriff im Ausdruck *historische Weltsicht* entgegen und wird im Zusammenhang mit der überfachlichen Kompetenz der wertbewussten Haltungen genannt: vgl. Hessisches Kultusministerium 2018, 9.
[10] Im Zusammenhang mit den vier Modi der Weltbegegnung fällt das Stichwort *Geschichte* (vgl. a.a.O., 5).

auch von unterschiedlichen Motivlagen geprägt ist, die es zu hinterfragen gilt.[11]

Der gleiche Gedanke von gesellschaftlichen Veränderungen und Neugestaltungen, der im Hessischen Kerncurriculum noch recht allgemein und mit einem eindeutigen Gegenwartsbezug formuliert ist, ist ebenfalls im Curriculum des Landes Niedersachsen zu finden. Dort heißt es für den sporttheoretischen Themenbereich *Sport und Gesellschaft*:

> Sport wird immer in einem *gesellschaftlichen Kontext* vollzogen. Da der gesellschaftliche Kontext aber einem *ständigen Wandel* unterworfen ist, wird in diesen Themenfeldern der Sportbegriff in seiner differenzierten Verwendung reflektiert. [...] Über diese unterschiedlichen Funktionen sollen die Wechselwirkungen zwischen dem Sport und der Wirtschaft, der Politik und den Medien erörtert werden. [...] Es soll durch die Einbeziehung vielfältiger Materialien [...] erkennbar werden, dass der Sport als ein Spiegelbild der Gesamtgesellschaft begriffen werden kann. *Außerdem ist zu reflektieren, dass aktuelle Diskussionen im Sport und die Entwicklung von Zukunftsperspektiven nicht ohne eine historische Einordnung begriffen werden können.*[12]

Mit dem letzten Satz wird das Niedersächsische Kultusministerium weitaus konkreter als das Hessische und beschreibt hier eine gegenwartsgenetische Funktion durch sportgeschichtliche Inhalte, welche für die Einordnung und Reflexion der aktuellen Sportkultur relevant ist. In beiden Bundesländern erscheint das Historische jedoch nicht als verbindlicher Unterrichtsinhalt, obgleich der Sport von den Lernenden grundsätzlich als veränderbar und damit implizit auch als historisch begriffen werden soll. Bereits hier könnte kritisiert werden, dass Telos und Programm in der inhaltlichen Was-Frage auseinandergehen.

In einem Aufsatz von 2009 wurde dieses Problem von Völker/Wiese für die Berliner Rahmenpläne dargelegt.[13] Schon damals kritisierten die Autoren, dass die Sportgeschichte „kein integrativer Bestandteil der schulischen

---

[11] A.a.O., 17f., Hervorheb. M.T.O.
[12] Niedersächsisches Kultusministerium 2018, 39, Hervorheb. M.T.O.
[13] Bei Völker/Wiese (2009) wird ebenfalls auf die Thematisierung der Sportgeschichte in gängigen Lehrwerken eingegangen. Siehe dazu neuerdings auch Krüger/Ulfkotte/Hübner (2017).

Vermittlung"[14] sei. An ihrer Einschätzung einer „Randständigkeit sportgeschichtlicher Inhalte"[15] hat sich mehr als zehn Jahre später keineswegs etwas geändert, wie die aktuelleren Hessischen und Niedersächsischen Beispiele zeigen.

Die in den Curricula fehlende sportgeschichtliche Inhaltsfrage führt nun dazu, dass selbst Lernende eines Hessischen Sport-Leistungskurses mit dem Thema kaum in Berührung kommen, obwohl eine kritische Reflexion der gesellschaftlichen Bedeutung des Sports mitsamt den damit zusammenhängenden Einflussfaktoren ein Kompetenzziel dieses Leistungskurses darstellt.[16] Das Thema wird somit ausschließlich in der Methodik relevant und ist hochgradig lehrkraftabhängig, weshalb es mitunter nur in themenspezifischen oder fächerübergreifenden Projektarbeiten zum Unterrichtsinhalt wird.[17]

Zudem werden sportgeschichtliche Zugänge auch in den sportpraktischen Inhaltsfeldern curricular nicht vorgeschrieben. Dieser „bildungsrelevante Kern des Sportunterrichts"[18] in der Hessischen Unterstufe stellt keine kosmogonischen Fragen, obwohl von den Lernenden später in der Oberstufe zwischen den sportpraktischen und sporttheoretischen Inhaltsfeldern eine „wechselseitige Beziehung […] unmittelbar im eigenen sportlichen Handeln erfahrbar werden [muss, M.T.O.]".[19] Gleiches gilt wiederum für den Sportunterricht in Niedersachsen, wo für die Oberstufe ähnliche Prinzipien wie „Praxis-Theorie-Verbund, […] Wissenschaftspropädeutik, […] Mehrperspektivität, […] [i]nhaltlicher Pluralismus […] [und, M.T.O.] Zukunftsorientierung" handlungsleitend sind.[20] Schlussendlich bedeutet diese Beziehung aber erneut, dass sporttheoretische Kompetenzziele wie die Veränderbarkeit, Vielfalt und Geschichtlichkeit laut den Curricula auch in der Sportpraxis erfahrbar zu machen sind.

---

[14] Völker/Wiese 2009, 126f.
[15] A.a.O., 126.
[16] Vgl. Hessisches Kultusministerium 2018, 26.
[17] Vgl. Völker/Wiese 2009, 126 und 130; siehe auch Sliep 2009. Diesbezüglich sei auch auf die Auswahlbibliographie weiter unten verwiesen.
[18] Hessisches Kultusministerium 2011, 16.
[19] Hessisches Kultusministerium 2018, 16. An dieser Stelle formuliert das Hessische Kerncurriculum keine Aufforderung, sondern eine ausdrückliche Notwendigkeit: „Diese wechselseitige Beziehung […] *muss* für die Lernenden unmittelbar im eigenen sportlichen Handeln erfahrbar werden" (ebd., Hervorheb. M.T.O.).
[20] Niedersächsisches Kultusministerium 2018, 9.

Mit dem Gesagten soll ausdrücklich keine Curriculumsrevision gefordert werden, denn dafür wäre ausführlicher zu klären, inwieweit die Enkulturationsfunktion des Faches, unter die schließlich auch die historische Perspektive fällt,[21] erfüllt werden kann, wenn die Geschichtlichkeit der Fachinhalte – wenn überhaupt – nur randständig behandelt wird. Hingegen soll lediglich für die Thematisierung solcher Inhalte und Zugänge hinsichtlich der übergreifenden Kompetenzziele sensibilisiert werden, denn für eine Wie-Frage mit sporthistorischer Perspektive lassen die inhaltlich pluralistisch und mehrperspektivisch ausgerichteten Curricula genügend Raum. So bspw. im Inhaltsfeld *Laufen, Springen, Werfen* der gymnasialen Sekundarstufe I, wo keine fertigkeitsorientierten leichtathletischen Zieltechniken gefordert sind, sondern „das Experimentieren mit Bewegungsmöglichkeiten beim Laufen, Springen und Werfen und das Suchen nach neuen Bewegungsformen" zentral ist.[22] Von dieser Vermittlungsoffenheit ist in ähnlicher Weise bspw. in den Vorgaben zum Inhaltsfeld *Fahren, Rollen, Gleiten* der Sekundarstufe I die Rede.[23] Zudem werden in der Oberstufe „weitere Partnerkämpfe aus anderen Kulturkreisen"[24] im Inhaltsfeld *Mit und gegen den Partner kämpfen* vorgeschlagen, sodass geschlussfolgert werden darf, dass all diese Inhaltsfelder eine historische Perspektive grundsätzlich zulassen.

Für eine Thematisierung der Sportgeschichte in der gymnasialen Oberstufe sind gerade in der Qualifikationsphase weitere Zugriffe möglich, die das Geschichtlich-Kulturelle noch stärker in den Vordergrund rücken lassen. So sieht das Hessische Kerncurriculum im Grund- und Leistungskurs der Q3 die Behandlung des Themas *Sport im Spannungsfeld von Wirtschaft, Politik und Medien* vor.[25] Obgleich dabei zwar erneut eine starke Gewichtung auf den modernen Sport und die Rolle von Spitzensportlerinnen und -sportlern gelegt wird,[26] lässt sich eine politische und wirtschaftliche Nutzung des Sports gerade auch exemplarisch in der Antike nachweisen, weshalb sich hier ein kultureller Vergleich empfiehlt. Gleiches gilt für

---

[21] Vgl. Fend ²2008, 48f.; Benner ⁸2015, 74ff.
[22] Hessisches Kultusministerium 2011, 27.
[23] Vgl. a.a.O., 23.
[24] Hessisches Kultusministerium 2018, 22.
[25] Vgl. a.a.O., 31.
[26] Dies zeigt auch das angebotene Beispiel fächerübergreifenden Unterrichts im Begleitmaterial zu diesem Themenfeld: vgl. Hessische Lehrkräfteakademie o.J.

das Themenfeld *Sport als gesellschaftliches Phänomen* in Niedersächsischen Leistungskursen.[27] Als Verbindungssequenzen, anhand derer Übergänge und eine inhaltliche Kohärenz zwischen praktischen und theoretischen Inhaltsfeldern gezeichnet werden können, scheinen sportgeschichtliche Zugänge an dieser Stelle besonders geeignet.

Auch wenn es nicht explizit vorgeschrieben ist, hat Sportgeschichtliches grundsätzlich genügend Raum in den sporttheoretischen und -praktischen Inhaltsfeldern, welche die betrachteten Curricula vorsehen. Über die Ähnlichkeit und Verschiedenheit der geschichtlich-kulturellen Seite ergeben sich Anknüpfungspunkte für die Themen der Qualifikationsphase. Aufgrund der Tatsache jedoch, dass nach dem besagten ernüchternden Resümee von Völker/Wiese (2009) kein größerer Wandel abzusehen ist und sich die historische Betrachtung der Sport- und Bewegungskultur noch immer nicht aus ihrer Rolle einer Marginalexistenz weiterentwickelt zu haben scheint,[28] möchte der Beitrag nach der grundsätzlichen Feststellung der Offenheit der Curricula für sportgeschichtliche Zugänge im nachfolgenden Abschnitt einen Ansatz für ihren sportpraktischen Einbezug ins schulische Setting vorstellen und dabei auf die schulsportliche Relevanz einer Thematisierung des Geschichtlichen hinweisen.

2 Ansatz und Potenzial einer didaktischen Bewegungsarchäologie

Unter der sog. didaktischen Bewegungsarchäologie wird ein experimentell-praktischer Zugang verstanden, bei dem die Geschichtlichkeit des Gegenstands im Unterricht thematisiert wird. Bevor auf das Potenzial dieses Zugangs anhand der Sportgeschichte zur Antike eingegangen wird, soll die didaktische Bewegungsarchäologie im Ansatz vorgestellt werden:

Die Lernenden setzen sich anhand von exemplarischen Vorformen mit der historischen Gewordenheit ihrer heutigen Sport-, Spiel- und Bewegungskultur in einem genetischen Lernprozess leibästhetisch und bewegungspraktisch auseinander. Mit dem Fokus der Rekonstruktion von Bewegungsformen einer vergangenen Kultur mittels archäologischer, literarischer und bildlicher Zeugnisse betreiben sie eine Art historische Bewe-

---

[27] Vgl. Niedersächsisches Kultusministerium 2018, 47f.
[28] Vgl. Völker/Wiese 2009, 132.

gungsforschung, bei der sie die kulturgeschichtliche Prägung ihres eigenen Sporttreibens selbst ergründen können. Über die Praxis treten sie mit Geschichte und Vergangenheit in einen bewegten Dialog, durch den sie Unterschiede, Ähnlichkeiten und Entsprechungen zwischen der erinnerten und aktuellen Sportkultur, an der sie teilhaben, erkennen können. Eröffnet und erfahren wird durch diese historische Kommunikation insbesondere die fundamentale Tatsache, dass sich der Gegenstand Sport und seine Ausdeutungen als entwicklungsoffen und veränderbar präsentieren, zumal meist keine absoluten Lösungen der Bewegungsaufgaben durch eindeutige Abgleiche mit etwaigen Idealtechniken möglich sind. Dabei ist dieser Dialog sowohl ein sportgeschichtlicher als auch ein sportwissenschaftsgeschichtlicher, da die Lernenden einerseits bedeutende sportgeschichtliche Fragen zu beantworten versuchen, die in der Vergangenheit den fachwissenschaftlichen, sportgeschichtlichen Diskurs geprägt haben, und andererseits die bisherigen Rekonstruktionsvorschläge aus der Forschung vor dem Hintergrund ihrer persönlichen Bewegungserfahrungen hinsichtlich der jeweiligen Bewegungsaufgabe auf ihre Plausibilität und Funktionalität[29] hin kritisch reflektieren können. Im didaktischen Kontext wird somit die unmittelbare Bewegungspraxis fokussiert.[30]

Der Zugang der didaktischen Bewegungsarchäologie gründet sich neben dem Geschichtstheater,[31] dem genetischen Lernen,[32] der leibästhetischen Forschung und dem Bewegungsexperiment[33] auf eine didaktisch angepasste experimentelle Archäologie.[34] Einen möglichen Vorschlag, wie eine

---

[29] Funktionalität ist hier im bewegungspädagogischen Sinne als *Funktion der Aufgabe* gemeint. Vgl. dazu u.a. Laging 2013, 356.
[30] So wird im didaktischen Kontext eine theoretische Hypothetik vermieden, die bspw. der früheren Forschung zu den antiken olympischen Disziplinen unterstellt wurde (vgl. u.a. Harris 1963, 30; Lindner 1967, 44).
[31] Vgl. Hochbruck 2013.
[32] Vgl. Wagenschein 1999.
[33] Vgl. speziell zum Bewegungsexperiment Moegling 2000.
[34] Bei der experimentellen Archäologie handelt es sich um einen Spross der archäologischen Fachwissenschaft, der sich seit Ende des neunzehnten Jahrhunderts entwickelt und einen Aufschwung in Folge der angelsächsischen Reenactment-Bewegung erhalten hat (vgl. Hochbruck 2013, 38; Junkelmann 2014, 157). Die griechisch-römische Antike wird jedoch nur selten in den Blick archäologischer Experimente genommen (vgl. Junkelmann 1986, 18), da diese Zeit eine ganz „spezifische Natur der Quellenlage" (Junkelmann 2014, 157) aufweist. Für die Erforschung der griechisch-römischen Welt stehen v.a. Schriftquellen im Mittelpunkt der Auseinandersetzung, weshalb die Philologie zur maßgebenden

solche Experimentalarchäologie im Unterricht umgesetzt werden kann, bietet die fünfteilige Stationsarbeit zum antiken Pentathlon von Orliczek/Priebe (2022 und 2023).[35] In Bezug auf die drei Eckdaten der Experimentalarchäologie nach Hochbruck (2013) konzentrieren sich alle fünf vorgestellten Stationen erstens auf „eine konkrete, in der Regel handwerklich geprägte Fragestellung",[36] welche in der Stationsarbeit die Frage der Rekonstruktion von Bewegungsproblemen der antiken pentathletischen Disziplinen betrifft. Zweitens wird diese Fragestellung interdisziplinär beantwortet, weshalb die bereits erstellten Unterrichtsbeispiele offen für fächerübergreifende Vorhaben gestaltet worden sind. Drittens möchte die Disziplin Ergebnisse mit einer hohen Anschaulichkeit und Nachvollziehbarkeit liefern,[37] was ihre Entsprechungen im leibästhetischen Fokus, respektive der Forschung der Lernenden am eigenen Leib findet. Insofern wird der Leib für die Lernenden zugleich Zugangsmedium in eine vergangene Zeit und Forschungsgegenstand in dieser Zeit.[38] Da sie sich mit den Anfängen der Bewegungskultur bzw. archaischen Bewegungsproblemen beschäftigen, befassen sich die Lernenden in diesem leibästhetisch und experimentalarchäologisch forschenden Lernprozess letztlich mit einer Archäologie ausgewählter Bewegungsprobleme. Kurzum, sie betreiben eine Bewegungsarchäologie.[39]

Anführerin in der Wissensproduktion über die Antike wird. Plastische Artefakte und Bodenfunde sind dabei zwar eine wichtige Ergänzung zum Schrifttum, aber „lassen oft genug ein großes Spektrum möglicher Interpretationen zu" (ebd.). Für diese Problematik wurde bereits deutlich gemacht, dass die Methode des Experiments gerade dort Lücken schließen kann, wo die schriftliche und dingliche Überlieferung nicht ausreichend ist, womit der Experimentalarchäologie auch eine prüfende, bestätigende oder widerlegende Aufgabe zukommt (vgl. ebd.); so bspw. beim Nachbau einer antiken Hysplex in Nemea (vgl. Miller 1999).
[35] Siehe im Folgenden zur näheren Erklärung der Stationsarbeit das siebte Kapitel.
[36] Hochbruck 2013, 38.
[37] Vgl. ebd.
[38] Vgl. dazu Moegling 2000, 307; Abraham 2002, dort insb. 189 und 194; Alkemeyer 2003, 56; allgemein auch Franke 2003 und 2005 sowie Roscher 2006.
[39] Sicherlich würde der Begriff *Sportarchäologie* den Zugang ebenfalls angemessen beschreiben, doch ist dieser bereits bei Wacker (2000) anderweitig festgelegt und definiert worden (vgl. 74f.). Zudem ist der Begriff *Bewegungsarchäologie* erstens weitaus offener gefasst, zweitens im Gegenstandsverständnis, d.h., in ihrem Bezugspunkt enger an eine Bewegungspädagogik gebunden und zielt drittens unmittelbar auf die Praxis. Das Attribut *didaktisch* soll die Methode klar von einer wissenschaftlichen Sportarchäologie abgrenzen.

3 Didaktisches Potenzial der Kultur- und Bewegungsgenese

Wenngleich die allgemeine Bedeutung der Sport(wissenschafts)geschichte in Schule und Studium aus der Disziplin selbst heraus bereits mehrfach dargestellt und hinreichend begründet worden ist,[40] sollte die Frage, inwieweit die Thematisierung der Sportgeschichte zur Antike in der didaktischen Bewegungsarchäologie zu einem tieferen Gegenstandsverständnis führen kann, von der Fachdidaktik ausgehend beantwortet werden, da sich die bildungsrelevante „Reflexivität [...] aus der Auseinandersetzung innerhalb des jeweiligen gegenstandsspezifischen Mediums" ergibt.[41] Insofern soll hier auf der Grundlage von bewegungspädagogischen und fachdidaktischen Arbeiten zum Gegenstandsverständnis des schulischen Sportunterrichts das didaktische Potenzial in den zwei Aspekten der Kultur- und Bewegungsgenese diskutiert werden. Da sich die sportgeschichtliche und fachdidaktische Perspektive insbesondere im kulturgenetischen Aspekt überschneiden, sind diese zueinander nicht adversativ, sondern komplementär zu verstehen. Die Erweiterung der kulturgenetischen Perspektive um einen zweiten, die eigentliche Genese der Bewegungspraxis betreffenden Aspekt des Potenzials liegt neben den Konsequenzen des zugrunde gelegten Gegenstandsverständnisses sodann darin begründet, dass sich Sport allein in körperlich-leiblichen Bewegungshandlungen entfaltet und diese wiederum ein „Doppeltes von menschlicher Bewegung und kultureller Bedeutung" sind.[42] Eine eindeutige Trennung dieses *Doppelten* in zwei separate Aspekte ist somit nicht möglich. Daher rührt es, dass, auch wenn die Sporttheorie durchaus sinnvolle Zugänge bereithält, für die schulische Vermittlung der Sportgeschichte m.E. dasselbe gelten sollte, was für die akademische Sportgeschichte von Thomas (2009) postuliert wurde: „Sportwissenschaftliche Sportgeschichte sollte die Geschichte der unmittelbaren sportlichen Praxis in den Mittelpunkt ihrer Bemühungen rücken".[43]

---

[40] Vgl. u.a. Ueberhorst 1980; Bernett 1981; Kurz 1982; Schütte 1995; Luh 2004 und 2018a; Teichler 2004; Höfer 2004; Buss 2004; Krüger 2006; Bäumler 2007; Sliep 2009; Völker/Wiese 2009; Gissel 2018.
[41] Franke 2001, 27, Hervorheb. Orig. entfernt.
[42] Thomas 2009, 47; vgl. zudem a.a.O., 36; Gebauer/Wulf 1998.
[43] Thomas 2009, 37; vgl. auch Kurz 1982, 323; Alkemeyer 2003, 55.

3.1 Klärung des Gegenstandsverständnisses als ästhetisches Erfahrungsfeld und seine didaktischen Konsequenzen

Im Sportunterricht gründete sich vor der Jahrtausendwende noch ein Großteil der Vermittlungsstrategien auf eine reine Fertigkeitsorientierung, bei der eine „substanzielle Körperbewegung als eine Orientierung an der Form" maßgebend war.[44] Eine solche Betrachtungsweise, bei der Lernen über Technikreduktionen ermöglicht werden soll, gerät jedoch u.a. nach Bietz (2001) „in erheblichen Widerspruch zu den normativen Bezügen von Erziehung und Bildung",[45] da sie ein produktorientiertes Grundverständnis impliziert.[46] Grundlage für die Abkehr von solchen fertigkeitsorientierten Methodenreihen und die Hinwendung zu einer Erfahrungs- und Prozessorientierung im Sportunterricht, welche die Gesamtbewegung und die von ihr ausgehenden Elementarisierungen nach dem grundlegenden Bewegungssinn fokussiert,[47] sind kulturanthropologische, bildungs-, gestalt- und ästhetiktheoretische sowie (leib)phänomenologische Bezüge.[48] Demnach sind Bewegungen flüchtig und prozesshaft, sie existieren nur als ein „*Dazwischen* [...], nämlich *zwischen* Welt und Subjekt"[49] und nicht an sich: „Bewegungen entsprechen in diesem Verständnis einem wahrnehmungsbasierten ästhetischen Formungsprozess".[50] Der Sinn der Bewegungen entsteht „erst im Sinnlichen der Sinneserfahrung".[51] Daraus resultiert, dass der Gegenstand des Sportunterrichts nach Laging (2022) mit Bezug auf Gebauer/Wulf (1998) „das sportliche Bewegungshandeln im Kontext körperkultureller Praxis" ist,[52] wobei sich diese Bewegungshandlungen von Alltagsbewegungen „durch ihre *Sinnlosigkeit* in einem *sinn-*

---

[44] Laging 2013, 357; vgl. ebenso Brodtmann/Landau 1982, 17.
[45] Bietz 2001, 320.
[46] Vgl. z.B. Scherer 2011, 78; Scherer/Bietz 2013, 24ff. und 68ff.
[47] Vgl. Scherer 2011, 84; Laging 2013, 357.
[48] Vgl. bspw. Funke-Wieneke 2007, 55ff.; Scherer/Bietz 2013, 17ff.
[49] Gebauer/Wulf 1998, 23, Hervorheb. Orig.
[50] Laging 2016, 255. Vgl. dazu u.a. Franke 2003 und 2005; Scherer/Bietz 2015; Bietz 2020; Laging 2022.
[51] Laging 2016, 255.
[52] Laging 2022, 32.

generierenden ästhetischen Erfahrungsprozess"[53] unterscheiden und in ihrem Zweck auf sich selbst verweisen.[54]

So ist das autotelische und selbstreferentielle *Sich*-Bewegen nach Trebels ([2]2001) durch drei Merkmale bestimmt: „Bewegungen als Bewegungshandlung eines Aktors, Sich-Bewegen im situativen Kontext, Sich-Bewegen als bedeutungsbezogene Handlung".[55] Metaphorisch gesprochen kann Bewegung als Dialog verstanden werden, der sich in der Relation von Mensch und Welt situativ und intentional abspielt,[56] und bedeutet demnach, „sich an oder mit etwas bewegen, das bestimmte Bedingungen stellt".[57] Wenn sich das Sich-Bewegen nun durch eine „intentionale Orientierung"[58] auszeichnet und an bestimmte Bedingungen geknüpft ist, resultiert daraus,

> dass sportliche Bewegungen nicht deswegen nachgeahmt und vollzogen werden, weil es die ‚Technik' gibt, sondern weil die Situation als Aufgabe ein funktional angemessenes Bewegungshandeln erfordert, die Bewegung also gleichsam aus der Aufgabe resultiert.[59]

Im Zentrum des Lernens von Bewegungen müssen daher individuelle Aneignungsstrukturen und -prozesse stehen, die sich in Erfahrungs- bzw. Problemfeldern als Bewegungsangebote und -aufgaben manifestieren.[60] Das ästhetische Erfahrungspotenzial bieten dabei die Bewegungsinhalte selbst in sich und durch das, „was sie als spezifische Form der Weltauseinandersetzung jeweils thematisieren".[61] Somit sind notwendigerweise auch die Bewegungsdialoge weder überindividuell noch bei der gleichen Person stets deckungsgleich, was die didaktische Konsequenz nach sich

---

[53] Ebd., Hervorheb. Orig.
[54] Vgl. u.a. ebd.; Bietz 2020, 41ff.
[55] Trebels [2]2001, 200.
[56] Vgl. Laging 2013, 356f.; zudem Tamboer 1979, 14-19; Trebels [2]2001. Prägnant wird der Bewegungsdialog bei Funke-Wieneke ([2]2010, 37) verdeutlicht: „Das Sich bewegen entfaltet sich [...] als ein Wechselspiel zwischen einer Bewegungsfrage an ein Objekt oder eine Umgebung (Schaukel anstoßen: ‚Was tust du?') und einer ‚Antwort' des Objekts oder der Umgebung (Schaukel pendelt: ‚Ich weiche aus und kehre zurück!')."
[57] Funke-Wieneke 2007, 98.
[58] Trebels [2]2001, 199.
[59] Laging 2013, 356.
[60] Vgl. Bietz 2001, 321f.; zudem Brodtmann/Landau 1982, 17-19; Bietz 1999; Scherer 2004, 144; Laging 2013.
[61] Scherer/Bietz 2013, 43.

zieht, dass erst das eigene Fragenstellen in der leiblichen Auseinandersetzung beim Bewegungslernen einen bestimmten Lösungsweg sinnhaft macht und seine Funktionalität erkennen lässt.[62] Eine neue Bewegung muss schließlich in die persönliche bewegungsbiografische Perspektive eingeordnet werden, um frühere Bewegungserfahrungen mit gleicher oder ähnlicher Bewegungsbedeutung abzurufen, zu erweitern und zu verändern.[63]

Aus diesen Überlegungen können nach Laging (2013) bestimmte didaktische Prinzipien des Lernens und Lehrens von Bewegungen abgeleitet werden:[64] die Sinn- und Bedeutungsorientierung, Ermöglichung von Differenzen, Effektorientierung, Bildung von Bewegungsvorstellungen, Ermöglichung von Erfahrungen, der Situationsbezug und schließlich das Lernen durch Bewegungsaufgaben.[65] Zudem ist ein autonomieförderliches Lernklima gewünscht. Dabei sollten die Lehrenden nur lenkend und antizipierend eingreifen, indem das Thema eingegrenzt wird, die Lernbedingungen arrangiert werden und der Lernprozess medial begleitet wird.[66]

Für einen problem- und erfahrungsorientierten Unterricht[67] auf der Grundlage eines phänomenalen Zugangs[68] zum Gegenstand bietet sich die Thematisierung antiker Sportformen als Lerngegenstand an, wenn die unterrichtliche Inszenierung der Rekonstruktionen wie in der bewegungsarchäologischen Stationsarbeit von Orliczek/Priebe (2022 und 2023) bereits dieses Gegenstandsverständnis und die didaktischen Prinzipien zu beachten versucht. Die Stationsarbeit geht daher von dem Phänomen vergessener Bewegungstechniken und -problemlösungen aus, die – mit Wagenschein gesprochen – als die Sache selbst reden und nicht durch eine etwaige Didaktisierung vernebelt werden.[69] Die bewegungsarchäologische Forschungsfrage stellt sich den Lernenden also *roh* entgegen, um das Interesse durch einen phänomenalen Zugang zu wecken, der „das Problem zum Problem der Lernenden selbst" machen möchte.[70] Das didaktische

---

[62] Vgl. Funke-Wieneke ²2010, 37.
[63] Vgl. Funke-Wieneke 2007, 100; Laging 2013, 356.
[64] Vgl. dazu auch Scherer 2011, 84-86.
[65] Vgl. Laging 2013, 357-359.
[66] Vgl. Brodtmann/Landau 1982, 20f.; Funke-Wieneke 1995.
[67] Vgl. allgemein dazu Brodtmann/Landau 1982; zudem Wagenschein 1999.
[68] Vgl. Wagenschein 1999, 81f.
[69] Vgl. Wagenschein 1999, 81; Loibl 2001, 20; Gruschka 2011, 66ff., dort insb. 68-70.
[70] Loibl 2001, 20.

Potenzial der didaktischen Bewegungsarchäologie fußt also auf der Grundlage des dargestellten Gegenstandsverständnisses und soll nun in den Aspekten der Kultur- und Bewegungsgenese weiter ausdifferenziert werden.

3.2 Kulturgenetischer Aspekt

Luh (2018a) formuliert die konkreten didaktischen Potenziale der Sportgeschichte systematisch und nennt in seinem Aufsatz insbesondere (1) die gegenwartsgenetische, (2) die strukturgeschichtliche und (3) die problemorientierte sporthistorische Orientierungsleistung.[71] Mit der Begrifflichkeit der Orientierungsleistungen[72] zielen alle Funktionen grundsätzlich auf die Erklärung und das Verständnis einer bestimmten Gegenwart bzw. des gegenwärtigen Standortes.[73] Aufgabe der Sportgeschichte ist es also nicht, schlicht katalogartig eine aus der Vergangenheit entstandene Geschichte und ihre Narrativen zu bewahren, sondern sich vielmehr in aufklärend kritischer Weise mit dem Bewahrten auseinanderzusetzen.[74] Diese drei Orientierungsfunktionen können jedoch nicht ohne Weiteres gleichermaßen

---

[71] Vgl. Luh 2018a, 16f. Neben dem Artikel von Luh (2018a), der neben den Funktionen auch Anregungen zur institutionellen Stärkung der Sportgeschichte umfasst, sind die Orientierungsleistungen auch bei Luh (2004 und ²2020) publiziert. Luh (2018a) nennt als weitere drei Orientierungsleistungen die Erweiterung des Erfahrungshorizonts, die politische Bildung und Ideologiekritik sowie die Befriedigung sporthistorischer Neugier (vgl. a.a.O., 17f.). Ebenso stellte bereits Schütte (vgl. 1995, 27-30) für die historische Betrachtung der frühen modernen Leichtathletik ähnliche Funktionen der Sportgeschichte heraus.
[72] Luh (2004 und 2018a) bezieht sich begrifflich auf den u.a. bei Bernett (1981) genutzten Ausdruck der „Orientierungshilfe" (Bernett 1981, 338). Bei der Betonung solcher Orientierungsleistungen wurde jedoch bereits „eine unnötige utilitaristische Verkürzung" kritisiert (Krüger o.J., o.S., zit. nach Luh 2018a, 18, Anm. 4). Wenn zwar im Kontext von Universität zweifelsohne durchaus angenommen werden darf, dass Sportgeschichte dort keiner expliziten oder ‚‚besonderen' Legitimation" bedarf (ebd.), gilt dies jedoch nicht unbedingt im gleichen Maße für eine schulische Thematisierung. Hier sollten die didaktischen Potenziale deutlich gemacht werden. Man bedenke nur die wiederkehrenden Diskussionen um die Legitimation der Alten Sprachen in der Schule und den prägnanten Unterschied zwischen der Thematisierung von geschichtlichen Epochen im Sportunterricht im Gegensatz zu anderen ästhetischen Fächern.
[73] So forderte bspw. Bernett (1981, 343): „Sportler sollten dafür sensibilisiert werden, die Gegenwart nicht punktuell, sondern als Korrelation vergangener und zukünftiger Bezüge zu erfahren". Seine Ausführungen zielten insofern darauf ab, die „geschichtliche Reflexion in ein kritisches Gegenwartsbewußtsein zu heben" (ebd.).
[74] Vgl. Teichler 2004, 139.

für eine schulische Vermittlung in einem praktischen Sportunterricht gelten,[75] da er dann Gefahr laufen würde, das oben skizzierte Gegenstandsverständnis zu verkennen. Zumindest können sie keine primäre Begründung für die Auseinandersetzung außerhalb eines Theorieunterrichts liefern, da die Bewegungspraxis dabei nicht mehr autotelisch bleibt und nicht in ihrer spezifischen Gegenständlichkeit zum Thema wird.[76] Inwieweit die didaktischen Funktionen der Sportgeschichte mit den fachdidaktischen Arbeiten vereinbar sind, ohne dass das zwecklose Tun dabei mit einem äußeren Zweck legitimiert wird, lässt sich dennoch aufzeigen.

Die anthropologische Grundlage dafür bildet die Annahme, dass die „Einbindung des Menschen in die Welt niemals eine private" ist,[77] wodurch sich die menschliche Existenz immer auch als eine kulturelle versteht und „alle Wahrnehmung und Erfahrung [...] sich als raum-zeitlich geformt" erweisen.[78] In diesem Sinne besitzen auch die „subjektiven-leiblich-körperlichen Erfahrungen"[79] einen unhintergehbaren kulturellen Kontext, der jedoch nicht bloß rezeptiv übernommen wird.[80] Entscheidend ist nun, dass es aufgrund der Wechselbeziehung zwischen Mensch und Welt

> gewissermaßen zu einer Formangleichung zwischen den individuellen Erfahrungsstrukturen einerseits [...] und den objektiven Strukturen der soziokulturellen Gegebenheiten andererseits [...] [kommt, M.T.O.]. Durch sein eigenes aktives Tun in kulturell gegebenen Praxen wird der Mensch zu dem Individuum, das er ist.[81]

Nach dieser Auffassung ist Formung diakritisch und dynamisch als *forma formata* und *forma formans* zu verstehen.[82]

---

[75] Vgl. Völker/Wiese 2009, 125. Völker/Wiese (2009), die sich für die Übertragbarkeit aussprachen, fokussierten in ihrem Aufsatz jedoch vorwiegend den Geschichts- und Sporttheorieunterricht.
[76] Vgl. Bietz 2020, 32-35. Bietz (2020) diskutiert hier eine Unterrichtssequenz, in der Fairness als pädagogisches Ziel gegenüber dem eigentlichen Bewegungsvollzug Vorrang hatte, wodurch die sportliche Bewegung nur als Medium des Unterrichts fungierte (vgl. ebd.).
[77] Franke 2005, 188. Vgl. zudem Gebauer/Wulf 1998; Alkemeyer 2003.
[78] Franke 2005, 189. Vgl. sodann auch Bietz 2018, 96.
[79] Franke 2005, 191. Vgl. zudem Gebauer/Wulf 1998, 46f.
[80] Vgl. Bietz 2018, 97.
[81] Bietz 2018, 100. Vgl. zudem Franke 2003, 27f.; Alkemeyer 2003.
[82] Vgl. Bietz 2018, 98.

In ähnlicher Weise wird der Mensch auch von Luh (2004) und Nickel (2003a) als ein *animal historicum*, ein geschichtliches Wesen begriffen.[83] Da der Mensch bewusst auf eine Vergangenheit und Geschichte zurückblicken kann,[84] ist Geschichtlichkeit eine *conditio humana*, die identitätsbestätigend oder -verändernd wirken kann.[85] Somit wird auch hier sowohl die individuelle als auch die kulturelle Identität stets gemeinsam weiterentwickelt.[86] Indem nämlich die geschichtlichen Kenntnisse historische Ursachen und Entstehungsbedingungen aufdecken, sind diese unverzichtbar für das Verständnis gegenwärtiger Verhaltensweisen und das Fassen von individuellen und kulturellen Zukunftsperspektiven,[87] denn „Gegenwart wie Zukunft erscheinen [...] als historisch Gewordenes oder Werdendes".[88]

Nach Franke (2003 und 2005) sind es nun mit Verweis auf das dargestellte kulturanthropologische Verständnis von Gebauer/Wulf (1998) „*spezifische* Raum-Zeit-Bedingungen bei der Formung im Prozeß selbst,"[89] die vollzugsimmanent im Tun, d.h. *im* Formungsprozess von Bewegungen, leiblich reflektierte Differenzerfahrungen ermöglichen.[90] Diese können jedoch nur gelingen, wenn „in der Aktion selbst eine Distanz zum eigenen Tun" entsteht,[91] indem das Ungewisse und Nichtalltägliche thematisiert wird,[92] wodurch „buchstäblich Fleisch gewordene Verteidigungssysteme gegen die Erkenntnis der Geschichtlichkeit, Kulturalität und Gesellschaftlichkeit der eigenen Körpernatur" irritiert und desillusioniert werden.[93] In diese beiden Felder der Erfahrungen aus der Distanz fällt daher m.E. sinnvollerweise auch die Thematisierung des Geschichtlichen, wie es analog in

---

[83] Vgl. Luh 2004, 132. Luh (2004) spricht vom *homo historicus* (vgl. ebd.). Ich verwende hier jedoch den Ausdruck von Nickel (vgl. 2003a, 53).
[84] Vgl. Luh 2004, 132; Huizinga ^{21}2009, 122; Prohl ^{3}2010, 21-23; Erll ^{3}2017, 11.
[85] Vgl. Luh 2004, 132.
[86] Vgl. Bietz 2018, 100.
[87] Vgl. Ueberhorst 1980, 16; Kocka 1977, 27; Luh 2004, 132. Bezieht sich Ueberhorst (1980) zwar auch auf die Bedeutung der Sportgeschichte in der Sportwissenschaft, finden sich ähnliche Auffassungen in der aktuellen Geschichtsdidaktik mit den Begriffen *Geschichtsbewusstsein* und *Geschichtskultur* (vgl. dazu bspw. Kocka 1977, 24 und neuerdings auch Sauer ^{12}2015, 11ff.).
[88] Sauer ^{12}2015, 12.
[89] Franke 2003, 31, Hervorheb. Orig.
[90] Vgl. ebd.; Laging 2022, 33f.
[91] Bietz 2020, 43.
[92] Vgl. a.a.O., 43f.
[93] Alkemeyer 2003, 55.

anderen ästhetischen Unterrichtsfächern geschieht und Franke (2003) selbst für den Kunstunterricht aufzeigt:

> Erst wenn die Schüler etwas über verschiedene kunsthistorische Entwicklungen wissen, selbst unterschiedliche Maltechniken kennen gelernt haben, können sie z. B. auch das ‚Revolutionäre' eines kubistischen Bildes von Picasso verstehen. Dabei kann es ein bildungsrelevantes Ziel sein, auf diese Weise ‚das Sehen als sehen' wieder zu erlernen und d. h. über das Sehen in reflexiver Weise eine ästhetische Erfahrung *im* Medium der Kunst zu machen.[94]

Für die Auswahl von inhaltlichen Angeboten ergibt sich im Sportunterricht analog zum Kunst- oder auch zum Deutschunterricht die bildungsrelevante Bedeutung aus einer kulturanthropologisch-erkenntnistheoretischen Prüfung,[95] die für die antike Sportgeschichte auf der vorausgegangenen bewegungspädagogischen Grundlage aus der sporthistorischen und altsprachlichen Perspektive entwickelt werden kann und auf dem Konzept der sog. *kulturellen Erinnerung* aufbaut.[96]

Es handelt sich bei der Antike nämlich um keine vergessene Vergangenheit, sondern um einen spezifischen „Teil des kulturellen Gedächtnisses der Gegenwart"[97] aufgrund dessen, dass antike Inhalte bspw. in zeitgenössischer Kunst, Musik und Literatur immer wieder neu interpretiert werden.[98] In diesem Sinne ist eine kulturelle Erinnerung nicht mit einem schlichten Katalogwissen um alte kulturelle Phänomene gleichzusetzen, sondern „soll den Lernenden vielmehr die charakteristische Differenz zwischen Antike und Gegenwart bewusst machen, sie aber dadurch befähigen, diese zur Klärung ihrer personalen und kollektiven Identität zu nutzen."[99]

Die zentrale Frage dafür lautet: *Quid ad nos?*[100] Im Rahmen einer Bewegungsarchäologie bedeutet dies, in der schulischen Vermittlung explizit zu fragen, was uns die Antike sporthistorisch betrachtet betrifft oder inwie-

---

[94] Franke 2003, 34, Hervorheb. Orig.
[95] Vgl. a.a.O., 35.
[96] Der Begriff der kulturellen Erinnerung bezieht sich auf das Konzept des *kulturellen Gedächtnisses* nach Assmann (^{4}2002). Vgl. Nickel 2003a und 2003b; Assmann ^{4}2002, 52-56; zusammenfassend auch bei Erll ^{3}2017, 24ff.
[97] Nickel 2003b, 2.
[98] Vgl. dazu bspw. schon Hölscher 1965, 57f.; hierzu auch Erll ^{3}2017, 1 und 58ff.
[99] Nickel 2003b, 2.
[100] Vgl. a.a.O., 7.

weit sie zum besseren Verstehen der heutigen Welt beitragen kann. Bewegungspädagogisch gewendet wird in dieser Leitfrage das besagte kulturtheoretische Verständnis deutlich, bei dem

> von der menschlichen Gesamtpraxis, also dem kreativ-konstruktiven Handeln der kulturellen Akteure ausgegangen [wird, M.T.O.], in dem die Kultur hervorgebracht wird und in dem sie sich fortdauernd reproduzieren und aktualisieren muss.[101]

In der Konkretisierung der zentralen Frage ist nun ein Lebensweltbezug gefordert,[102] der sich durch ein bestimmtes Distanz- und Differenzverhältnis auszeichnet, das gerade der Sport zu leisten vermag:[103] Zum einen ist eine Nähe zur Lebenswelt gegeben, da der Sport „im Jugendalter unverzichtbar [ist und, M.T.O.] […] ein Erprobungsfeld zur Identitätsfindung in der Adoleszenz [darstellt, M.T.O.]".[104] Zum anderen wird jedoch auch ein Bogen zur Lebensweltdistanz gespannt, wenn eher ungewöhnliche und fremd anmutende Bewegungsprobleme von den Lernenden gelöst werden sollen: „Denn, wer sich erinnert, begibt sich vorübergehend in einen Abstand zu seiner Gegenwart".[105] In diesem Differenzverhältnis von Vergangenheit und Gegenwart, Distanz und Nähe oder Fremdem und Bekanntem kann die Bewegungsarchäologie einen bildungsrelevanten Beitrag zur Horizonterweiterung und Gegenwartshinterfragung leisten. Durch ein Bauen zeitlicher Brücken bei einer sportgeschichtlichen Spurensuche wird – um es mit den Worten Assmanns (^{4}2002) zu sagen – die „Zweizeitigkeit",[106] also das ungleichzeitige Leben des *animal historicum* in zwei Zeiten, immanent. Daher rührt es, dass das Sich-In-Beziehung-Setzen ausdrücklich keiner Gleichschaltung oder unreflektierten Identifikation zwischen geschichtlichem Inhalt und Lernenden bedarf, sondern einer kritisch-reflexiven Distanz, die zeitlich in beide Richtungen verläuft.[107] So kann Vergang-

---

[101] Bietz 2018, 100.
[102] Vgl. z.B. auch Sauer ^{12}2015, 14f.
[103] Zur Lebensweltnähe in Bezug zur kulturellen Erinnerung vgl. Nickel 2003a, 50f.
[104] Laging/Böcker/Dirks, 2014, 71. Der Sport zählt nach wie zu den beliebtesten Beschäftigungen in der Freizeitgestaltung von Kindern und Jugendlichen: vgl. dazu Schmidt/Neuber/Rauschenbach/Brandl-Bredenbeck/Süßenbach/Breuer 2015; Krüger/Ulfkotte/Hübner 2017, 54; aktuell auch Mutz 2020.
[105] Nickel 2003b, 4. Vgl. dazu Moegling 2000, 308; Assmann ^{4}2002, 54.
[106] Assmann ^{4}2002, 84.
[107] Nickel 2003a, 52.

enheit vor dem Hintergrund der Gegenwart und, was womöglich noch weitaus wichtiger ist, die Gegenwart vor dem Hintergrund der Vergangenheit hinterfragt werden: Erinnerung ermöglicht „die Erfahrung des Anderen und die Distanz vom Absolutismus der Gegenwart und des Gegebenen".[108] Dies kann auch dazu führen, dass die Erfahrung gemacht wird, „dass eine ungewohnte Bewegungssituation, die zunächst abgelehnt wurde, die als fremd erschien, durchaus bedeutsames und relevantes Potential erhält, das sich zu erschließen lohnt".[109] Oder anders formuliert:

> [Die, M.T.O.] gegenstandsspezifische Reflexivität wird erst dann für mich als Rezipient oder Akteur bedeutsam, wenn ich die Grenzüberschreitung, den verfremdenden Perspektivwechsel *erfahre*, also ihn auch konkret sehe bzw. höre [und auch leiblich spüre, M.T.O.].[110]

3.3 Bewegungsgenetischer Aspekt

Wie eine Analyse von Lehrwerken zeigte, konzentrieren sich viele der aktuellen fachdidaktischen Arbeiten zur Sportgeschichte irritierenderweise nur auf eine theoretische Auseinandersetzung.[111] Die praktische Seite erscheint hingegen mitunter nur diminuiert als ein Mittel zum Zweck eines anderen Unterrichtsfaches, wobei die Autotelik des sportunterrichtlichen Gegenstands verfehlt wird und wodurch der Eindruck entstehen könnte, dass die Perspektive der Sportgeschichte in der Sportpraxis kein Potenzial für das Lernen von Bewegungen habe.

Die bisherigen Ausführungen zum kulturgenetischen Aspekt machen aber bereits eines sehr deutlich: Bewegungsformen sind zeitlich und geschichtlich gewachsen. Da diese wiederum weiterentwickelt werden können, sind in den bis heute tradierten Formen – sportpädagogisch gespro-

---

[108] Assmann ^{4}2002, 86. Vgl. hierzu aus sportpädagogischer Perspektive Alkemeyer 2003, aber auch Hölscher 1965, 80f., der in ähnlicher Weise von der „Fähigkeit, [...] vom Zwang des Gegebenen, der Majorität, des Zeitgemäßen Abstand zu nehmen" spricht (a.a.O., 81). Bei Hölscher heißt es auch: „Keine Vertiefung ins Französische oder Englische, oder ins Mittelalter, bringt ihn [, d.h., den am Altertum Erzogenen, M.T.O.] in solchen Abstand zu seiner Zeit" (a.a.O., 80). Genauso Luh: „Der historisch forschende Blick auf das zeitlich ,Andere' wird damit zu einem reflektierenden Blick auf die eigene Identität" (^{2}2020, 99).
[109] Moegling 2000, 308.
[110] Franke 2001, 27, Hervorheb. Orig.
[111] Vgl. Völker/Wiese 2009, 127-129.

chen – die Bewegungsaufgaben und -probleme von gestern verwoben. Wenn man insofern Bewegungen als gewordene Verwebungen versteht, wird deutlich, dass der Bewegungssinn und die -funktionalität manchmal im Lernprozess nicht ohne Weiteres verstanden werden kann, da die verwobenen Bewegungsformen erst von den Lernenden ent*wickelt* werden müssen, damit ihr bewegungsimmanenter Sinn und die historisch gewordenen phänomenalen Strukturen zu Tage treten.[112]

Dieser Gedanke ist an Wagenschein (1999) orientiert und geht zurück auf entsprechende Konzepte der Bewegungs- und Spielgenese bei Nagel (1985 und 1986), Wenzel (1990), Loibl (2001) und Bietz/Böcker (2009).[113] So stellt bspw. Nagel (1985 und 1986) im spielgenetischen Zugang zum Volleyball fest, dass sich Baggern und Pritschen für Neulernende als kontraintuitive Bewegungsformen darstellen, da diese in spontanen Problemlösesituationen eher ursprüngliche Techniken wie das Schöpfen gebrauchen.[114] Dennoch kann bei all diesen Techniken und anderweitigen Spielformen, die von der heute tradierten und bekannten Wettkampfform bis zu einem gewissen Maß abweichen, gleichwertig von einem Volleyballspielen gesprochen werden.[115] Diese Differenz zwischen einem unvoreingenommenen und intuitiven Zugang und den kontraintuitiven, aktuellen Regeln des Volleyballspiels lässt sich durch einen Prozess der Problemlösung auf Profiniveau verständlich machen, der „ein Ersticken des Spiels in einer Versportlichung verhindern" sollte.[116] Solche Probleme samt ihrer Lösungen sind jedoch zunächst keine, die eine Schulklasse im Anfangsunterricht betreffen, weshalb die bis heute tradierten Regeln und Techniknormen keine essentielle Notwendigkeit für das Gelingen des Spiels im Schulunterricht haben. Sie ergeben für die Lernenden nämlich womöglich keinen Sinn.[117] Schließlich ist, wenn man die oben angerissene Unterscheidung von Produkt- und Prozessorientierung bedenkt, lediglich das Produkt dieses Prozesses überliefert und sichtbar, nicht jedoch seine Um- und gescheiterten Alternativwege.[118] Für das Bewegungsproblem muss daher das

---

[112] Beispielhaft sei hierzu auf Bernett (1965) hingewiesen. Siehe a.a.O., insb. 7-14.
[113] Daneben sind bspw. noch Böcker/Dirks (2013), Bietz/Grotehans/Hindemith (2013) und Seeg (2013) zu nennen.
[114] Vgl. Nagel 1985, 143.
[115] Vgl. a.a.O., 134f. und 143.
[116] Nagel 1986, 38; vgl. zudem auch Laging 2013, 356; Scherer/Bietz 2013.
[117] Vgl. Nagel 1986, 40; zudem Scherer 2008, 26.
[118] Vgl. Laging 2013, 356; daneben auch Scherer/Bietz 2013, 63ff. und 96ff.

eigenständige Suchen nach Lösungen ermöglicht werden.[119] Lernende müssen also zunächst einmal an den Punkt gelangen, an dem sie Probleme in ihrem Spiel eigenständig erkennen und von diesen ausgehend sinnvolle Regeln für ihr eigenes Volleyballspiel entwickeln können. Daher bildet sinnvollerweise die eigentliche Kernidee und der Spielgestaltungsprozess, jedoch nicht das normierte Wettkampfspiel die Grundlage für den genetischen Lernprozess, damit in dessen Verlauf Chancengleichheit, Spielfluss und prinzipielle Ergebnisoffenheit ermöglicht werden.[120]

In der sportpraktischen Auseinandersetzung kann daher die Frage der geschichtlichen Gewordenheit einer Bewegungsform hinsichtlich der Gegenstandserschließung ein Potenzial bieten, da die Kernidee einer Bewegungsform auch historisch gefunden werden kann.[121] Dabei gehen der individuelle Lernprozess der Lernenden und die Genese des Gegenstands Hand in Hand.[122] Jegliches Üben erhält in einem sportgeschichtlichen, bewegungsgenetischen Unterrichtsverfahren durch Rekonstruktionsfragen bezüglich der ursprünglichen Bewegungsprobleme und ihrer -lösungen einen spielerisch-forschenden Charakter, der von einer reinen Technik- und Normorientierung Abstand nimmt sowie das Experimentieren mit Bewegungsmöglichkeiten fokussiert. Ein solcher Zugang kann das tiefere Verständnis fördern, denn:

> Reiche Formenwelt und tiefes Grundverständnis bedingen sich in der Bewegungsbildung wechselseitig, sodass in der Anregung vielfältiger Bewegungsdialoge in variablen Umwelten eine größere Chance dafür liegt, Bewegungsprobleme annehmen und lösen zu können.[123]

Gerade deshalb sollten sportgeschichtliche Themen für die Lernenden auch leiblich erfahrbar gemacht werden. Antike Sport- und Spielformen können in didaktischer Hinsicht grundsätzlich sinnvoll für die Erschließung der heutigen Bewegungsformen sein und spezifische Ausdeutungen und Logiken der Problemlösungen ersichtlich machen. Dabei hält dann

---

[119] Vgl. Loibl 2001, 20; u.a. auch Wagenschein 1999.
[120] Vgl. Bietz/Böcker 2009, 122-124; zudem Loibl 2001, 21f.; Nagel 1985, 146f.
[121] Genauso kann es sein, dass sich heutige Sportarten und Spielformen teilweise so ausdifferenziert haben, dass es trotz gleicher Bezeichnungen von aktueller und historischer Form hinsichtlich der Kernidee Differenzen geben kann.
[122] Vgl. Nagel 1985, 146; Wenzel 1990, 55.
[123] Funke-Wieneke 2007, 100.

gerade das Antike, respektive das nach Hölscher „nächste Fremde"[124] einen sinnvollen Anknüpfungspunkt für die schulische Vermittlung bereit, der durch seine fehlende Eindeutigkeit die reine Bewegungsgenese noch zu transzendieren vermag.

4 Die fehlende Eindeutigkeit des nächsten Fremden

Der antike Sport und seine sporthistorischen Fragestellungen können sinnvolle und unbekannte Bewegungsangebote machen, da sie vermutlich ein gänzlich neues Bewegungsfeld bieten, das von den Lernenden vorher noch nicht in dieser Form betreten worden ist.[125] Bei Fragestellungen, welche die Rekonstruktion von antiken Bewegungen betreffen, sind bei den Lernenden, wie bisherige Inszenierungen zeigten, meist keine vollumfänglichen und eindeutigen Bewegungsvorstellungen vorhanden, sodass diese von ihnen vor der Umsetzung zunächst entwickelt werden müssen. Anleihen werden dafür neben den im Unterricht vorliegenden Realien zwar aus der eigenen Bewegungsbiographie und anderen bisherigen -erfahrungen gemacht, doch die Arbeit an Bewegungsproblemen, für die prinzipiell keine festgelegten Lösungen vorhanden sind, ist gerade insofern sinnvoll, als das Neuerlernen hier fast ausschließlich im Experimentieren und Entdecken stattfindet.[126]

In bewegungsarchäologischen Unterrichtsstunden mit einem antiken Schwerpunkt ist es also fundamental wichtig, dass den Lernenden vermittelt wird, dass ihre Rekonstruktionsvorschläge als solche grundsätzlich vielfältig sein können. Ihnen sollte offengelegt werden, dass es prinzipiell weder absolute oder eindeutige Lösungen noch *die* einzig richtige Technik gibt, wenn es bspw. um die konkrete Ausführung der antiken leichtathletischen Disziplinen geht. In Bezug auf Laging (2013) liegt der Fokus auf einer individuellen Auseinandersetzung mit den gegebenen Aufgabenstellungen und Bewegungskontexten, die in der Rekonstruktion Bewegungsformen hervorbringen soll, die sich als Lösungen individuell unterscheiden können, „aber dennoch im Sinne der Aufgabe effektiv sind".[127] Wenn näm-

---

[124] Hölscher 1965, 81, Hervorheb. Orig.
[125] Vgl. Sliep 2009, 91.
[126] So kann sich ja überhaupt „der Neuerwerb von Bewegungen nur auf dem Weg der Exploration" vollziehen (Scherer/Bietz 2013, 125).
[127] Laging 2013, 356.

lich bedacht wird, dass die sportlichen Professionalisierungsprozesse der Moderne in vergleichsweise geringer Zeit unterschiedliche Idealtechniken hervorgebracht haben, muss *item* für die weitaus längere Geschichte der antiken Olympischen Spiele angenommen werden, dass ein ähnlicher Aushandlungsprozess um die *beste* Technik bestanden haben dürfte. Höchstwahrscheinlich werden sich auch hier bestimmte Techniken mit der Zeit durchgesetzt haben, zunächst dürften jedoch mehrere gleichzeitig Bestand gehabt haben.[128] Ähnlich, wie es heutzutage verschiedene Techniken in den leichtathletischen Sprungdisziplinen gibt, könnte also auch die Antike individuell unterschiedliche, aber gleichermaßen funktionale Lösungen für dieselben Bewegungsaufgaben gekannt haben.[129]

Durch die Annahme der prinzipiellen Technikfreiheit muss aber gleichzeitig eingeschränkt werden, dass die Lösungen und Rekonstruktionsvorschläge der Lernenden keinesfalls beliebige sein dürfen. Vielmehr ist es notwendig, dass sich die vorgeschlagenen Bewegungsausführungen anhand bestimmter situativer Kriterien begründen lassen und kritisch hinsichtlich der Bewegungsaufgabe reflektiert werden müssen. Dadurch handelt es sich bei den Rekonstruktionsprozessen der Lernenden um dieselben Aushandlungsprozesse zwischen Bewegungsentwürfen, -realisierungen und -erfahrungen sowie intendierten, antizipierten und realen Effekten, die auch beim Bewegungslernen relevant werden,[130] worin wiederum ein Potenzial der bewegungspraktischen Seite liegen dürfte.

Für die Begründungen der antiken Rekonstruktionen sollte durch die Arbeit in der Praxis deutlich werden, dass diese Techniken nicht allein an vorhandenen Vasenabbildungen, archäologischen und literarischen Zeugnissen über antiken Bewegungsformen ablesbar und deckungsgleich übertragbar sind. Bei der Betrachtung der Bildwerke kann von den Lernenden das Interface zwischen kultureller Repräsentation und kultureller Imagination leiblich gespürt werden, wenn sich ihnen einige der künstlerisch ausgedeuteten und vermeintlichen Idealtechniken in der Praxis als nicht reali-

---

[128] Vgl. Mouratidis 2012, 58-63. Analog zum heutigen Weitsprung, bei dem Sportlerinnen und Sportler prinzipiell die freie Wahl ihrer Technik haben, plädiert Mouratidis (2012) für zwei Technikvarianten beim antiken Weitsprung – mit und ohne Halteren: „It is thus logical to conclude that the ancient athletes too, and for good reason, were given freedom of choice in the pentathlon" (a.a.O., 63). Viel früher als Mouratidis (2012) hatte diese Möglichkeiten der Technikvariation bereits v. Donop (1960) in Bezug zum antiken Speerwurf bedacht.
[129] Vgl. Mouratidis 2012, 62f.
[130] Vgl. Scherer/Bietz 2013, 79 und 107ff.; Scherer 2011.

sierbar entgegenstellen.[131] Daher sollten sie sich dazu befähigt fühlen, die absolute Verlässlichkeit archäologischer und literarischer Quellen stets infrage zu stellen[132] und die davon abweichenden Lösungen durch individuelle leibästhetische Erkenntnisse aus dem Bewegungsvollzug zu begründen, da eine gänzlich deckungsgleiche Abbildung der realen sportlichen Situationen in Kunst und Literatur nicht angenommen werden darf. Gleichermaßen sind aus Literatur- und Bildquellen entstandene und auf den ersten Blick eindeutig wirkende Bewegungsvorstellungen stets im leiblichen Tun zu überprüfen. Durch dieses uneindeutige und leibästhetisch zu reflektierende Angebot an Alternativlösungen können sodann wiederum die bereits internalisierten Bewegungslösungen „verunsichert, erweitert und für ihre Anwendung bereichert werden".[133]

Letztlich bietet neben der fehlenden Absolutheit der Realiendarstellungen und der notwendigen leibästhetischen Prüfung im forschenden Lernen ein Potenzial zudem das Problem, dass der antike Sport in der früheren sporthistorischen Forschung, da er ja als eines der identitätsstiftenden Themenfelder der frühen Theorie der Leibeserziehung und der Sportwissenschaft verstanden werden kann,[134] mannigfaltig durch moderne Ideologien und die neuzeitliche Sportentwicklung illusorisch besetzt worden ist.[135] Auch diese bisherigen Rekonstruktionsvorschläge könnten bewegungsarchäologisch überprüft werden und neben den anderen Zeugnissen Impulse für die Rekonstruktion liefern. Sie erfordern aber sowohl von Lernenden als auch von Lehrenden einen kritischen Umgang mit der Forschungs-

---

[131] Vgl. bspw. Schmidt/Sinn 1996, 152f.
[132] Vgl. diesbezüglich bspw. im Zusammenhang mit dem Diskuswurf Knauß 2004b, 112. Bei Anschütz/Huster (1983/84) heißt es zum bekannten Diskobol des Myron: „Da Bewegungsformen an die Normen der jeweiligen Gesellschaft gebunden sind, ist die Darstellung eines Diskuswerfers nicht ein von allen Einflüssen losgelöstes sportspezifisches Ereignis, sondern aussagekräftig, wenn man zeitgemäße relevante gesellschaftliche Normen ergründen möchte" (a.a.O., 71). Vgl. für weitere Beispiele Schmidt/Sinn 1996, 153-155.
[133] Moegling 2000, 308.
[134] Vgl. Krüger/Ulfkotte/Hübner 2017, 47; zuletzt auch Priebe 2022.
[135] Maßgeblich von den Philanthropen und Turnphilologen beeinflusst prägten Ideologien und Annahmen wie Amateurismus, Athletizismus, Klassizismus, Idealismus, Philhellenismus, Eurozentrismus und Olympismus die Forschungsdiskussionen und die Wahrnehmung der antiken Körperkultur sowie der körperlichen Erziehung während der letzten hundert Jahre (vgl. z.B. Kyle ^{2}2015, 3; Wacker 2000, 72f.; Krüger 2004, 88-98). Zugespitzt formuliert wurde dabei die Distanz des antiken Sports durch ein Überstülpen zeitgenössischer Ideologien verkannt (vgl. dazu Assmann ^{4}2002, 84-86).

literatur, der an den Erkenntnissen expliziten Zweifel weckt.[136] Daher besteht neben einer Kritikbereitschaft bei sporthistorischen Wahrheiten im Unterricht ebenfalls das Ziel, Halbwahrheiten, alltagstheoretische Vorstellungen und Klischees als solche im eigenen Tun zu erkennen.[137] Gerade hier kann die Thematik auch einen Beitrag zur Wissenschaftspropädeutik leisten.

5 Umgang mit sportartenspezifischer Leistungsheterogenität

In jeder Schulklasse ergibt sich der Fall, dass sich nicht alle Lernenden auf dem gleichen Erfahrungsstand bezüglich eines Spiels oder einer Sportart befinden.[138] Für Unerfahrenere, die bisher nur wenige Male gewisse sportarten- oder spielspezifische Erfahrungen gemacht haben, bieten sich daher Zugänge an, mit denen sie in ihrem individuellen Tempo und von ihrem individuellen Stand aus an den neuen Lerngegenstand herangeführt werden.[139] Gleichzeitig sollen aber die Erfahreneren der Schulklasse nicht durch taktikhemmende oder spiel- bzw. sportartenerstickende Regeln unterfordert werden, sondern ebenfalls neue lernrelevante Erfahrungen machen können.[140] Neben spezifisch differenzierten Lernangeboten bietet es sich daher an, solche Bewegungsarrangements zu wählen, die die Beteiligung aller ermöglichen.[141] Mithilfe antiker Sport-, Spiel- und Bewegungsformen als Lerngegenstände können Lehrpersonen einerseits dem Anspruch des Unterrichts, zur „individuellen Lernausgangs-, Bedürfnis- und Interessenlage"[142] eines jeden Lernenden zu passen, und andererseits der

---

[136] Vgl. Bäumler 2007, 9. Insbesondere die vielen Rekonstruktionen der antiken Disziplinen leiden teilweise auch – um auf den Ausdruck von Harris (1963) zu rekurrieren – unter einer *oratio obliquissima* (vgl. Harris 1963, 30). Siehe dazu neuerdings auch die Kritik von Murray/Sands/Keck/O'Roark (2010) und Murray/Sands/O'Roark (2012).
[137] Höfer 2004, 144; Sliep 2009, 90.
[138] Vgl. bspw. Schmidt 2004, 13ff.
[139] Vgl. Knauer 2008, 129f.
[140] Natürlicherweise gibt es in einer Klasse nicht nur diese beiden Niveautypen. Aber auch für Lernende, die man als fortgeschritten bezeichnen kann, kann das Bildungspotenzial für das Bewegungslernen aus den im Folgenden genannten Gründen ähnlich sein.
[141] Vgl. Bietz/Böcker 2009, 124; Knauer 2008, 109f.
[142] Knauer 2008, 129f.

Forderung und der Notwendigkeit nach Gemeinschaft[143] didaktisch sinnvoll gerecht werden. So hat es sich in bisherigen Umsetzungen gezeigt, dass erfahrene Leichtathletinnen und Leichtathleten im Kontext des antiken Sports unerfahrenen nicht immer überlegen sein müssen.[144] Neben Wettkämpfen in antiken Disziplinen gilt dies besonders für die in Gruppenarbeit gemeinsam zu beantwortenden Rekonstruktionsfragen, da vielfältige bewegungsbiographische Hintergründe hier eine Art interdisziplinäre Beantwortung ermöglichen. Dabei können kreative Bewegungslösungen entstehen. Die antiken Formen stellen sich so sowohl für erfahrene als auch unerfahrenere Lernende gleichermaßen als neue Bewegungsfelder dar und ermöglichen eine produktive Nutzung von Leistungsheterogenität im Unterricht, da hierbei für unterschiedlich fortgeschrittene Mitglieder der Lerngruppe eine problemorientierte Herangehensweise in der Auseinandersetzung nötig ist.

6   Summa summarum: Quid ad nos?

Für die antike Sportgeschichte im Rahmen einer didaktischen Bewegungsarchäologie lässt sich somit resümieren, dass das Potenzial insbesondere um das spezifische Distanz- und Differenzverhältnis kreist, das der Thematisierung des Geschichtlichen inhärent ist und den Zugang sinnvoll fundiert. Obwohl auch die Lebensweltnähe ein Potenzial besitzen könnte, ist aufgrund der zuvor dargelegten Aspekte diese im didaktischen Kontext gerade nicht immer ausschlaggebend, wie es in einigen Unterrichtskonzepten mitunter heißt.[145] Da sich ein Erinnern in der Differenz zwischen Geworden, Sein und Werden abspielt, kann insbesondere auf der Grundlage der kulturellen Erinnerung und ihrer gegenwartsgenetischen Funktion eine praktisch-experimentelle Sportgeschichte einen fundamental genetischen Lernprozess ermöglichen, in dem die kulturgeschichtlichen Verwebungen entwickelt und Selbstverständnisse in internalisierten Techniken verunsichert werden.[146] Der Fokus der Rekonstruktion eröffnet die Suche nach

---

[143] Vgl. a.a.O., 109f.
[144] Vgl. Orliczek/Priebe 2022, 517.
[145] Siehe bspw. die nichtsdestoweniger guten Unterrichtskonzepte von Sliep (vgl. zur Lebensweltnähe insb. 2009, 100) oder speziell für den Geschichtsunterricht Krüger/Ulfkotte/Hübner (vgl. insb. 2017, 50 und 54).
[146] Vgl. auch Alkemeyer 2003, 58.

möglichen Bewegungslösungen für die ebenso zuvor zu rekonstruierenden antiken Bewegungsprobleme. Hierbei ergibt sich auch ein Anknüpfungspunkt im produktiven Umgang mit sportartenspezifischer Leistungsheterogenität, der in einem erfahrungsorientierten und bewegungspraktischen Unterricht aus der fehlenden Eindeutigkeit und Widerständigkeit antiker Problemstellungen resultiert.[147] Wie historische Zugänge auf dieser Grundlage mit dem Schwerpunkt der antiken Sportgeschichte sinnvoll in den Unterricht eingebracht werden können, soll im nachfolgenden Abschnitt beispielhaft dargelegt werden.

7 Vorschläge für die Umsetzung im Unterricht

Neben der Vorstellung von bereits vorhandenen Umsetzungsbeispielen,[148] die in der Auswahlbibliographie aufgelistet werden und einen vergleichbaren Fokus wie die didaktische Bewegungsarchäologie setzen, wird im Rahmen dieses Abschnitts ein Staffelwettkampf mit antiken leichtathletischen Disziplinen entwickelt. Grundsätzlich denkbar sind Umsetzungen aufgrund der curricularen Räume in vielen Inhaltsfeldern des Sportunterrichts. So sind im Inhaltsfeld *Spielen* sportgeschichtliche Unterrichtsverfahren anhand historischer Vorformen heutiger Sportspiele möglich. Hierbei können in einem genetischen Lernprozess große Sportspiele wie bspw. Volleyball oder Tennis über ihren antiken Vorläufer *trígon* erarbeitet werden.[149] Darüber hinaus bietet die antike Freizeitkultur mit Spielen wie *ephedrismós* oder *epískyros* einige unbekanntere Spielformen, die der Erwärmung dienen oder in Spielgestaltungsprozessen rekonstruiert werden können (siehe Abb. 1).[150] Zudem lassen kleine antike Würfelspiele wie *pentélitha*, Spiele mit Nüssen wie das Deltaspiel oder *nuces castellatae* (siehe Abb. 2), aber

---

[147] Man sollte bedenken, dass der Zugang – wenn auch nicht unbedingt für die eigentliche Bewegungspraxis der Lernenden – so doch aber für die mediale Begleitung der Lehrenden recht voraussetzungsvoll erscheint. Das sollte aber nicht davor abschrecken, einen bewegungsarchäologischen Unterricht durchzuführen, sondern eher Mut machen zum Fächerübergriff gemeinsam mit anderen Lehrkräften.
[148] Diese Vorschläge gelten nicht nur für die Schule, sondern auch für mögliche sportpraktische Vorhaben in universitärer Lehre.
[149] Vgl. Wenzel 1990; Horsch 2017.
[150] Vgl. dazu im Überblick Rieche ³1994 und Fittà 1998.

auch das heutzutage noch bekannte *dies et nox* über die Praxis in antike Lebenswelten eintauchen.[151]

Aufführungen römischer Wagenrennen sind im Inhaltsfeld *Fahren, Rollen, Gleiten* denkbare Unterrichtsinhalte, die Lernenden insbesondere der Sekundarstufe I einen geschichtlich eingebetteten phänomenalen Zugang in dieses Grundthema gewähren. Neben Rollbrettern als Wagenersatz stellen große Weichbodenmatten eine reizvolle Alternative dar.[152]

Auch für das Inhaltsfeld *Mit und gegen Partner kämpfen* ist zum antiken Ringkampf über das Geschichtstheater ein Vorschlag mit Showkämpfen und Rekonstruktionen von Würfen, die bei antiken Autoren beschrieben sind, gemacht worden (siehe Abb. 3).[153] Daneben sind sporttheoretische Umsetzungen, welche die praktische Auseinandersetzung ergänzen, über die Asterix-Comics[154] oder kulturelle Vergleiche in Zusammenarbeit mit dem Geschichts- oder Altsprachlichen Unterricht sinnvoll.[155]

Abb. 1: Aufwärmen mit epískyros. Anstelle des abgebildeten Balls lässt ein kleiner Gymnastikball das Spiel, wie die Lernenden im Anschluss an die fotografierte Spielsituation reflektierten, schneller und bewegungsintensiver werden. Foto: M.T.O.

---

[151] Vgl. Rieche ³1994; Bartl 2015; Kampert 2015a.
[152] Vgl. Müller 1990.
[153] Vgl. Orliczek/Priebe 2023.
[154] Vgl. Groß 2004; Luh ²2018b.
[155] Vgl. Schutte-Syderhelm 2004; Wimmert 2004a; Kampert 2015b; Stamm 2020.

Ansatz einer didaktischen Bewegungsarchäologie

Abb. 2: Deltaspiel mit Nüssen. Rechts im Hintergrund Vorbereitungen für nuces castellatae. Foto: M.T.O.

Abb. 3: Regelrekonstruktion anhand literarischer und bildlicher Quellen für den antiken Showkampf im Ringen. Foto: M.T.O.

Das, was in Bezug zur antiken Sportgeschichte jedoch vermutlich als Erstes in den Sinn kommt, sind die vorwiegend leichtathletisch ausgerichteten

Disziplinen der antiken Olympischen Spiele. So passt ein großer Teil der bisher publizierten Unterrichtskonzepte zum antiken Sport in das Inhaltsfeld *Laufen, Springen, Werfen*. Auch die Bewegungsarchäologie hat in diesem Feld ihren Ursprung. Im unterrichtlichen Kontext der beiden Beiträge von Orliczek/Priebe (2022 und 2023)[156] wird versucht, den Lernenden einen möglichst unvoreingenommenen Zugang zu den Disziplinen des antiken Pentathlon zu ermöglichen. Nach einer allgemeinen Einführung in den kulturhistorischen Hintergrund des antiken Sports soll in der Stationsarbeit gestützt durch Vasenabbildungen und andere Realien sowie mithilfe von Anregungen für die Bewegungsforschung die Technik der einzelnen antiken Disziplinen rekonstruiert werden. Über antike Bewegungsprobleme und sport(wissenschafts)geschichtlich relevante Fragestellungen, die bspw. im antiken Weitsprung die Halterenfunktion und das Weitenrätsel des Phaÿllos betreffen, soll dabei der Gegenstand selbst zur praktischen Erprobung herausfordern. Während im ersten Teil der Stationsarbeit die Erfahrung im Zentrum steht, dass Körperlichkeit und Bewegung kulturell geprägt und veränderbar sind,[157] zeigt der zweite Teil weitere Möglichkeiten des Einbezugs des antiken Sports in den Unterricht mit den Disziplinen Speerwurf und Ringkampf auf.[158] Insbesondere aufgrund der unterrichtlichen Erfahrungen mit der *ankýle* beim antiken Speerwurf wäre noch weiter zu fragen, ob die Antike sinnvolle methodische Hilfen bereitstellen könnte (siehe Abb. 4).[159] Insofern wären auch die Lehrenden selbst aufgefordert, die Frage zu klären: *Quid ad nos magistros?* Was geht uns Lehrende die antike Sportgeschichte an?

Hinzu kommen die Vorschläge wie bei Brodbeck (2004), Werkstücke von Isthmischen Startanlagen im Unterricht zu bauen und auszutesten (siehe Abb. 5 mit dem Marburger Nachbau einer Nemeischen Hysplex), oder aber auch antike Disziplinen in der Sekundarstufe I gemeinsam mit Lernenden neu zu inszenieren, wie es der Beitrag von Sliep (2009) vorstellt. Daneben fokussiert Jakob (1995) das Steinstoßen, welches bereits

---

[156] Vgl. die dazu thematisch und methodisch ähnlichen Beiträge Priebe 1996a; Wimmert 2004b; Loosch/Brodersen/Mosebach 2012.
[157] Vgl. Orliczek/Priebe 2022. Hier wurden die Disziplinen Weitsprung, Diskoswurf und Diaulos thematisiert.
[158] Vgl. Orliczek/Priebe 2023.
[159] Vgl. a.a.O., 121.

für die Antike belegt ist,[160] und Loosch/Brodersen/Mosebach (2012) rekapitulieren studentische Experimente zum antiken Weitsprung, Hoplitenlauf und Diskoswurf sowie zur antiken Ernährung.

Abb. 4: Ist die antike ankýle eine methodische Hilfe zum Erlernen des modernen Speerwurfs? Foto: M.T.O.

Abb. 5: Erprobung eines eigenen Nachbaus der antiken Startanlage aus Nemea. Foto: M.T.O.

---

[160] Vgl. Crowther 1977, insb. 111-115.

7.1 Antiker Staffelwettkampf

In das letztgenannte Inhaltsfeld *Laufen, Springen, Werfen* zählt auch ein Staffelwettkampf aus antikem Diauloslauf[161] und Weitsprung,[162] der sich im Anschluss einer offenen bewegungsarchäologischen Auseinandersetzung anbietet und folgendermaßen durchgeführt werden kann (siehe für einen Aufbauplan in der Sporthalle Abb. 6):[163]

In zwei gleich starke Gruppen eingeteilt läuft jeweils eine Person zunächst einen verkürzten Diaulos (in Abb. 6 blau dargestellt), der in der Antike die doppelte Strecke des regulären Stadionlaufs umfasste. Die antiken Läufer mussten dabei eine Strecke von 1200 Fuß zurücklegen, was je nach lokalem Fußmaß heute rund 380 m sind. Im Falle dessen, dass der Wettkampf in der Sporthalle durchgeführt wird, ist diese Distanz natürlicherweise entsprechend kürzer.[164] Nachdem die Lernenden in vorgebeugter Haltung mit fast horizontal auf Schulterhöhe nach vorne gestreckten Armen und mit einem Bein einen halben Fuß weiter vorn eine antike Starthaltung eingenommen haben,[165] beginnt der Wettkampf mit einem dreiteiligen Startsignal auf Griechisch: πόδα παρὰ πόδα (einen Fuß neben den anderen!) – ἕτοιμοι (bereit!) – ἄπιτε (lauft los!).[166] Wie bei den antiken Langstreckenläufen wird beim Diaulos auf der Hälfte der Strecke eine Wendemarkierung, der sog. *kamptér*, umlaufen, was die Startlinie gleichsam zur Ziellinie macht. Die beiden Wendemarkierungen können mit

---

[161] Vgl. zum Diauloslauf zusammenfassend Weiler 1981, 146-152; Decker 1995, 69-71; Pietschmann 2004, 50.

[162] Vgl. zum antiken Weitsprung zusammenfassend Weiler 1981, 157-161; Decker 1995, 98f.; Pietschmann 2004, 48.

[163] Der hier vorgestellte Staffelwettkampf ist natürlicherweise keine generisch antike Sportart gewesen, sondern kombiniert lediglich zwei Disziplinen miteinander. Er versteht sich deswegen als Ergänzung zur Stationsarbeit von Orliczek/Priebe (2022 und 2023), da einige der folgenden Aspekte wie bspw. die antike Starthaltung, Anzahl der Wendemale beim Diauloslauf oder die Tatsache, dass man an diesen nach links wendete, von den Lernenden zuvor begründet rekonstruiert worden sein sollten.

[164] Draußen im Stadion kann die Längs- oder Querseite des Fußballfelds die Streckenlänge vorgeben.

[165] Siehe für die antike Starthaltung oben Abb. 5.

[166] Deutsche Aussprache: *póda pará póda – hétoimoi – ápite*. Wie das Startprozedere in der Antike genau ablief, ist jedoch „nicht recht klar" (Decker 1995, 67). Vgl. zudem u.a. Wacker 2000, 77.

Stangen oder einer einfachen Linie gekennzeichnet werden. Sie werden von rechts nach links umlaufen.

Haben die beiden Personen die Startlinie wieder übertreten, geht es für sie direkt weiter mit dem antiken Weitsprung (in der Abb. 6 grün dargestellt): In der Halle sind dafür sechs kleine Weichbodenmatten in einer Reihe hintereinander auszulegen, die die Sprunggrube bzw. das *skámma* darstellen sollen, und jeweils mit den Ziffern 1 bis 5 zu markieren, welche für die Punkte stehen. Wie in einer gewöhnlichen Weitsprungstaffel ist nun das Ziel, durch ein Überspringen möglichst vieler Matten möglichst viele Punkte für die eigene Gruppe zu sammeln. Dafür gibt es lediglich drei Regeln: (1) Da die Benutzung von Sprunggewichten, sog. *haltéres*, den antiken Weitsprung kennzeichnete, müssen entsprechende Hanteln auch beim Sprungteil der Staffel genutzt werden.[167] (2) Nach dem Absprung, der kurz vor der ersten Matte erfolgt, sind maximal drei Sprünge erlaubt.[168] (3) Der letzte Sprung muss gestanden werden, d.h., ein Gleichgewichtsverlust oder Nachsetzen eines Fußes macht den Sprung als Ganzes ungültig, wodurch

---

[167] Als ein gutes Gewicht stellten sich nach mehreren Durchgängen mit verschiedenen Lerngruppen ab der Mittelstufe 2 kg-schwere Hanteln heraus. Sollten keine Hanteln vorhanden sein, bieten sich auch große PET-Wasserflaschen oder mit Sand gefüllte Waschmittelflaschen an.

[168] Durch diese Einschränkung ist gewährleistet, dass die Sprünge nur schwerlich über die ausliegenden sechs Matten hinausgehen können. Die meisten Lernenden werden ihre Punkte im Bereich zwischen der zweiten und vierten Matte erzielen. In diesem Zusammenhang noch ein kurzer Hinweis zur Weitsprungstation von Orliczek/Priebe (2022): Es ist überaus wahrscheinlich, dass die Lernenden im Unterricht anhand des dazugehörigen Arbeitsblattes einen Fünfsprung rekonstruieren werden, da dort auf das Weitenrätsel des Phaÿllossprungs eingegangen wird (vgl. a.a.O., 514f.). Die großen Sprungweiten des Phaÿllos und des Chionis hält Mouratidis (2012) jedoch m.E. richtigerweise u.a. aufgrund ihrer zweifelhaften Überlieferung für unwahrscheinlich (vgl. a.a.O., insb. 38 und 48-55; dazu kurz, aber prägnant auch Miller 2004, 68). An diesem Punkt zeigt sich, dass im didaktischen Kontext der Bewegungsarchäologie mitunter zwischen historischer Detailgenauigkeit und didaktischem Angebot abgewogen werden muss (vgl. bspw. auch Wenzel 1990, 56). Da die große Weite für Lernende jedoch meist phänomenaler und widerständiger erscheint, wodurch sie unmittelbar und von sich aus zur Erprobung auffordert, wurde im Falle der Stationsarbeit das Überlieferungsproblem der Sprungweiten zugunsten der Didaktik ausgeklammert. Nichtsdestoweniger kann in der abschließenden Reflexion der Station und bei der Erklärung der hier vorgestellten antiken Staffel auf den zweifelhaften Wert der Überlieferung kurz eingegangen werden. Gerade in universitären Lehrveranstaltungen oder im Fächerübergriff mit dem altsprachlichen Unterricht wäre dieses textkritische Problem sinnvoll zu thematisieren. So kann zumindest auch die sportwissenschaftsgeschichtliche Frage des Weitenrätsels im Ansatz ersichtlich werden.

keine Punkte gesammelt werden können. Bevor die Staffel startet, sollte ausdrücklich formuliert werden, dass – bis auf die drei Sprungregeln – für alle weiteren Feinheiten eine Technikfreiheit maßgeblich ist. Es ist den Lernenden demnach freigestellt, ob sie mit oder ohne Anlauf, kontinuierlich oder unterbrochen, einbeinig oder beidbeinig etc. springen. Wurden diese drei Sprungregeln befolgt, werden Punkte für beide Gruppen notiert. Nach dem Springen werden die Hanteln für die nachfolgende Person wieder neben die erste Matte gelegt, es folgt das Abklatschen an der Startlinie (in der Abb. 6 rot dargestellt) und die nächsten Lernenden starten wieder mit dem Diaulos. Nachdem der Staffelwettkampf beendet ist, werden durch Addition der insgesamt je Gruppe ersprungenen Punkte die Gewinnerinnen und Gewinner ermittelt

Die Erfahrung hat gezeigt, dass die Ergebnisse selbst bei leistungsheterogenen Gruppen durchaus recht nah beieinander liegen können, da die letzte Weitsprungregel einer sauberen Landung zu einer größeren Offenheit im Ausgang führt. Gerade für Erfahrenere, die meist einen schnelleren Anlauf gewöhnt sind und mitunter die Wirkung des zusätzlichen Gewichts auf das Sprungverhalten unterschätzen, stellen sich die Halteren als hinderlich und widerständig dar.

In den meisten der bisherigen Umsetzungen wurde der Staffelwettkampf zum Abschluss der Arbeit an bewegungsarchäologischen Rekonstruktionen mit den beiden Stationen zum Diaulos und Weitsprung aus Orliczek/Priebe (2022) durchgeführt, sodass die erarbeiteten antiken Techniken in der Leistungssituation überprüft und weitere Differenzerfahrungen gemacht werden konnten. Dabei war beim Weitsprung auffällig, dass von den in den vorherigen Arbeitsphasen eigentlich favorisierten Rekonstruktionen häufig abgewichen wurde. War in der Stationsarbeit noch ein vier- oder fünfmaliger beidbeiniger und kontinuierlicher Standsprung die präferierte Technik, sprangen die meisten Lernenden aus verschiedenen Lerngruppen beim Wettkampf eine Art modernen Dreisprung mit Gewichten und verkürztem Anlauf. Als Grund dafür wurde häufig die Hektik des Wettkampfs genannt, bei dem Punkte möglichst schnell zu erspringen sind. Aus diesen Differenzen ergeben sich also sinnvolle Anregungen für die Reflexion der bisherigen Rekonstruktionen, weshalb sich der Staffel-

Ansatz einer didaktischen Bewegungsarchäologie 43

wettkampf als Abschluss der bewegungsarchäologischen Stationen aus Orliczek/Priebe (2022) zu den beiden Disziplinen eignet.[169]

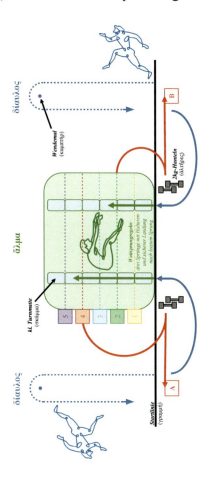

Abb. 6: Schematischer Aufbau des antiken Staffelwettkampfs. Grafik und Vasenumzeichnungen: M.T.O.

---

[169] Womöglich kann von Technikideen, die in unterschiedlichen Bewegungsarrangements von den Lernenden entwickelt werden, auch die sporthistorische Forschung zu den antiken Disziplinen profitieren. Dies sei hier jedoch nur am Rande angemerkt.

7.2 Auswahlbibliographie für Unterrichtsvorhaben zum antiken Sport

Die folgende Tabelle soll als Handreichung für sportgeschichtliche Unterrichtsvorhaben dienen und umfasst Vermittlungsbeispiele sowohl für die Theorie und Praxis des Sportunterrichts als auch für den Altsprachlichen Unterricht, da die Thematik für einen fächerübergreifenden Unterricht gerade in dieser Kombination prädestiniert ist.[170] Aus vielen der gelisteten Artikel und Beiträge können bewegungsarchäologische Zugänge abgeleitet werden.[171]

Antike Sportarten in der Sportpraxis	Brodbeck, W.: „Wie wurde im antiken Griechenland gestartet?", in: *Lehrhilfen für den Sportunterricht* 53.7 (2004), 7–8. Jakob, M.: „Werfen wie Obelix", in: *sportpädagogik* 19.3 (1995), 50–53. Loosch, E. / Brodersen, K. / Mosebach, U.: „Antiker Sport im Experiment. Bericht zum Studium Fundamentale an der Universität Erfurt im Sommersemester 2011", in: J. Court / A. Müller / W. Pyta (Hgg.): *Jahrbuch 2010 der Deutschen Gesellschaft für Sportwissenschaft e.V.* (Studien zur Geschichte des Sports 12, Münster 2012), 119–136. Müller, B.: „Ideen-Markt: Römisches Wagenrennen", in: *sportpädagogik*, 14.4 (1990), 8. Orliczek, M. T. / Priebe, A.: „Werfen, Springen und Sprinten in der Antike. Eine experimentell-archäologische Stationsarbeit – Teil I", in: *Lehrhilfen für den Sportunterricht* 71.11 (2022), 513–517. Orliczek, M. T. / Priebe, A.: „Speerwerfen und Ringen in der Antike. Eine experimentell-archäologische Stationsarbeit – Teil II", in: *Lehrhilfen für den Sportunterricht* 72.3 (2023), 115–121. Priebe, A.: „Sprung- und Laufwettbewerbe in Altertum und Neuzeit", in: *sportpädagogik* 20.3 (1996a), 50–55. Sliep, K.: „Sportgeschichte in der Schule vermitteln – Eine fächerübergreifende Unterrichtssequenz in Klasse 6 zum Thema ‚Olympische Spiele in der Antike'", in: A. Bruns / W. Buss (Hgg.): *Sportgeschichte erforschen und vermitteln* (Schriften der Deutschen Vereinigung für Sportwissenschaft 187, Hamburg 2009), 87–101. Wimmert, J.: „Rekonstruktion antiker Sportdisziplinen", in: *Der Altsprachliche Unterricht Latein, Griechisch* 47.2 (2004b), 55–56.

---

[170] So ist das Thema der antiken Sportgeschichte auch „praktisch in jedem Lateinbuch für die Schule" enthalten (Krüger/Ulfkotte/Hübner 2017, 53).
[171] Die Tabelle erhebt keinen Anspruch auf Vollständigkeit.

Antike Spiele in der Sportpraxis	Bartl, F.: „Antike Spiele im Lateinunterricht", in: *Der Altsprachliche Unterricht Latein, Griechisch* 58.1 (2015), 28–33. Horsch, R.: „Der gebastelte Sportunterricht. Beispiel eines projektorientierten und fächerübergreifenden Sportunterrichts", in: *Lehrhilfen für den Sportunterricht* 66.1 (2017), 1–5. Kampert, O.: „Alea iacta est. Spiele im antiken Rom", in: *Der Altsprachliche Unterricht Latein, Griechisch* 58.1 (2015a), 21–27. Rieche, A.: *So spielten die Alten Römer. Römische Spiele im Archäologischen Park Xanten* (Köln ³1994). Wenzel, M.: „Historische Flugballspiele", in: *sportpädagogik* 14.2 (1990), 55–60.
Einführungen und Grundlagenwerke zu Sport und Spielen in der Antike[172]	Decker, W.: *Sport in der griechischen Antike. Vom minoischen Wettkampf bis zu den Olympischen Spielen* (München 1995). Fittà, M.: *Spiel und Spielzeug in der Antike. Unterhaltung und Vergnügen im Altertum* (Stuttgart 1998). Hübner, E.: *Sporting Art in Greco-Roman Antiquity – Werke des Sports in der Kunst der Antike* (Münster 2018). Kampert, O.: „Komm mit ins Abenteuerland: Spiele in der griechisch-römischen Antike", in: *Der Altsprachliche Unterricht Latein, Griechisch* 58.1 (2015b), 2–7. Ortkemper, H.: *Olympische Legenden. Geschichten aus dem antiken Olympia* (Frankfurt am Main und Leipzig 1996). Pietschmann, M.: „Das olympische Wettkampfprogramm", in: *Der Altsprachliche Unterricht Latein, Griechisch* 47.2 (2004), 47–54. Sinn, U.: *Olympia. Kultur, Sport und Fest in der Antike* (München ³2004). Thuillier, J.-P.: *Sport im antiken Rom* (Darmstadt 1999). Weiler, I.: *Der Sport bei den Völkern der Alten Welt. Eine Einführung* (Darmstadt 1981). Wimmert, J.: „‚Olympische Spiele' in Antike und Neuzeit", in: *Der Altsprachliche Unterricht Latein, Griechisch* 47.2 (2004a), 43–45. Wimmert, J.: „Ὀλύμπια und Olympische Spiele. Zur Wettkampfkultur in Antike und Neuzeit", in: *Der Altsprachliche Unterricht Latein, Griechisch* 47.2 (2004c), 4–14. Wünsche, R. / Knauß, F. (Hgg.): *Lockender Lorbeer. Sport und Spiele in der Antike* (München 2004).

---

[172] Von den hier Gelisteten sind Auszüge aus der humoristischen Nacherzählung der Olympischen Spiele von Ortkemper (1996) gut in den Unterricht einzubinden. Daneben bietet Pietschmann (2004) einen Überblick zu den antiken Disziplinen im Umfang von je einer Druckseite. Wünsche/Knauß (2004) stellen die antike Sportkultur ebenfalls sehr anschaulich und reich bebildert dar. Wimmert (2004a) grenzt antike und moderne Olympische Spiele übersichtlich voneinander ab und Hübner (2018) behandelt den antiken Sport in der Kunst.

Lateinische und griechische Texte	Bury, E.: *Sport in der Antike. Texte für die lateinische Übergangslektüre* (Stuttgart 1983). Kampert, O.: „Menschwerdung im und durch das Spiel?!", in: *Der Altsprachliche Unterricht Latein, Griechisch* 58.1 (2015c), 46–54. Lampl, K.: „Spiel oder nicht Spiel? – das ist hier die Frage", in: *Der Altsprachliche Unterricht Latein, Griechisch* 58.1 (2015), 8–20. Mauritsch, P. / Petermandl, W. / Pleket, H. W. / Weiler, I. (Hgg.): *Quellen zum antiken Sport. Griechisch / lateinisch und deutsch* (Darmstadt 2012). Mause, M.: „Zwischen Zustimmung und Ablehnung. Der Stellenwert des Sports in der römischen Gesellschaft", in: *Der Altsprachliche Unterricht Latein, Griechisch* 47.2 (2004), 22–27. Oborski, F.: „,One moment in time'. Pindar als Sänger des Sieges", in: *Der Altsprachliche Unterricht Latein, Griechisch* 47.2 (2004), 28–36. Simons, B.: „Gefährliches Spiel – antike Ansichten eines Ballspiels", in: *Der Altsprachliche Unterricht Latein, Griechisch* 58.1 (2015), 34–45. Weiler, I. (Hg.): *Quellendokumentation zur Gymnastik und Agonistik im Altertum, Bd. 1–7* (Wien, Köln und Weimar, 1991–2002).
Sporttheorie, Altsprachlicher Unterricht und Fächerübergriff	Groß, Ch.: „,Citius – altius – fortius'. Ein Video-Projekt à la ‚Asterix Olympius'", in: *Der Altsprachliche Unterricht Latein, Griechisch* 47.2 (2004), 37–42. Kanopka, H.-P. / Wichmann, K. (Hgg.): *Gelbe Reihe. Materialien SII. Sport und Gesellschaft* (Braunschweig 2020). Luh, A.: *Und Asterix hat doch recht. Asterix bei den Olympischen Spielen als Mittel historischer Bildung* (Hildesheim ²2018b). Schutte-Syderhelm, W.: „,Sport nach Römerart'. Eine Projektwoche in Pompeji", in: *Der Altsprachliche Unterricht Latein, Griechisch* 47.2 (2004), 15–21. Wimmert, J.: „,Olympische Spiele' in Antike und Neuzeit", in: *Der Altsprachliche Unterricht Latein, Griechisch* 47.2 (2004a), 43–45.

8 Fazit

Ausgehend von der grundsätzlichen Offenheit der Hessischen und Niedersächsischen Kerncurricula für historische Zugänge im Sportunterricht wurden die allgemeinen didaktischen Potenziale und Funktionen der Sportgeschichte zur Antike aufgezeigt und auf der Grundlage eines bewegungspädagogischen Gegenstandsverständnisses reflektiert. Aus dieser Perspektive wurde entwickelt, „dass die Themen und Inhalte des Faches nur verstanden werden können, sofern sie in einer kulturgeschichtlichen Perspektive als etwas Gewordenes begriffen werden".[173] Dieser Bildungsfunktion kann die schulische Vermittlung einer Sportgeschichte im Unterricht m.E. jedoch erst wirklich wirksam nachkommen, wenn auch die leibliche und sportpraktische Seite mit einbezogen wird, da Bewegungshandlungen immer ein „Doppeltes von menschlicher Bewegung und kultureller Bedeutung" sind.[174]

Daher wurde zur Debatte gestellt, welche Erfahrungspotenziale neben den vielerorts bereits aufgezeigten Funktionen aus der sportgeschichtlichen Fachwissenschaft eine experimentell-praktische Sportgeschichte im Speziellen in Form einer sog. didaktischen Bewegungsarchäologie mit antikem Schwerpunkt aufweisen kann, ohne dass die Autotelik und Selbstreferentialität des Gegenstands vergessen wird. Bewegungsdidaktisch orientiert fundieren die kultur- und bewegungsgenetischen Aspekte, die Vorteile im Umgang mit Heterogenität und v.a. die Auseinandersetzung mit der Uneindeutigkeit des *nächsten Fremden* den historischen Zugang. Dabei finden Aushandlungen zwischen den persönlichen und den in den Realien dargestellten Bewegungsvorstellungen der antiken Disziplinen sowie den erprobten Bewegungslösungen statt. In einem erfahrungs- und problemorientierten praktischen Sportunterricht dürften diese Punkte das Potenzial haben, durch Differenzerfahrungen einen Beitrag zur Horizonterweiterung, zur Wissenschaftspropädeutik und zur Klärung von grundlegenden kosmogonischen Fragen des Sports zu leisten. Da ein „gewisses über die Sprache [d.h. in der Theorie, M.T.O.] erworbenes Vor-Wissen"[175] die leibästhetische Erfahrung nur „erleichtern, aber nicht ersetzen" kann,[176] versucht die didaktische Bewegungsarchäologie über Bewegungsaufgaben und praktische -arrangements, welche die Rekonstruktion der Bewegungen einer vergangenen Kultur betreffen, Differenz- und Zweizeitigkeitser-

---

[173] Orliczek/Priebe 2022, 513; vgl. zudem Krüger 2006, 228.
[174] Thomas 2009, 47. Vgl. zudem a.a.O., 36. Eine solche stärkere Betrachtung der bewegungspraktischen Perspektive der Sportgeschichte könnte zudem, obwohl Luh (2018a) sie nicht explizit in seinen elf Maßnahmen zur institutionellen Stärkung der Disziplin nennt (vgl. a.a.O., 18-20), aufgrund ihrer direkten Anbindung an die Sportpädagogik und -didaktik die Anerkennung der Disziplin zunächst in der Verbindung zur Lehrkräftebildung fördern und die ausgewiesene „Entankerung" (a.a.O., 11) zumindest in einem gewissen Maße abmildern. Nichtsdestoweniger ist dies ebenfalls keine vollumfängliche Lösung des von Luh (2018a) skizzierten Problems.
[175] Franke 2001, 28.
[176] Ebd.

fahrungen sowie eine kritisch-distanzierte Enkulturation der gegenwärtigen Sportkultur zu ermöglichen, indem „die historische, gesellschaftliche und kulturelle Konstruiertheit des menschlichen Körpers"[177] und der hervorgebrachten Bewegungsformen thematisiert wird. Auf der Suche nach vergessenen antiken Techniken wird der Lernprozess dabei notwendigerweise fundamental genetisch, da antike Bewegungsformen erst ge- und erfunden werden müssen. Bewegungsarchäologische Experimente lassen im Unterricht dadurch ebenso die Tatsache erfahrbar werden, dass sich der Gegenstand Sport und seine Ausdeutungen als entwicklungsoffen und veränderbar präsentieren, wodurch der historische Zugang unmittelbar eine Zukunftsorientierung aufweist und die Gegenwart hinterfragt.[178]

Das hier zugrundeliegende Verständnis von heutigen Bewegungen als kulturelle Verwebungen muss und darf sich jedoch nicht nur auf die Antike beschränken. Da der Bezug auf antike Vorformen sicherlich auch nicht immer möglich ist, wären bewegungsarchäologische Zugänge ebenso in praktischen Auseinandersetzungen mit dem Jahn'schen Turnen, der frühen modernen Leichtathletik,[179] einzelnen Sportspielbiographien,[180] alten Kampf- oder Raufspielen[181] und anderen sportgeschichtlichen Themen möglich, bei denen die Grundthemen des Bewegens historisch behandelt werden. Der Ansatz bietet sich sodann auch zum Weiterentwickeln über die Lehrkunstdidaktik oder das Geschichtstheater an.

Schlussendlich ist es der Nimbus des Außergewöhnlichen und des Fremden, der die unmittelbar leibliche Auseinandersetzung in der spielerischen Forschung der Lernenden kennzeichnet, wenn das Thema durch einen solchen Zugang lebendig und der antike Mensch durchaus nahbarer wird. Wenngleich eine grundlegende Unverständlichkeit nie ausgeschlossen werden kann – denn dieses alte Fremde in erster Linie neu und widerständig –, so dürfte die Bewegungsarchäologie sehr wohl einen Dialog mit dem vergangenen Menschen ermöglichen.[182] Am Ende einer bewegungsarchäologischen Sequenz ist aufgrund der fehlenden Eindeutigkeit antiker

---

[177] Alkemeyer 2003, 55.
[178] Vgl. u.a. Kurz 1982; Nickel 2003a und 2003b; Krüger 2006; Luh 2004 und 2018a.
[179] Vgl. die Ansätze bei Schütte 1995; Priebe 1996a; Konow/Wibowo 2015.
[180] Vgl. die Konzepte bei Nagel 1985 und 1986; Priebe 1996b; Wenzel 1990.
[181] Vgl. Wagner 2022.
[182] Dabei sollte nur nicht in Vergessenheit geraten, dass sowohl das Historische als auch das historisch Gewordene immer kritisierbar ist (vgl. Kurz 1982, 320).

Bewegungsformen nur darauf zu achten, dass das Rätsel der antiken Techniken weiterhin ein Rätsel bleibt.

9 Literatur

Abraham, A.: *Der Körper im biographischen Kontext. Ein wissenssoziologischer Beitrag* (Wiesbaden 2002).

Alkemeyer, Th.: „Formen und Umformungen. Die Bedeutung von Körpersoziologie und Historischer Anthropologie für eine kritisch-reflexive Sportpädagogik", in: E. Franke / E. Bannmüller (Hgg.): *Ästhetische Bildung* (Jahrbuch Bewegungs- und Sportpädagogik in Theorie und Forschung 2, Butzbach-Griedel 2003), 38–64.

Anschütz, W. / Huster, M.-L.: „Im Olympiajahr 1984: Der ,Diskobol' zwischen Leistungssport und Regelzwang", in: *Hephaistos* 5+6 (1983/84), 71–89.

Assmann, J.: *Das kulturelle Gedächtnis. Schrift, Erinnerung und politische Identität in frühen Hochkulturen* (München ^{4}2002).

Bäumler, G.: „Über Sinn, Nutzen und Aufgabe der Geschichte der Sportwissenschaft", in: J. Court / A. Müller / Ch. Wacker (Hgg.): *Jahrbuch 2006 der Deutschen Gesellschaft für Geschichte der Sportwissenschaft e.V. Fußballsport und Wissenschaftsgeschichte* (Studien zur Geschichte des Sports 2, Münster 2007), 7–15.

Bartl, F.: „Antike Spiele im Lateinunterricht", in: *Der Altsprachliche Unterricht Latein, Griechisch* 58.1 (2015), 28–33.

Benner, D.: *Allgemeine Pädagogik. Eine systematisch-problemgeschichtliche Einführung in die Grundstruktur pädagogischen Denkens und Handelns* (Weinheim und Basel ^{8}2015).

Bernett, H.: *Grundformen der Leibeserziehung* (Beiträge zur Lehre und Forschung der Leibeserziehung 26, Schorndorf 1965).

Bernett, H.: „Der Beitrag der Sportgeschichte zur Bewußtseinsbildung von Sportpädagogen", in: *sportunterricht* 30.8 (1981), 337–344.

Bietz, J.: „Bewegungslernen als sinnerschließendes Handeln im Sportspielunterricht", in: B. Heinz / R. Laging (Hgg.): *Bewegungslernen in Erziehung und Bildung vermitteln* (Schriften der Deutschen Vereinigung für Sportwissenschaft 104, Hamburg 1999), 203–210.

Bietz, J.: „Lehren und Lernen von Bewegungen zwischen normativen Bezügen und anthropologischen Bedingungen", in: R. Prohl (Hg.): *Bildung und Bewegung* (Schriften der Deutschen Vereinigung für Sportwissenschaft 120, Hamburg 2001), 319–324.

Bietz, J.: „Kategoriale Bildung als Formbildung in bewegungskulturellen Feldern", in: R. Laging / P. Kuhn (Hgg.), *Bildungstheorie und Sportdidaktik. Ein Diskurs zwischen kategorialer und transformatorischer Bildung* (Bildung und Sport 9, Wiesbaden 2018), 87–109.

Bietz, J.: „Bewegung, Spiel und Sport als Modi der Selbst- und Welterschließung", in: N. Meister / U. Hericks / R. Kreyer / R. Laging (Hgg.): *Zur Sache. Die Rolle des Faches in der universitären Lehrerbildung. Das Fach im Diskurs zwischen Fachwissenschaft, Fachdidaktik und Bildungswissenschaft* (Edition Fachdidaktiken, Wiesbaden 2020).

Bietz, J. / Böcker, P.: „Spielen und Spiele spielen", in: R. Laging (Hg.), *Inhalte und Themen des Bewegungs- und Sportunterrichts. Von Übungskatalogen zum Unterrichten in*

Bewegungsfeldern (Basiswissen Didaktik des Bewegungs- und Sportunterrichts 2, Baltmannsweiler 2009), 108–136.

Bietz, J. / Grotehans, J. / Hindemith, I.: „Genetisches Lehren im Sportunterricht am Beispiel Kämpfen", in: *sportunterricht* 62.12, 365–371.

Böcker, P. / Dirks, F.: „Fußball verstehen und gestalten im Sportunterricht", in: *Lehrhilfen für den Sportunterricht* 62.12 (2013), 9–13.

Brodbeck, W.: „Wie wurde im antiken Griechenland gestartet?", in: *Lehrhilfen für den Sportunterricht* 53.7 (2004), 7–8.

Brodersen, K.: „Antike Taktik im Turnunterricht – Hellenische Gymnastik und griechisch-makedonische Taktik im 19. Jahrhundert", in: J. Court / A. Müller (Hgg.): *Jahrbuch 2018 der Deutschen Gesellschaft für Geschichte der Sportwissenschaft e.V.* (Studien zur Geschichte des Sports 22, Münster 2019), 9–33.

Brodtmann, D. / Landau, G.: „An Problemen lernen", in: *sportpädagogik* 6.3 (1982), 16–22.

Bury, E.: *Sport in der Antike. Texte für die lateinische Übergangslektüre* (Stuttgart 1983).

Buss, W.: „Er- und gelebte Sportgeschichte – historische Exkursionen", in: *sportunterricht* 53.5 (2004), 146–151.

Crowther, N. B.: „Weightlifting in Antiquity: Achievement and Training", in: *Greece & Rome* 24.2 (1977), 111–120.

Decker, W.: *Sport in der griechischen Antike. Vom minoischen Wettkampf bis zu den Olympischen Spielen* (München 1995).

Dietrich, K. / Landau, G.: *Sportpädagogik. Grundlagen – Positionen – Tendenzen* (Reinbek bei Hamburg 1990).

Donop, A. von: „Zur Technik des antiken Speerwurfs", in: *Olympisches Feuer* 8 (1960), 16–18.

Erll, A.: *Kollektives Gedächtnis und Erinnerungskulturen. Eine Einführung* (Stuttgart ³2017).

Fend, H.: *Neue Theorie der Schule. Einführung in das Verstehen von Bildungssystemen* (Wiesbaden ²2008).

Fittà, M.: *Spiel und Spielzeug in der Antike. Unterhaltung und Vergnügen im Altertum* (Stuttgart 1998).

Franke, E.: „Die Sinnlosigkeit sportlicher Handlungen und das Freiwilligkeitspostulat – eine Herausforderung der Sportpädagogik?", in: R. Zimmer (Hg.): *Erziehen als Aufgabe. Sportpädagogische Reflexionen* (Schorndorf 2001), 15–33.

Franke, E.: „Ästhetische Erfahrung im Sport – ein Bildungsprozess?", in: ders. / E. Bannmüller (Hgg.): *Ästhetische Bildung* (Jahrbuch Bewegungs- und Sportpädagogik in Theorie und Forschung 2, Butzbach-Griedel 2003), 17–37.

Franke, E.: „Körperliche Erkenntnis – die andere Vernunft", in: J. Bietz / R. Laging / M. Roscher (Hgg.): *Bildungstheoretische Grundlagen der Bewegungs- und Sportpädagogik* (Bewegungspädagogik 2, Baltmannsweiler 2005), 180–201.

Funke-Wieneke, J.: „Vermitteln – Schritte zu einem ‚ökologischen' Unterrichtskonzept", in: *sportpädagogik* 19.5 (1995), 10–17.

Funke-Wieneke, J.: *Grundlagen der Bewegungs- und Sportdidaktik* (Basiswissen Didaktik des Bewegungs- und Sportunterrichts 1, Baltmannsweiler 2007).

Funke-Wieneke, J.: *Bewegungs- und Sportpädagogik. Wissenschaftstheoretische Grundlagen – zentrale Ansätze – entwicklungspädagogische Konzeption* (Bewegungspädagogik 1, Baltmannsweiler ²2010).

Gebauer, G. / Wulf, Ch.: *Spiel – Ritual – Geste. Mimetisches Handeln in der sozialen Welt* (Reinbek bei Hamburg 1998).

Gissel, N.: „Leibesübungen als kulturelle Objektivationen. Das pädagogische und historische Denken Hajo Bernetts", in: A. Luh / ders. (Hgg.): *Neue Forschung zur Kulturgeschichte des Sports* (Schriften der Deutschen Vereinigung für Sportwissenschaft 271, Hamburg 2018), 37–51.

Groß, Ch.: „‚Citius – altius – fortius'. Ein Video-Projekt à la ‚Asterix Olympius'", in: *Der Altsprachliche Unterricht Latein, Griechisch* 47.2 (2004), 37–42.

Gruschka, A.: *Verstehen lehren. Ein Plädoyer für guten Unterricht* (Stuttgart 2011).

Harris, H. A.: „Greek Javelin Throwing", in: *Greece & Rome* 10.1 (1963), 26–36.

Hessische Lehrkräfteakademie (Hg.): „Kerncurriculum gymnasiale Oberstufe Sport. Anregungen für fachübergreifende und fächerverbindende Unterrichtsvorhaben", in: *Begleitmaterial KCGO Sport* (online o.J.), https://kultusministerium.hessen.de/sites/kultusministerium.hessen.de/files/2021-07/beispiel_fachuebergreifend_kcgo_spo_1.pdf [letzter Zugriff: 11.01.2023].

Hessisches Kultusministerium (Hg.): *Bildungsstandards und Inhaltsfelder. Das neue Kerncurriculum für Hessen. Sekundarstufe I – Gymnasium. Sport* (Wiesbaden 2011).

Hessisches Kultusministerium (Hg.): *Kerncurriculum gymnasiale Oberstufe. Sport* (Wiesbaden 2018).

Hochbruck, W.: *Geschichtstheater. Formen der „Living History". Eine Typologie* (Bielefeld 2013).

Höfer, A.: „Zurück in die Zukunft? Was uns die Sportgeschichte der Antike heute noch zu sagen hat", in: *sportunterricht* 53.5 (2004), 141–145.

Hölscher, U.: *Die Chance des Unbehagens. Drei Essais zur Situation der klassischen Studien* (Göttingen 1965).

Horsch, R.: „Der gebastelte Sportunterricht. Beispiel eines projektorientierten und fächerübergreifenden Sportunterrichts", in: *Lehrhilfen für den Sportunterricht* 66.1 (2017), 1–5.

Hübner, E.: *Sporting Art in Greco-Roman Antiquity – Werke des Sports in der Kunst der Antike* (Münster 2018).

Huizinga, J.: *Homo ludens. Vom Ursprung der Kultur im Spiel* (Reinbek bei Hamburg ²¹2009).

Jakob, M.: „Werfen wie Obelix", in: *sportpädagogik* 19.3 (1995), 50–53.

Junkelmann, M.: *Die Legionen des Augustus. Der römische Soldat im archäologischen Experiment* (Mainz 1986).

Junkelmann, M.: „Die angewandte Experimentalarchäologie", in: F. Humer (Hg.), *Carnutum. Wiedergeborene Stadt der Kaiser* (Darmstadt 2014), 157–158.

Kampert, O.: „Alea iacta est. Spiele im antiken Rom", in: *Der Altsprachliche Unterricht Latein, Griechisch* 58.1 (2015a), 21–27.

Kampert, O.: „Komm mit ins Abenteuerland: Spiele in der griechisch-römischen Antike", in: *Der Altsprachliche Unterricht Latein, Griechisch* 58.1 (2015b), 2–7.

Kampert, O.: „Menschwerdung im und durch das Spiel?!", in: *Der Altsprachliche Unterricht Latein, Griechisch* 58.1 (2015c), 46–54.

Kanopka, H.-P. / Wichmann, K. (Hgg.): *Gelbe Reihe. Materialien SII. Sport und Gesellschaft* (Braunschweig 2020).

Knauer, S.: *Integration. Inklusive Konzepte für Schule und Unterricht* (Studientexte für das Lehramt 19, Weinheim und Basel 2008).

Knauß, F.: „Sport im Altertum", in: R. Wünsche / ders. (Hgg.): *Lockender Lorbeer. Sport und Spiele in der Antike* (München 2004a), 15–23.

Knauß, F.: „Diskuswurf", in: R. Wünsche / ders. (Hgg.): *Lockender Lorbeer. Sport und Spiele in der Antike* (München 2004b), 102–117.

Kocka, J.: „Gesellschaftliche Funktionen der Geschichtswissenschaft", in: W. Oelmüller (Hg.): *Wozu noch Geschichte?* (München 1977), 11–33.

Konow, R. / Wibowo, J.: „Hochsprung im Wandel der Zeit. Den Vorsprung durch Technik am eigenen Leib erfahren", in: *sportpädagogik* 39.5 (2015), 32–36.

Krüger, M.: *Einführung in die Geschichte der Leibeserziehung und des Sports. Teil 1: Von den Anfängen bis ins 18. Jahrhundert* (Sport und Sportunterricht 8, Schorndorf 2004).

Krüger, M.: „Sportwissenschaft und Schulsport: Trends und Orientierungen (1). Sportgeschichte", in: *sportunterricht* 55.8 (2006), 227–234.

Krüger, M. / Ulfkotte, J. / Hübner, E.: „Sport im Geschichtsunterricht", in: *geschichte für heute* 10.3 (2017), 44–65.

Kurz, D.: „Historische Aspekte in der Sportlehrerausbildung (Mindestanforderungen)", in: C. Kreiter / K. Willimczik (Hgg.): *3. Sportwissenschaftlicher Hochschultag '80* (dvs-Protokolle 3, Clausthal-Zellerfeld 1982), 317–325.

Kyle, D. G.: *Sport and Spectacle in the Ancient World* (Chichester ²2015).

Laging, R.: „Didaktische Prinzipien des Lehrens und Lernens von Bewegungen", in: *sportunterricht* 62.12 (2013), 355–359.

Laging, R.: „Bewegungsaufgaben als ‚ästhetische Aktivierung' – ein Beitrag zur professionstheoretischen Einordnung der Aufgabenforschung", in: D. Wiesche / M. Fahlenbock / N. Gissel (Hgg.), *Sportpädagogische Praxis – Ansatzpunkt und Prüfstein von Theorie* (Schriften der Deutschen Vereinigung für Sportwissenschaft 255, Hamburg 2016), 251–259.

Laging, R.: „Bewegung als Aufgabe. Bildungstheoretische Überlegungen zum Aktivierungsdiskurs der Sportdidaktik", in: *Zeitschrift für sportpädagogische Forschung* 10.1 (2022), 28–51.

Laging, R. / Böcker, P. / Dirks, F.: „Zum Einfluss der Schulzeitverkürzung (G8) auf Bewegungs- und Sportaktivitäten von Jugendlichen", in: *sportunterricht* 63.3 (2014), 66–72.

Lampl, K.: „Spiel oder nicht Spiel? – das ist hier die Frage", in: *Der Altsprachliche Unterricht Latein, Griechisch* 58.1 (2015), 8–20.

Lindner, E.: *Sprung und Wurf. Analysen für die Praxis der Leichtathletik, zugleich ein Beitrag zur Bewegungslehre* (Beiträge zur Lehre und Forschung der Leibeserziehung 29, Schorndorf 1967).

Loibl, J.: *Basketball. Genetisches Lehren und Lernen. Spielen – erfinden – erleben – verstehen* (Praxisideen, Schriftenreihe für Bewegung, Spiel und Sport 5, Schorndorf 2001).

Loosch, E. / Brodersen, K. / Mosebach, U.: „Antiker Sport im Experiment. Bericht zum Studium Fundamentale an der Universität Erfurt im Sommersemester 2011", in: J. Court / A. Müller / W. Pyta (Hgg.): *Jahrbuch 2010 der Deutschen Gesellschaft für Sportwissenschaft e.V.* (Studien zur Geschichte des Sports 12, Münster 2012), 119–136.

Luh, A.: „Die Sportgeschichte und ihre Bedeutung im Rahmen eines sportwissenschaftlichen Studiums", in: *sportunterricht* 53.5 (2004), 132–136.
Luh, A.: „Sportgeschichte 2020? Sportwissenschaftliche Positionierung und geschichtswissenschaftlicher Paradigmenwechsel", in: ders. / N. Gissel (Hgg.): *Neue Forschung zur Kulturgeschichte des Sports* (Schriften der Deutschen Vereinigung für Sportwissenschaft 271, Hamburg 2018a), 9–35.
Luh, A.: *Und Asterix hat doch recht. Asterix bei den Olympischen Spielen als Mittel historischer Bildung* (Hildesheim ²2018b).
Luh, A.: „Sportgeschichte", in: V. Burk / M. Fahrner (Hgg.): *Sportwissenschaft. Themenfelder, Theorien und Methoden* (München ²2020), 80–106.
Mauritsch, P. / Petermandl, W. / Pleket, H. W. / Weiler, I. (Hgg.): *Quellen zum antiken Sport. Griechisch / lateinisch und deutsch* (Darmstadt 2012).
Mause, M.: „Zwischen Zustimmung und Ablehnung. Der Stellenwert des Sports in der römischen Gesellschaft", in: *Der Altsprachliche Unterricht Latein, Griechisch* 47.2 (2004), 22–27.
Miller, S. G.: „Appendix: The Rebirth of the Hysplex in Nemea", in: P. Valavanis: *Hysplex. The Starting Mechanism in Ancient Stadia. A Contribution to Ancient Greek Technology* (Classical Studies 36, Berkeley, Los Angeles und London 1999), 145–173.
Miller, S. G.: *Ancient Greek Athletics* (New Haven und London 2004).
Moegling, K.: „Das Bewegungsexperiment. Der Beitrag des bewegungsexperimentellen Ansatzes zu einer pädagogischen Bewegungslehre des Sports", in: *Sportwissenschaft* 30.3 (2000), 298–310.
Mouratidis, J.: *On the Jump of the Ancient Pentathlon* (Nikephoros Beihefte 20, Hildesheim 2012).
Müller, B.: „Ideen-Markt: Römisches Wagenrennen", in: *sportpädagogik* 14.4 (1990), 8.
Murray, S. R. / Sands, W. A. / Keck, N. A. / O'Roark, D. A.: „Efficacy of the Ankyle in Increasing the Distance of the Ancient Greek Javelin Throw", in: *Nikephoros* 23 (2010), 43–55.
Murray, S. R. / Sands, W. A. / O'Roark, D. A.: „Recreating the Ancient Greek Javelin Throw: How Far was the Javelin Thrown?", in: *Nikephoros* 25 (2012), 143–154.
Mutz, M.: „Sport- und Bewegungsaktivitäten von Kindern und Jugendlichen in Deutschland – ein Update des Forschungsstands", in: Ch. Breuer / Ch. Joisten / W. Schmidt (Hgg.): *Vierter Deutscher Kinder- und Jugendsportbericht Gesundheit. Leistung und Gesellschaft* (Schorndorf 2020), 39–50.
Nagel, V.: „Volleyball. Eine spielgenetische Betrachtung", in: K. Dietrich (Hg.): *Sportspiele* (Reinbek bei Hamburg 1985), 134–149.
Nagel, V.: „Mit Volleyballregeln didaktisch umgehen", in: *sportpädagogik* 10.4 (1986), 36–40.
Nickel, R.: „Zur Wirkung kultureller Erinnerung", in: *Der Altsprachliche Unterricht Latein, Griechisch* 46.1 (2003a), 50–54.
Nickel, R.: „Kulturelle Erinnerung", in: *Der Altsprachliche Unterricht Latein, Griechisch* 46.1 (2003b), 2–9.
Niedersächsisches Kultusministerium (Hg.): *Kerncurriculum für das Gymnasium – gymnasiale Oberstufe, die Gesamtschule – gymnasiale Oberstufe, das berufliche Gymnasium, das Kolleg, Sport* (Hannover 2018).

Oborski, F.: „,One moment in time'. Pindar als Sänger des Sieges", in: *Der Altsprachliche Unterricht Latein, Griechisch* 47.2 (2004), 28–36.
Orliczek, M. T. / Priebe, A.: „Werfen, Springen und Sprinten in der Antike. Eine experimentell-archäologische Stationsarbeit – Teil I", in: *Lehrhilfen für den Sportunterricht* 71.11 (2022), 513–517.
Orliczek, M. T. / Priebe, A.: „Speerwerfen und Ringen in der Antike. Eine experimentell-archäologische Stationsarbeit – Teil II", in: *Lehrhilfen für den Sportunterricht* 72.3 (2023), 115–121.
Ortkemper, H.: *Olympische Legenden. Geschichten aus dem antiken Olympia* (Frankfurt am Main und Leipzig 1996).
Pietschmann, M.: „Das olympische Wettkampfprogramm", in: *Der Altsprachliche Unterricht Latein, Griechisch* 47.2 (2004), 47–54.
Priebe, A.: „Sprung- und Laufwettbewerbe in Altertum und Neuzeit", in: *sportpädagogik* 20.3 (1996a), 50–55.
Priebe, A.: „Basketball – Ein Sportspiel im Wandel. Ein historischer Zugang zu einem modernen Spiel", in: *Lehrhilfen für den Sportunterricht* 45.8 (1996b), 121–128.
Priebe, A.: „Die Bedeutung der Olympischen Disziplinen der Antike für die Entwicklung der Turn- und Sportwissenschaft seit dem ausgehenden 19. Jahrhundert" (unveröff. Vortragsmanuskript, 2022).
Prohl, R.: *Grundriss der Sportpädagogik* (Wiebelsheim [3]2010).
Rieche, A.: *So spielten die Alten Römer. Römische Spiele im Archäologischen Park Xanten* (Köln [3]1994).
Roscher, M.: „Sinnliches Erfahren als Weg der Erkenntnis?", in: A. Stache (Hg.): *Das Harte und das Weiche: Körper – Erfahrung – Konstruktion* (Bielefeld 2006), 91–100.
Sauer, M.: *Geschichte unterrichten. Eine Einführung in die Didaktik und Methodik* (Seelze [12]2015).
Scherer, H.-G.: „Bewegungslernen zwischen Anthropologie und Empirie", in: M. Schierz / P. Frei (Hgg.): *Sportpädagogisches Wissen. Spezifik – Transfer – Transformationen* (Schriften der Deutschen Vereinigung für Sportwissenschaft 141, Hamburg 2004), 138–145.
Scherer, H.-G.: „Zum Gegenstand von Sportunterricht: Bewegung, Spiel und Sport", in: H. Lange / S. Sinning (Hgg.): *Handbuch Sportdidaktik* (Balingen 2008), 24–39.
Scherer, H.-G.: „Bewegung lernen und lehren", in: *sportpädagogik* 35.3+4 (2011), 78–86.
Scherer, H.-G. / Bietz, J.: *Lehren und Lernen von Bewegungen* (Basiswissen Didaktik des Bewegungs- und Sportunterrichts 4, Baltmannsweiler 2013).
Schmidt, G. / Sinn, U.: „Der Realitätsbezug in der antiken Bilderwelt des Sports", in: U. Sinn (Hg.), *Sport in der Antike. Wettkampf, Spiel und Erziehung im Altertum* (Nachrichten aus dem Martin von Wagner Museum der Universität Würzburg, Reihe A: Antikensammlung 1, Würzburg 1996), 151–155.
Schmidt, W.: *Fußball. Spielen – Erleben – Verstehen* (Praxisideen, Schriftenreihe für Bewegung, Spiel und Sport 11, Schorndorf 2004).
Schmidt, W. / Neuber, N. / Rauschenbach, Th. / Brandl-Bredenbeck, H. P. / Süßenbach, J. / Breuer, Ch. (Hgg.): *Dritter Deutscher Kinder- und Jugendsportbericht. Kinder- und Jugendsport im Umbruch* (Schorndorf 2015).
Schütte, U.: *Historische Leichtathletik in der Schule. Aspekte einer problemorientierten Entwicklungsgeschichte der Sportart Leichtathletik als didaktische Entscheidungshilfe*

für ihre Umsetzung im Schulsport (Europäische Hochschulschriften, Reihe 35: Sport und Kultur 14, Frankfurt am Main u.a. 1995).

Schutte-Syderhelm, W.: „,Sport nach Römerart'. Eine Projektwoche in Pompeji", in: *Der Altsprachliche Unterricht Latein, Griechisch* 47.2 (2004), 15–21.

Seeg, M.: „Kugelstoßen in der Schule", in: *sportunterricht* 62.12 (2013), 372–376.

Simons, B.: „Gefährliches Spiel – antike Ansichten eines Ballspiels", in: *Der Altsprachliche Unterricht Latein, Griechisch* 58.1 (2015), 34–45.

Sinn, U.: *Olympia. Kultur, Sport und Fest in der Antike* (München ³2004).

Sliep, K.: „Sportgeschichte in der Schule vermitteln – Eine fächerübergreifende Unterrichtssequenz in Klasse 6 zum Thema ‚Olympische Spiele in der Antike'", in: A. Bruns / W. Buss (Hgg.): *Sportgeschichte erforschen und vermitteln* (Schriften der Deutschen Vereinigung für Sportwissenschaft 187, Hamburg 2009), 87–101.

Stamm, L.: „Eine Zeitreise durch die Sportgeschichte von Olympia bis zum E-Sport", in: *Lehrhilfen für den Sportunterricht* 70.10 (2020), 463–469.

Tamboer, J. W. I.: „Sich-Bewegen – ein Dialog zwischen Mensch und Welt", in: *sportpädagogik* 3.2 (1979), 14–19.

Teichler, H. J.: „Wozu Sportgeschichte? (1) Eine Antwort in fünf Thesen und einem Exkurs", in: *sportunterricht* 53.5 (2004), 137–140.

Thomas, M.: „Sportgeschichte und Kulturwissenschaft – Probleme, Konzepte und Perspektive", in: A. Bruns / W. Buss (Hgg.): *Sportgeschichte erforschen und vermitteln* (Schriften der Deutschen Vereinigung für Sportwissenschaft 187, Hamburg 2009), 35–50.

Thuillier, J.-P.: *Sport im antiken Rom* (Darmstadt 1999).

Trebels, A. H.: „Sich-Bewegen lernen – Bezugspunkte für eine pädagogische Theorie des Sich-Bewegens", in: W. Günzel / R. Laging (Hgg.): *Neues Taschenbuch des Sportunterrichts, Bd. 1: Grundlagen und pädagogische Orientierungen* (Baltmannsweiler ²2001), 193–214.

Ueberhorst, H.: „Sinn und Aufgabe einer Sportgeschichte in der modernen Sportwissenschaft", in: ders. (Hg.): *Geschichte der Leibesübungen, Bd. 3/1, Leibesübungen und Sport in Deutschland von den Anfängen bis zum Ersten Weltkrieg* (Berlin, München und Frankfurt am Main 1980), 7–25.

Völker, L. / Wiese, R.: „Ist die Sportgeschichte in der Schule angekommen? Ein Diskussionsbeitrag aus Sicht der Unterrichtspraxis", in: A. Bruns / W. Buss (Hgg.): *Sportgeschichte erforschen und vermitteln* (Schriften der Deutschen Vereinigung für Sportwissenschaft 187, Hamburg 2009), 123–136.

Wacker, Ch.: „Sportarchäologie – Möglichkeiten und Chancen der antiken Sportgeschichte am Beispiel des Stadions von Olympia", in: M. Messing / N. Müller (Hgg.): *Blickpunkt Olympia: Entdeckungen, Erkenntnisse, Impulse. Focus on Olympism: Discoveries, Discussion, Directions* (unter Mitwirkung von H. Preuß, Olympische Studien 5, Kassel und Sydney 2000), 72–78.

Wacker, Ch.: „Antike Sportgeschichte versus Geschichte des Agon", in: J. Court (Hg.): *Jahrbuch 2005 der Deutschen Gesellschaft für Geschichte der Sportwissenschaft e.V.* (Studien zur Geschichte des Sports 1, Münster 2006), 39–43.

Wagenschein, M.: *Verstehen lehren. Genetisch, sokratisch, exemplarisch* (mit einer Einführung von Hartmut von Hentig, Weinheim und Basel 1999).

Wagner, H.-J.: *Bruchenball – das Kampfspiel um den großen Sack. Eine sportwissenschaftliche und sportpädagogische Auseinandersetzung mit einer unbekannten Sportart* (Hildesheim 2022).
Weiler, I.: *Der Sport bei den Völkern der Alten Welt. Eine Einführung* (Darmstadt 1981).
Weiler, I. (Hg.): *Quellendokumentation zur Gymnastik und Agonistik im Altertum, Bd. 1–7* (Wien, Köln und Weimar, 1991-2002).
Wenzel, M.: „Historische Flugballspiele", in: *sportpädagogik* 14.2 (1990), 55–60.
Wimmert, J.: „,Olympische Spiele' in Antike und Neuzeit", in: *Der Altsprachliche Unterricht Latein, Griechisch* 47.2 (2004a), 43–45.
Wimmert, J.: „Rekonstruktion antiker Sportdisziplinen", in: *Der Altsprachliche Unterricht Latein, Griechisch* 47.2 (2004b), 55–56.
Wimmert, J.: „Ὀλύμπια und Olympische Spiele. Zur Wettkampfkultur in Antike und Neuzeit", in: *Der Altsprachliche Unterricht Latein, Griechisch* 47.2 (2004c), 4–14.
Wünsche, R. / Knauß, F. (Hgg.): *Lockender Lorbeer. Sport und Spiele in der Antike* (München 2004).

Mein Dank gilt Prof. Dr. Hans Christoph Berg, Prof. Dr. Ralf Laging und Dr. Alexander Priebe (alle Marburg) für die kritischen Anmerkungen und Impulse zu den früheren Versionen dieses Beitrags.

Friedrich Bachmaier (1903–2001), Direktor der Hochschulinstitute für Leibesübungen in Bonn (1936) und Münster (1941) – zugleich ein Beitrag zur Geschichte der universitären Sportlehrerausbildung

Winfried Joch

1 Problemstellung

Es gibt einen Kreis von Personen, die während der ersten Hälfte des 20. Jahrhunderts mehr oder minder langjährig in der (universitären) Sportlehrerausbildung[1] tätig waren, zeitweise sogar als Direktor(en) eines Instituts, später: Hochschulinstituts für Leibesübungen (IfL/HIfL), wirkten und sich für diese Tätigkeit in der Regel durch eine abgeschlossene Lehrerausbildung (Staatsexamen und Referendariat) und meist auch eine Promotion – wenngleich diese in der Regel „fachfremd"[2], also außerhalb des Sports (und der zu dieser Zeit noch nicht etablierten Sportwissenschaft) – qualifiziert hatten. In der Nacharbeitung zur Geschichte der Sportlehrerausbildung (und zur Vorgeschichte der Sportwissenschaft) ist dieser Personenkreis und dessen Bedeutung für die Weiterentwicklung dieser Bereiche – aus welchen Gründen im Detail auch immer, insbesondere über die Zäsur von 1945 hinaus – nur in Ausnahmefällen als „Wegbereiter"[3] entsprechend gewürdigt worden. Wenige von ihnen, den „Pionieren" der akademischen Sportlehrerausbildung und der sich langsam entwickelnden Sportwissen-

---

[1] In Preußen war diese Ausbildung durch Erlass des Ministeriums für Wissenschaft, Kunst und Volksbildung vom 30.9.1925 sowie den Erlass des Kultusministeriums vom 1.8.1929 für sogenannte „Sportphilologen" geregelt worden; zu Bayern vgl. Krombholz (1982). Davon zu unterscheiden ist die hier nicht thematisierte Sportlehrerausbildung, die z.B. in Preußen an Pädagogischen Akademien und Hochschulen für Lehrerbildung durchgeführt wurde, vgl. dazu Hesse (1995).
[2] Als Beispiele etwa: Ernst Münter, Direktor des IfL/HIfL in Kiel (1934), Königsberg (1937) und Frankfurt (1955), wurde 1931 in Physik promoviert (vgl. Joch (2019)); Hans Möckelmann, Direktor des IfL Gießen (1929), Königsberg (1935) und Marburg (1937) wurde 1929 (Tag der mdl. Prüfung: 26.10. 1926) in Psychologie promoviert (vgl. Priebe (2022)).
[3] Dazu: Court & Meinberg (2006).

schaft, haben ihre Karriere (nach 1945) mehr oder minder nahtlos fortsetzen können;[4] andere sind aus dem Zweiten Weltkrieg nicht mehr[5] oder erst nach langer Kriegsgefangenschaft[6] zurückgekehrt; einige haben in „Fremdberufen" noch eine Zeit lang gearbeitet[7] oder sind – zumal mit ihren Leistungen[8] – völlig in Vergessenheit geraten. Der – wissenschaftliche und/oder erfahrungspraktische – Substanzverlust, der damit verbunden ist, wurde zu keinem Zeitpunkt systematisch – in der Regel, wenn überhaupt, eher sporadisch und partiell[9] – aufgearbeitet, so dass möglicherweise der Eindruck entstanden ist, der Ertrag dieser Pionierarbeit sei für die weitere Entwicklung der Sportwissenschaft und der akademischen Sportlehrerausbildung (weitgehend) bedeutungslos.

Im Folgenden soll dieser Zusammenhang vorrangig im Sinne einer biographischen Skizze[10] über einen dieser „Pioniere", Dr. Friedrich (Fritz) Bachmaier, nachgeholt werden. Bachmaier, geboren 1903, gehört damit zur Generation derjenigen, von denen Friedrich Fetz, erster ordentlicher Professor[11] in der (west-)deutschen Sportwissenschaft – damals: Theorie der Leibeserziehung –, über Ernst Münter (geboren 1899) zu dessen Emeritierung geschrieben hat: „Der zweite Weltkrieg riss (ihn, d. Verf.) aus seinem Arbeitsbereich (und) nahm ihm die besten Jahre seines Berufslebens"[12]: Von August 1939 bis zum Ende des Krieges im Mai 1945 war Bachmaier, mehrfach verwundet und hoch dekoriert, zuletzt mit dem

---

[4] Als Beispiel (aus dem hier zu besprechenden Umfeld): Klemens C. Wildt, Direktor des HIfL Rostock (1929-1944) und Graz (1944-1945), nach 1945 und Entnazifizierung: Bonn (1952-1967) – Feige (Die Leibeserziehung 15(1966) 11, S. 376) gibt an: 1949-1967.
[5] Z.B. Rudolf Klein, Direktor des HIfL Frankfurt seit Oktober 1936: 1942 in Russland gefallen (vgl. Münter (1942)).
[6] Z.B. Ernst Münter nach 8 Jahren russischer Kriegsgefangenschaft.
[7] Z.B. Ernst Söllinger, TH Darmstadt, als Kunstmaler (vgl. Kluber & Kluber (1996)).
[8] Vgl. u.a. den Nachruf von R. Freund auf E. Klinge. Die Leibeserziehung 6 (1957) 8, S. 225-226.
[9] Ausnahmen sind u.a. die Arbeiten von Court, z.B. (2019) bzw. diejenigen über Lindner (Joch (2020)) oder Möckelmann (Priebe (2022)).
[10] Vgl. dazu Court (2014), S. 288: (...) dass „sinnvoll betriebene Universitätsgeschichte nicht nur, aber eben auch Personengeschichte zu sein" habe.
[11] F. Fetz, promoviert (1956) und habilitiert (1959) in Innsbruck; von 1964/1965–1968 Direktor des IfL Frankfurt, dort nach Extraordinariat (1965) Lehrstuhlinhaber (1968) und als ordentlicher Professor für Theorie der Leibeserziehung Mitglied der Philosophischen Fakultät – vgl. dazu u.a. Joch (2019), S. 119-120.
[12] In: Die Leibeserziehung 14 (1965) 1, S. 21.

Ritterkreuz[13], im Kriegseinsatz und an allen Fronten eingesetzt. Seine Tätigkeit als Direktor des HIfL Bonn (1936 ff.) – und seit 1941 zusätzlich am HIfL Münster[14] – ruhte in dieser Zeit und konnte nach 1945 nicht mehr fortgesetzt werden.

Ob in diesem Fall und im eigentlichen Wortsinn berechtigt von „Pionierarbeit"[15] gesprochen werden kann, und welche Bedeutung sie gegebenenfalls für die weitere Entwicklung der Sportlehrerausbildung und – in ihrem Sog – für die (langsam) sich etablierende Sportwissenschaft nach und über 1945 hinaus – gehabt hat, wird im Kontext der Biografie Bachmaiers ebenfalls diskutiert werden. Diese Diskussion konzentriert sich auf die mehr oder minder alternative Frage, ob es in der universitären Sportlehrerausbildung nach 1945 einen radikalen und vielfach auch gewünschten, gelegentlich von einigen Universitäten sogar geforderten vollständigen Bruch und damit als Konsequenz einen – bestenfalls – als notwendig erachteten (aber keinesfalls übereilten) Neubeginn[16] gegeben habe, oder ob andererseits insgesamt eine im Wesentlichen kontinuierliche Entwicklung angestrebt werden sollte, die dann auch weitgehend realisiert wurde. Für diese Art von Kontinuität wäre dann das Vorausgegangene vor allem im Sinn von Basisleistung, als frühe Etappe und/oder als notwendige Voraussetzung für die kommende Entwicklung zu verstehen.

Die Quellenlage zur Person und Wirkungsgeschichte von Fritz Bachmaier ist trotz einer neueren IfL-Bibliographie[17] eher rudimentär, zumal Bachmaier selbst außer seiner Dissertation (1928) und der zusammen mit F. Wirz[18] publizierten Skigymnastik (1933) keine Veröffentlichungen, wissenschaftliche Arbeiten oder fachspezifische Studien hinterlassen hat. Aufgrund der reichhaltigen Archivbestände insbesondere der Universitäten Bonn und München ist sie jedoch hinreichend ergiebig; sie wird zudem durch den im Familienbesitz befindlichen Nachlass Bachmaiers, der dem Verfasser freundlicherweise zur Verfügung gestellt wurde, nicht nur quantitativ ergänzt.

---

[13] „Ritterkreuz zum Eisernen Kreuz", verliehen am 9.1.1945: vgl.: Seemen (1976), S. 74.
[14] Vgl. Buss (2012), S. 63: Dort wird als Direktorialzeit 1937 und 1941 angegeben.
[15] Vgl. dazu Freund. Die Leibeserziehung 6(1957) 8, S. 225-226.
[16] Vgl. dazu u.a. Buss (2018) und Willimczik (2018).
[17] Vgl. Priebe (2022 b).
[18] Seit 1929 a.o. Prof. für Dermatologie an der Universität München (siehe: Klee (2011), S. 682).

2 Lebenslauf

Friedrich (Fritz) Bachmaier wurde am 30. März 1903 in Eggenfelden/Niederbayern geboren, hat in Passau bis April 1922 die Kreisoberrealschule (Abschluss: Abitur) besucht, von Mai 1922 bis April 1925 an der Bayrischen Landesturnanstalt und der Universität München „für das hauptamtliche Turnlehrfach" studiert, die erforderlichen Examina 1924/4 (1. Staatsexamen: „gut") und 1925/4 (2. Staatsexamen: „sehr gut") erfolgreich absolviert und wurde am 21.12.1927 mit der Gesamtnote „summa cum laude" von der Philosophischen Fakultät, Sektion II, der Ludwig-Maximilians-Universität in München, zum Dr. phil. promoviert. Die Rigorosumsfächer waren Anthropologie (Dissertation und Hauptfach), Zoologie und Anatomie. Seit Mai 1925 war er mit der Berufsbezeichnung „Studienassessor" als akademischer Turn- und Sportlehrer „planmäßiger Assistent" an den Münchner Hochschulen[19]. Er verblieb dort – und in dieser Funktion – bis zum Oktober 1936.

Bachmaier gehörte damit zum Stammpersonal des 1929 als Universitätseinrichtung gegründeten Instituts für Leibesübungen (IfL, später HIfL), dessen Leitung (bis 1933) Studienrat Dr. Emil Rieß hatte, sowie der Landesturnanstalt, die lange Zeit für die Ausbildung von Turn- und Sportlehrern in Bayern allein zuständig gewesen war – Leitung bis 1926: Dr. Henrich, von 1926 bis 1937: Dr., später Studienprofessor Martin Vogt. 1932/33 wurde das Institut von der Universität und der Technischen Hochschule gemeinsam verwaltet und Rieß 1933 aus politischen Gründen seiner direktorialen Funktion enthoben; er wurde von Georg Schneider kommissarisch ersetzt, der 1936 zum Direktor ernannt wurde[20].

Im Beitrag von Wolfgang Buss über „NS-Karrieren – Das ‚Netzwerk Krümmel'"[21] wird in einer tabellarischen Übersicht – im Kontext von A (wie Altrock: Leipzig) bis Z (wie Zimmermann: Göttingen) sozusagen – Friedrich Bachmaier als Direktor der Hochschulinstitute für Leibesübungen (HIfL) der Universitäten Bonn (1937) und Münster (1941) genannt.[22]

---

[19] Quelle: Lebenslauf zum Promotionsverfahren: Das Dekanat der philosophischen Fakultät, Sektion II, Nr. 424 in: AM: Promotionsakte Dr. Fritz Bachmaier, insgesamt 15 Seiten.
[20] Krombholz (1982).
[21] Buss (2012), S. 63.
[22] Priebe (2022), S. 175 gibt abweichend davon an: W. Thörner war Direktor des HIfL Bonn von 1936–1951. Tatsächlich trat Bachmaier die Bonner Direktorenstelle (nach Anweisung

Über diese Mitteilung hinaus sowie über Bachmaiers Tätigkeit in der Sportlehrerausbildung generell, sein Engagement im Sport überhaupt und seine Wissenschaftsleistung ist bisher allerdings nur wenig bekannt: Rühl[23] stellt in seinem Beitrag über die „Geschichte des IfL der Universität Bonn" die relevanten Daten zusammen.[24] Alexander Priebe ergänzt seine ausführliche und hochwertige Literaturdokumentation über die Sportinstitute, Bachmaier betreffend, mit der Anmerkung: „Es konnten keine Beiträge nachgewiesen werden."[25]

Zu dieser weitgehenden Abstinenz mag auch beigetragen haben, dass Bachmaier nach 1945 trotz des Bescheids „vom Gesetz zur Entnazifizierung nicht betroffen" zu sein[26], nach 1945 nicht mehr in den Universitätsdienst zurückkehren konnte, und dass seine wissenschaftliche Hinterlassenschaft nicht über die Veröffentlichung seiner Dissertation (1928) und eine zusammen mit Franz Wirtz veröffentlichte „Schi-Gymnastik" (1933) hinausgegangen ist.[27] Er gehört damit, bezogen auf die (ehemaligen) Direktoren der Institute für Leibesübungen, offensichtlich zur Gruppe der weitgehend Vergessenen.

Nach Kriegsdienst (1939–1945), zahlreichen Verwunden und ausgezeichnet u.a. mit dem Ritterkreuz (1945), wurde Bachmaier zum 1. Oktober 1951, 48jährig also, als Oberregierungsrat vorzeitig pensioniert. Bis dahin hatte er noch Skikurse mit Münchner und Bonner Studenten durchgeführt; und es gab bei dieser Gelegenheit noch flüchtige Kontakte mit ehemaligen Bonner Kollegen. Aber dann war dieser Lebensabschnitt beendet. Bachmaier trat nach einer kurzen Phase der Rekonvaleszenz in den Dienst der Innstadt-Brauerei und wurde dort in den Aufsichtsrat, 1963 in den Vorstand gewählt. Mit Erreichen der Altersgrenze schied er aus diesem „Zweitberuf" aus, blieb aber weiterhin sportlich aktiv – Bergsport vor allem und bei Skihochtouren. Im 99sten Lebensjahr und fast vollständig erblindet verstarb er am 12. September 2001 in Passau.[28]

---

von Krümmel, siehe: Kap 3: Der Abteilungsführer ...) – zunächst kommissarisch – bereits im Oktober 1936 an.
[23] Rühl (1971), S. 58-59.
[24] Vgl. dazu auch: Jansen (1986), S. 203-215.
[25] Priebe (2022), S. 144.
[26] AB: PA 233.
[27] Siehe Literaturverzeichnis; Standort u.a. Zentralbibliothek d. DSH Köln, Magazin, 1. Sign. 33300.
[28] Quellen: Stadtarchiv Passau; NB-80/85; Mitteilung Dr. Cornelia Cidlinsky; Nachrufe der

3 Der Abteilungsführer und das berufliche Angebot

An exponierter Stelle wird Dr. Friedrich Bachmaier im Sammelband „Die Sporthochschulen der Welt"[29], dem einzigen großen internationalen sportwissenschaftlichen Kongress in den 1930er Jahren in Deutschland, gekoppelt mit einem Internationalen Sportstudentenlager, zusammen mit den beiden anderen „Abteilungsführern", Dr. Ernst Münter und Dr. Hans Möckelmann, als amtierende „Direktoren der Hochschulinstitute für Leibesübungen der Universitäten Königsberg, Kiel und Bonn" vorgestellt.[30] Diese Veranstaltung fand im Rahmen der Olympischen Spiele 1936 auf dem Gelände des Reichssportfeldes und in den Räumen der Reichsakademie, der Nachfolgeeinrichtung der 1920 in Berlin gegründeten Deutsche(n) Hochschule für Leibesübungen, statt.

Weil es über die beiden anderen „Abteilungsführer", Hans Möckelmann[31] und Ernst Münter[32], bereits mehr oder weniger ausführliche Biografien gibt, erscheint es sinnvoll und gerechtfertigt, nun auch über Friedrich Bachmaiers Berufs- und Werdegang das Wesentliche mitzuteilen, um auf diese Weise den Informationsstand über die gesamte Führungsriege dieser Berlin-Veranstaltung zu komplettieren.

Innstadt-Brauerei und deren Belegschaft.
[29] Krümmel & Jaeck (1937).
[30] Ebd., S. 45. Im gleichen Band wird als Berufsbezeichnung für Bachmaier genannt: Stellvertretender Direktor des Hochschulinstituts für Leibesübungen München (S. 13).
[31] Priebe (2022).
[32] Joch (2019).

Abb. 1: Berlin 1936: Die „Abteilungsführer" beim internationalen Sportstudentenlager: Möckelmann (l) – Münter (m) – Bachmaier (r).[33]

Alle „Abteilungsführer" wurden 1937 mit dem „Verdienstorden für die Olympische Spiele 1936 in Berlin" geehrt. Die Auszeichnung wurde Bachmaier vom Rektor der Universität Bonn überreicht.[34]

Zum damaligen Geschehen in Berlin und zu dem bei dieser Gelegenheit von Carl Krümmel, u. a. Regierungsdirektor im Reichserziehungsministerium, an Bachmaier gerichteten Angebot, Direktor des Hochschulinstituts für Leibesübungen der Universität Bonn zu werden, äußert sich Bachmaier viele Jahre später in seinen „Erinnerungen"[35]:

> Ein Höhepunkt meiner sportlichen Laufbahn waren die Olympischen Sommerspiele 1936 in Berlin. Alle Institutsleiter und viele Assistenten oder Oberassistent wurden zu einem Sportstudentenlager zusammengezogen, an dem etwa 15 Nationen mit Sportstudenten teilnahmen. Sie zeigten ihre

---

[33] Ebd., S. 45.
[34] AB: PA 233.
[35] NB-80/85, S. 47-48.

nationalen Sonderübungen und Spiele, und wir konnten das Training der Olympia-Kämpfer im Olympischen Dorf beobachten, und dann an allen Veranstaltungen der glänzenden Spiele teilnehmen.... Gegen Ende dieser schönen Zeit in Berlin, während der wir in der Reichsakademie für Leibesübungen vornehm untergebracht waren, in der Zeit, als die Sportstudenten in Zeltlagern wohnten, sprach mich Krümmel wegen einer Direktorenstelle an einem HIfL an: „Sie werden doch nicht ewig den Deppen ... in München machen. Sie müssen heraus aus München, ich biete Ihnen das Institut für Leibesübungen in Frankfurt an, oder eine Stellung an der Reichsakademie in Berlin, oder das Institut für Leibesübungen in Bonn. Im Wintersemester 1936 treten Sie ihren Dienst an". Das war mir denkbar unangenehm, ich wollte in München bleiben, hatte wenig Ehrgeiz vorwärtszukommen. Ich war doch leidenschaftlicher Bergsteiger und wollte nicht so weit weg von den Alpen. Aber da half nichts. Ich hätte es nie abwarten können, bis ... eine Planstelle (in München, d. Verf.) frei geworden wäre; und so entschied ich mich für Bonn, das ich bisher nur flüchtig von einer Ruderwanderfahrt mit Sportstudenten vom Neckar und Rhein kennengelernt hatte. Der einzige Mann, den ich von Bonn kannte, war Prof. Thörner, der einmal mit Ernst Söllinger und anderen Skisportlern einen Fortbildungslehrgang auf der Zugspitze mitgemacht hat, bei dem ich als Lehrer tätig war (...).

Dies also war der Einstieg Bachmaiers in eine leitende Stellung an einem Institut für Leibesübungen – außerhalb Münchens –, verbunden gleichzeitig mit der Bereitschaft, die Verantwortung in einem Aufgabenbereich zu übernehmen, der ihm zwar aufgrund der Münchner Erfahrungen nicht ganz fremd war, dennoch aber ungewohnt in der nun erstmals vollen Verantwortungsfunktion. Gleichzeitig war mit der Annahme des Krümmel-Angebots allerdings auch die Akzeptanz verbunden, das ‚Netzwerk Krümmel'[36] für den eigenen, den persönlichen und beruflichen Lebensbereich zu respektieren.

Zu einem späteren Zeitpunkt – nun schon aus der Bonner Perspektive – äußert sich Bachmaier zum Krümmel-Angebot etwas modifiziert: „Es war doch gut, dass ich nach elf Assistenten- und Assessorenjahren endlich zum preußischen Regierungsrat (1.6.1937) und gleichzeitig zum Bayerischen Studienrat (1.4.1937) befördert wurde und eine leitende Stelle bekam."[37]

Die Beförderung Bachmaiers zum Oberregierungsrat erfolgte dann (planmäßig) am 24.11.1941. Damit war – etwas zeitversetzt – die völlige

---

[36] Der Begriff ist von Buss (2012) in die Diskussion eingeführt worden.
[37] NB-80/85, S. 49.

Gleichstellung der drei Abteilungsführer von 1936 hergestellt: Möckelmann: Oberregierungsrat seit 1936; Münter: Oberregierungsrat seit 1939.
Im Folgenden sollen noch – ergänzend sozusagen – einige interpretierende Anmerkungen zu diesem Vorgang erfolgen, die auf die Tragweite des Krümmel-Angebots und dessen Annahme hinweisen:
• Bachmaier hat über Instrumente, das Krümmel-Angebot abzulehnen, (trotz einiger Bedenken) nicht verfügt. Unter den damals üblichen autoritären Verhältnissen und der apodiktischen Vorgehensweise Krümmels wäre dies wohl – objektiv – sicher auch nicht möglich gewesen, obwohl es – eher ein Befehl, durchaus auch im militärischen Sinn, was der Mentalität Krümmels entsprochen hat[38] – mit den eigenen Wert- und beruflichen Wunschvorstellungen Bachmaiers kaum kompatibel war – mindestens nicht zum Zeitpunkt des „Angebots". Ob ihm dessen Janusköpfigkeit zu diesem Zeitpunkt bewusst war, bleibt an dieser Stelle offen.
• Bachmaier begab sich mit der Annahme des Krümmel-„Angebots" in eine Abhängigkeit, die er gerade in seiner bisherigen beruflichen Tätigkeit vermieden hatte. Der Hinweis, dass die Münchner Zeit in der ersten Hälfte der 1930er Jahre „die schönste" seines Lebens war[39], weist im Kontext der damaligen Tätigkeiten – wovon noch zu sprechen sein wird – darauf hin, dass diese „schönste Zeit" nun vorbei war: Von nun an ging es um Unterordnung, Einordnung und Pflichterfüllung – nicht mehr um Selbstbestimmung. Und dies bedeutete – auch politisch: Unterwerfung unter das ‚System Krümmel'.
• Bachmaier hat mit dieser Unterwerfung seinen gewohnten Sozialraum, München und das Münchner Umfeld, verlassen. Bonn konnte ihm – wie noch zu zeigen sein wird – keinen angemessenen Ersatz dafür liefern: er verzichtete zum Beispiel auf seine Lehrtätigkeit im Skifahren – und die damit verbundene längere und häufige Abwesenheit aus Bonn – so lange nicht, bis seine Familie energisch Widerspruch einlegte.
• Die Dreifachfunktion – Sport, Verwaltung und Wissenschaft –, die in Bonn von ihm als amtierendem Direktor eines Universitätsinstituts gefordert und erwartet wurde, entsprach nicht seinen Interessen: „Schuster bleib bei deinen Leisten" hatte er noch 1928 gesagt, als ihm eine Assistentenstelle am Anthropologischen Institut der Universität München angeboten

---

[38] Vgl. dazu die Charakterisierung Kümmels durch Ueberhorst (1976), S. 135-142.
[39] NB-80/85, S. 44.

wurde.[40] Verwaltungsarbeit war im „zuwider", hat später Erich Lindner geschrieben;[41] und für die wissenschaftliche Arbeit war er durchaus befähigt, das hat er mit der Summa-cum-laude-Dissertation nachgewiesen, aber sie entsprach nicht – mindestens nicht dauerhaft – seinen Wunschvorstellungen und seinem beruflichen Lebensentwurf.

4 Die Vorgeschichte

Das Berliner Berufsangebot Krümmels an Bachmaier, das einerseits einen Einblick in die Praxis der damaligen IfI/HIfL-Stellenbesetzungen ermöglicht und später als Teil des „Netzwerk(es) Krümmel"[42] bezeichnet wurde, andererseits das protegierende Interesse Krümmels an der beruflichen Etablierung Bachmaiers belegt, hat eine Vorgeschichte: Diese besteht erstens darin, dass sich Krümmel und Bachmaier aus der Zeit des gemeinsamen Studiums der Anthropologie bei Prof Martin in München kannten. Bachmaier verfügte – zweitens – nach den entsprechenden Examina zudem über eine langjährige Erfahrung in der Sportlehrerausbildung und hat im Rahmen dieser Tätigkeit eine Zeit lang vertretungsweise auch die Aufgaben des IfL-Direktors in München wahrgenommen. Drittens gab es zwischen dem Sportverständnis Krümmels und demjenigen Bachmaiers vor allem hinsichtlich Leistung, körperlicher Anstrengungsbereitschaft und militärischer Verwendbarkeit eine beträchtliche Nähe, die sich auch – viertens – in deren politischen Grundüberzeugungen[43] widerspiegelte. Krümmel konnte also die fachlichen Kompetenzen und die generelle Eignung Bachmaiers für eine HIfL-Direktorenstelle durchaus angemessen beurteilen. Dazu kam, dass Bachmaier mit seiner hervorragend bewerteten Promotion auch ein weiteres wichtiges Kriterium erfüllte, das Krümmel an eine solche Direktorentätigkeit geknüpft hat. Im Einzelnen:

---

[40] NB-80/85, S. 51.
[41] Linder (Gutachten) am 2. Januar 1947: AB: PA 233.
[42] Siehe Buss (2012); der „Nebeneffekt" dieser Praxis bestand darin, eine (wesentliche) Mitwirkung der Universitätsleitung(en) an der Stellenbesetzung auszuschalten und diese in die (alleinige) Zuständigkeit von Krümmel bzw. des Reichserziehungsministeriums zu verlagern.
[43] Dieser Begriff wird im Folgenden zu präzisieren und zu differenzieren sein.

Anthropologie in München

Krümmel hatte seit 1919 in München bei Prof. Martin Anthropologie studiert und war – zeitweise als dessen Assistent – deshalb, wie Bachmaier auch, mit der Methode der Körperbaumessungen eng vertraut und von deren Bedeutung für den Sport generell und als Erkenntnisbasis für die sportliche Leistungsentwicklung ebenso wie für die Talentdiagnostik („Veranlagung") und eine sportrelevante Typologie in hohem Maße überzeugt.[44] Er selbst hat dann auch solche Messungen als zuständiger Heeres-Sportlehrer in Diensten der Reichswehr (München 1920.ff. und Wünsdorf 1924 ff.) veranlasst.[45] Bachmaier hatte Krümmel – wie er in seinen Erinnerungen schreibt[46] – am Münchner Anthropologischen Institut kennengelernt. Und Prof. Martin hatte offensichtlich auch ein deutliches Interesse am Sport: u.a. beschäftigte sich die unter seiner Zuständigkeit angefertigte Dissertation von Fritz Bach, Kon-Semester von Bachmaier (1922–1925), explizit mit dem Zusammenhang von körperbaulicher Entwicklung und sportlicher Leistung.[47] Auch die Dissertation Bachmaiers wurde von Martin „angeregt".

Das damals breite Interesse des Sports an Fragen des körperbaulichen Einflusses auf die sportliche Leistung – bis über die 1960er Jahre hinaus aktuell und dort unter dem Begriff „Biotypologie"[48] weiter ausdifferenziert – zeigt sich auch an der Karriere von Eugen Matthias, ao. Professor an der Landesturnanstalt[49] und dort mit seinem Biologischen Institut[50] derjenige, der ihr mit dieser Thematik das „wissenschaftliche Gepräge" gegeben und damit ihren Wissenschaftsanspruch befriedigt hat.[51]

---

[44] Vgl. dazu Krümmel (1927). Maß und Zahl in der Körpererziehung. Die deutschen Leibesübungen, hg. von Edmund Neuendorff, S. 215-229.
[45] Vgl. dazu vor allem Krümmel (1930): Vorwort; auch: Bäumler (2006) und Ueberhorst (1976), S. 11.
[46] NB-80/85, S. 47.
[47] Bach (1928).
[48] Vgl. dazu Tittel, K. & Wutscherk, H. (1972). Sportanthropometrie. Aufgaben, Bedeutung, Methodik und Ergebnisse biotypologischer Erhebungen. Leipzig: Barth.
[49] Mit einem Beitrag „Frau und Leichtathletik" in dem von Krümmel herausgegebenen Sammelwerk „Athletik" (1930, S. 162-184) vertreten.
[50] Vgl. dazu auch: Bäumler (2020), S. 121, Fußnote 24.
[51] Krombholz (1982), S. 404 und 405.

Persönliche Bekanntschaft also und das Interesse am gleichen Wissenschaftsbereich waren wichtige Wurzeln, aus denen sich – mindestens zu einem wesentlichen Teil – das Interesse Krümmels an Bachmaier Berufskarriere speiste.

Berufserfahrung

Bachmaier hatte nach erfolgreich absolviertem Studium an der Landesturnanstalt, die ursprünglich die Turn- und Sportlehrerausbildung in Bayern organisatorisch und inhaltlich eigenverantwortlich durchgeführt hatte, dann in Kombination mit Universität und TU, später in alleiniger Zuständigkeit der Universität,[52] als Turn- und Sportlehrer (und Studienassessor) am Münchner Ludwigs-Gymnasium gearbeitet, bevor er auf Initiative von Martin Vogt, dem Leiter der Landesturnanstalt, dorthin und damit in die Ausbildung von Turn- und Sportlehrern wechselte. Nachdem Emil Rieß, seit 1929 Direktor des neu gegründeten IfL der Universität München, 1933 in den Schuldienst zurückversetzt worden war, übernahm der 44jährige SA-Mann Georg Schneider dessen Stelle, delegierte aber aus Zeitgründen – und offensichtlich aber auch aus Gründen geringen Interesses und wenig ausgeprägter Fachkompetenz[53] – wesentliche Teile seiner direktorialen Aufgaben an Bachmaier. Er war nach eigenem Selbstverständnis und in erster Linie Gauleiter des Nationalsozialistischen Reichsbundes für Leibesübungen[54] und hatte deshalb „wenig Zeit für die Leibeserziehung der jungen Studenten"[55] und verfügte offensichtlich – nicht nur nach Bachmaiers Urteil[56] – über wenig Erfahrung in den Belangen des Universitätssports sowie insbesondere in der akademischen Sportlehrerausbildung. Deshalb musste ihn Bachmaier oft sowohl in repräsentativer als auch inhaltlich-fachlicher Hinsicht vertreten. Schneider hatte schon bei seinem Dienstantritt Bachmaier gebeten, ab „sofort die Aufgaben seines Vorgängers ... zu übernehmen".[57] So hielt er die geforderten Vorlesungen, orga-

---

[52] Übersicht bei Krombholz (1982).
[53] NB-80/85, S. 114.
[54] SA-Brigadeführer (entpricht im Heer: Generalmajor): siehe: Der Leichtathlet 1936, Nr. 15, S. 24.
[55] Ebd. S. 144.
[56] NB-80/85, S. 46; auch: Krombholz (1982), S. 426 und 428.
[57] NB-80/85, S. 114.

nisierte u.a. Hochschulmeisterschaften, war bei den Olympischen Winterspielen in Garmisch-Partenkirchen entsprechend vertreten, machte sich einen Namen mit der ersten systematische Organisation von Skigymnastik-Lehrgängen[58] und war als Lehrwart im Bayerischen und Deutschen Skiverband ein gefragter Ausbildungsleiter. Bis 1936, dem Ende seiner beruflichen Tätigkeit in München, hatte er noch zusätzlich an der Universität Lehraufträge über „Systematik und Methodik der Leibesübungen" sowie über die „Lehrweise der Leibesübungen"[59] wahrzunehmen – anspruchsvolle Themen, die eigentlich zu den Aufgaben des Institutsdirektors gehörten und ihm möglicherweise die berufliche Zuordnung „stellvertretender Direktor am HIfL München"[60] eingebracht hatten. Für die 1933 vakant gewordene Leitungsstelle kam er allerdings (noch) nicht in Frage, weil er dafür als zu jung galt.[61]

Zur Münchner Tätigkeit kam noch – neben den oben genannten vielfältigen Aufgaben – die mehr oder minder regelmäßige, aber von Bachmaier sehr geschätzte Teilnahme an Lehrgängen des Reichserziehungsministeriums zur sportmethodischen Weiterbildung hinzu – in Berlin (Reichsakademie), in Neustrelitz und Wünsdorf: alles sehr willkommene Veranstaltungen mit hochkarätigen Referenten und Dozenten besetzt, angereichert mit vielen neuen Erkenntnissen, die über das bisher Gelernte und Erfahrene deutlich hinausgingen – „viel Gelegenheit (also), sportlich und didaktisch etwas dazu zu lernen und wertvolle und tüchtige Kollegen kennenzulernen ..."[62]

Bachmaier hat diese Münchner Jahre als die schönsten in seinem Berufsleben bezeichnet: „Meine Sportlehrertätigkeit in München war der Höhepunkt meiner beruflichen Laufbahn. So befriedigt wie damals war ich später nie mehr ..."[63]: weitgehend ohne formale Zwänge (wie als Gymnasiallehrer); ohne die Schreibtisch-Verwaltungsarbeit (eines Institutsdirektors), mit der Möglichkeit, zusammen mit interessierten Studenten, die Sportlehrer werden wollten und diesen Sport liebten, Sport treiben

---

[58] NB-80/85, S. 44.
[59] AM: PA-allg-884.
[60] Krümmel & Jaeck (1937), S. 13.
[61] NB-80/85, S. 46. Auch seine NS-Mitgliedschaften waren dafür nicht hinreichend bedeutungsvoll.
[62] NB-80/85, S. 47.
[63] NB-80/85, S. 44.

zu können – dazu hinreichend Freizeit für privates Skifahren und Bergsteigen mit gleichgesinnten Kameraden.

Sportives Selbstverständnis

Das Sportverständnis Bachmaiers war – nach eigener Aussage – weitgehend und vor allem von der Wandervogel- und Jugendbewegung geprägt[64], von Natürlichkeit, Naturerfahrung und Kameradschaft, aber auch von Leistung, Anstrengungsbereitschaft und einer sportiven, regionalisierten Erlebniswelt. Er verstand sich als Skifahrer und Bergsteiger, aber auch als Leichtathlet mit Laufen, Springen und Werfen, nicht in erster Linie als Turner, der nach den strengen Bewegungsvorschriften und im Sinn der Turnmethodiker Maul und Spieß sich sportlich betätigt: „Gegen diese verknöcherte Art des deutschen Turnens habe ich Sturm gelaufen, und ... für lockere, schwunghafte naturgemäße Bewegungsabläufe plädiert"[65] – eine Athletik also mit „urwüchsige(r) natürliche(r) Bewegungsleistung", wie Krümmel sie forderte und als Ideal ansah.[66]

Es ging Bachmaier also vorrangig nicht um den großen, den internationalen Sport. Er begnügte sich mit dem, was er selbst konnte und gerne tat: Schnellaufen in Lederhose und barfuß bei den internen Universitätsmeisterschaften, den Speer weiter werfen als seine Konkurrenten aus den Sportvereinen bei den bayerischen Meisterschaften – „unbekannter Sportler schlug Bayerischen Meister"[67] –, Sieg über den konkurrierenden Freund im leichtathletischen Fünfkampf beim ersten deutschen Turnfest in Augsburg,[68] Langstreckenlauf der Studenten im Englischen Garten und dort Erster werden ....

Auch bei den Olympischen Spielen in Berlin, die für ihn „der Höhepunkt (seiner) sportlichen Laufbahn" waren,[69] gibt es in Bachmaiers Erinnerungen keinerlei Hinweise auf die Leistungen der ganz Großen, auf die internationalen Stars dieser Spiele, die damals überschwänglich gefeiert wurden: Gerhard Stöck (mit der Goldmedaille) im Speerwerfen oder Gisela

---

[64] NB-80/85, S. 32.
[65] NB-80/85, S. 37.
[66] Krümmel (1930): Vorwort.
[67] NB-80/85, S. 39.
[68] Ebd., S. 43.
[69] Ebd., S. 47.

Mauermayer, eine Münchnerin, die auch an der Landesturnanstalt ihre Sportlehrerausbildung absolviert hatte (1934–1936) und jetzt gefeierte Olympiasiegerin (im Diskuswerfen) wurde. Das alles entsprach offenbar nicht seinem Sport-Ideal, seiner Sport-Welt.[70] Auch bei den olympischen Winterspielen in Garmisch-Partenkirchen war sein Interesse nicht vorrangig auf die Wettkämpfe der Stars gerichtet: Für ihn war wichtig und mitteilenswert, dass seine Skigymnastik „mit der halben Olympiamannschaft" bei und mit ihm in München stattgefunden hatte.

Im eigentlichen Wort-Sinn ist Bachmaier in seinem Sportverständnis ‚bodenständig' geblieben.

Politische Nähe

Die Affinität zum Militärischen lässt sich bei Bachmaier durchgehend nachweisen: Von November 1920 bis April 1921 war er „Zeitfreiwilliger" beim 1. Bayerischen Schützenregiment Nr. 41; das waren in der Regel Schüler und Studenten, die sich nach dem verlorenen Ersten Weltkrieg mit den restriktiven Anordnungen des Versailler Vertrages, der auch u.a. militärische Aktivitäten in Deutschland stark einschränkte, nicht abfinden wollten und vor allem an „Aufrüstung" und militärischem Widerstand interessiert und zu entsprechenden Aktivitäten (gegen den politischen Feind) bereit waren. Die „Zeitfreiwilligkeit" mündeten nahtlos in den Freikorps: Das Bataillon, zu dem Bachmaier gehörte, wurde ohne vorherige Ankündigung

> am kommenden Montag nach München verlegt und dem Freikorps Epp zugeteilt[71]. Wir bräuchten uns, schreibt Bachmaier 50 Jahre später in seinen

---

[70] Es gibt auch keine Hinweise darauf, dass Bachmaier Kontakt gehabt hätte z.B. zu Karl Halt – damals schon: Ritter von Halt –, dem ranghöchsten und international tätigen Leichtathletik-Funktionär der 1930er Jahre in Deutschland (und Olympiateilnehmer 1912) oder zu Josef Waitzer, ebenfalls – wie von Halt – ein Münchner und als Reichstrainer damals eine „Institution": beide als Repräsentanten des großen, des internationalen Sports und der Leichtathletik.
[71] NB-80/85, S. 70. Dies führte dann auch zur „Begegnung" Bachmaiers mit Krümmel, der zu dieser Zeit – neben Studium und Training bei 1860 München – als Freikorpskämpfer unter Oberst Ritter von Epp als Leutnant d. R. seinen militärischen Beitrag (zur Rettung des Vaterlandes) leistete (siehe dazu: Ueberhorst (1976), S. 28).

> Erinnerungen[72], um die Schule nicht mehr kümmern, das würde alles geregelt. Das war natürlich für uns ein freudiges Ereignis: keine Schule und Freikorps (...) Wir haben ja 1918 alle die Revolution mitgemacht (...) und wussten, dass unser König abgesetzt wurde und all unsere Idole dahin waren. Ich wollte ja damals Offizier werden, und zwar bei der Marine, weil ich von der Welt was sehen wollte ... (das war mein Beitrag) für unsere Vaterlandsliebe (und) unser(en) Hass auf die Zerstörung unserer Zukunft (...). Wir waren etwa einen Monat in München in einer Kaserne, wurden aber zu keiner Kampfhandlung herangezogen, sondern mussten exerzieren (und konnten) Sport treiben; einmal haben wir auf dem Oberwiesen-Feld Fußball gespielt (...) einmal machte ich mich als Infanterist an eine berittene Truppe heran und konnte im Gelände reiten (...) Es ging uns sehr gut bei diesen Münchener Soldatenspielen. Wir bekamen Wehrsold (und) konnten im englischen Garten reiten. Aber auch dieser Traum ging zu Ende und wir mussten wieder in die Schule und die Soldatenspielerei aufgeben (...)[73].

Sport treiben und Militärdienst leisten: das gehörte offensichtlich zusammen; dafür konnte sich, wie dieser Bericht zeigt, Bachmaier begeistern: die Trennschärfe war gering. Eine „Verflechtung von sportlichen und wehrpolitischen Motiven...", so charakterisiert Ueberhorst die Einstellung Krümmels[74]; und das findet sich so auch quasi analog in den entsprechenden Schilderungen Bachmaiers.

Auch die Mitgliedschaft in NS-Organisationen spielte für die Protektion Krümmels sicher eine wichtige Rolle. Sie zeigte ihm, dass Bachmaier offensichtlich politisch auf der „richtigen" Seite stand. Zu diesen Mitgliedschaften gehörte – vor 1936: SA (1930; 1936 Sturmbannführer); NSDAP (1933), NSV (1934); NS-Reichsbund für Leibesübungen (1934)[75] – nach 1936, also in Bachmaiers Bonner Zeit[76] bzw. in den Kriegsjahren: NSFK (1938 förderndes Mitglied); Allgemeine SS (1938); SD (1938; 1941 Hauptsturmführer).[77]

In Verbindung mit Bachmaiers Aktivitäten in der ersten Hälfte der 1920er Jahre – Zeitfreiwilliger und Freikorps Epp – waren diese Mitglied-

---

[72] NB-80/85, S. 70 ff.
[73] NB-80/85, S. 72.
[74] Ueberhorst (1976), S. 29.
[75] AB: PA 233.
[76] Die von Krümmel auch eingefordert wurde – siehe: NB-80/85, S. 115.
[77] AB: PA 233.

schaften, so sehr sie auch Zufallsprodukte gewesen sein mögen und – möglicherweise – gar keinen politischen Interessen im eigentlichen Sinn entsprachen, sondern in erster Linie das Ergebnis des Nachgebens gegenüber einem äußeren Druck: in Bonn: „... nicht abseits stehen ..." (Krümmel)[78] oder: „...wir sind alle dabei, auch alle Dekane" (Rektor)[79]. Die Schilderung seines SA-Beitritts in München ist in diesem Zusammenhang aufschlussreich und zeigt, wie wenig politische Interessen hinter solchen Entscheidungen gestanden haben:[80]

> Inzwischen hatten wir ja das Dritte Reich (...). Dr. Rieß (...) erklärte uns eines Tages, so gehe das nicht weiter, wir müssten einer NS-Organisation beitreten, und er erzählte uns, dass ein SA-Bergsteigersturm aufgestellt werden sollte, bei dem alle besseren Münchener Bergsteiger sich treffen würden. Also wurden wir Parteimitglieder und SA-Männer (...). Bei der Gelegenheit lernte ich auch alle möglichen Münchner Bergsteiger kennen, zum Beispiel (...) ein(en) Nanga-Parbat-Mann, und konnte dann später einmal die Hochkalter und Umrundung, eine nicht ganz leichte Kletterei, mit Franz Schmidt, dem Bezwinger der Matterhornwand, machen. Sonst bot dieser SA-Sturm nicht viel, nur hatte der damalige Sturmführer viel Interesse am Singen und so haben wir einige hübsche Lieder gelernt und gebrüllt (...). Der Dr. Rieß war sicher alles andere als ein Nazi: Er hatte (...) im Beisein eines Studentenführers eine abfällige Bemerkung über Adolf Hitler (gemacht) (...). Leider wurde das sofort dem Kultusministerium gemeldet und Rieß wurde am nächsten Tag abgesetzt und an eine Schule versetzt (...). Sein Nachfolger wurde – wie oben bereits erwähnt – der höhere SA-Mann Georg Schneider – „Tschammer-Süd" – ein Turn- und Sportlehrer zwar, aber ohne Publikationen, ohne wissenschaftliche Qualifikation und spezifische Erfahrungen in der akademischen, jetzt durch ein (Universitäts-)Institut für Leibesübungen repräsentierte Ausbildungseinrichtung.

Gerade dieses Beispiel – Bergsport und SA-Mitgliedschaft – ist im Kontext des oben geschilderten Zusammenhangs ein Beleg dafür, dass beides, NS-Ideologie, Mitgliedschaft in NS-Organisationen und traditioneller Sport, nicht, schon gar nicht von Beginn der NS-Zeit an, deckungsgleich und in inhaltlicher Nähe zueinander existiert hätten, sondern nebeneinander praktiziert wurden. Der Sport hat – mindestens noch eine Zeit lang,

---

[78] NB-80/85: S. 115.
[79] Ebd., S. 115.
[80] Ebd., S. 45-46.

worauf wiederholt schon hingewiesen wurde[81] – eine Art „Eigenleben" geführt; es existierte ein – sogenanntes – „friedliches Nebeneinander", das durch eine relativ konfliktfrei Werteorientierung am traditionellem Sport einerseits und den Prinzipien des anderen, des NS-ideologisierten Sportverhaltens andererseits gekennzeichnet war; dies galt selbst für den „Sport in den Formationen".[82] Dieses Phänomen ist unter dem Begriff der „Eigenweltlichkeit"[83] des Sports diskutiert worden; und diese Eigenweltlichkeit zeigte sich auch hier am Beispiel des Bergsports, den Bachmaier mit seinen Berg-Kameraden auch in der NS-Zeit und unter den „Symbolen" der NS-Ideologie praktiziert hat.

Für Krümmels Wahrnehmung mag diese Zugehörigkeit zu NS-Organisation(en) – ob zu Recht – ein Zeichen dafür gewesen sein, dass Bachmaier politisch auf der „richtigen" Seite stand und deshalb beruflich als förderungswürdig galt.

Das Konglomerat also aus früher Bekanntschaft, Berufserfahrung, Einstellung zum Sport, politischer Nähe und wissenschaftlicher Qualifikation bildete die Basis für das Interesse Krümmels an Bachmaiers Berufskarriere; und dieses Interesse setzte sich auch später fort.[84]

Das Angebot Krümmels stelle also einen vorweggenommenen, letztlich aber doch gut begründeten, besonderen Vertrauensbeweis[85] für Bachmaier dar, der sich gleichermaßen auf die beiden Etablierten des 1936er Kongresses bezog, auf den in der ‚Sportwissenschaft' und Sportlehrerausbildung längst etablierten Möckelmann, und auf Münter, der bislang durch fliegerische Großtaten seit dem Ersten Weltkrieg und durch aktuell intensive Förderung der studentischen Fliegerei in seinem Wirkungsbereich (Kiel und Königsberg) aufgefallen war.[86]

---

[81] U.a. Langenfeld & Prange (2002), S. 293 und 296.
[82] Bevor er zum „untrennbaren Bestandteil der nationalsozialistischen Weltanschauung" nicht nur offiziell erklärt, sondern (mehr und mehr – aber doch nicht überall und nicht überall in gleicher Weise und zum gleichen Zeitpunkt) in diesem Sinn auch praktiziert wurde.
[83] Zur „Eigenwelttheorie" vgl. insbesondere: Krüger (2020), Einführung, S. 210 f.
[84] Vgl. dazu Bachmaiers Einsatz (mitsamt seiner Bonner „Mannschaft") bei den Prüfungslehrgängen 1938 in Neustrelitz (Bosch (1982), S. 254-256) sowie Krümmels Anregung, Bachmaier UK zu stellen: NB-80/85, S. 95.
[85] Priebe (2020), S. 45.
[86] Joch (2019).

5 Exkurs I

Wissenschaft

Bachmaier wurde nach dem Studium (1922 – 1925) an der Bayerischen Landesturnanstalt in Verbindung mit der Universität München – einschließlich eines obligatorischen „Seminarjahres" – zum akademischen Turn- und Sportlehrer ausgebildet und danach zum Studienassessor ernannt. Er studierte zusätzlich an der Universität München Anthropologie und beendete das Studium im Dezember 1927 mit der Promotion zum Dr. phil. an der Philosophischen Fakultät, Abteilung II der Universität München.

Dissertation und Promotionsverfahren

Bachmaiers Dissertation mit dem Thema „Kopfform und geistige Leistung. Eine Betrachtung an Münchner Volksschülern" war „durch Herrn Professor Rudolf Martin" angeregt und – nach dessen Tod 1925 – von seinem Schüler und Nachfolger auf dem Münchner Lehrstuhl, Professor Theodor Mollison, betreut worden. Sie wurde nach Abschluss des förmlichen Verfahrens (Tag der mündlichen Prüfung: 21.12.1927) im 1. Heft 1928, Band XXVII, der damals führenden „Zeitschrift für Morphologie und Anthropologie" im Umfang von 68 Seiten veröffentlicht und gliederte sich in zwei Teile: Die Ergebnisse, „basierend auf dem Material, das im Rahmen umfangreicher Serienuntersuchungen, von Prof. Martin 1921 initiiert, an Münchner Volksschülern durchgeführt worden war", sowie – im zweiten Teil – den statistisch berechneten „Beziehungen zwischen Kopfform und geistiger Leistung", die sich jeweils aus den Schulnoten in den einzelnen Unterrichtsfächern ergab.

In den zusammenfassenden Schlussbetrachtungen werden von Bachmaier einerseits methodenkritische Anmerkungen formuliert, ergänzt um eben solche zum – als Ausgangshypothese – postulierten Zusammenhang von Intelligenz, Kopfform und Gesamthirngröße; es wird zusätzlich auf mögliche Fehlerquellen bei der Datenerhebung hingewiesen und auf die unter Bezug auf bereits zahlreich durchgeführte Untersuchungen ähnlicher Thematik hypothetische Annahme eines statistisch relevanten Zusammenhangs: Es gibt, so das zusammengefasste Ergebnis Bachmaiers, auch auf das Alter der untersuchten Kinder zwischen 6 und 8 Jahren bezogen, nur eine außerordentlich schwache Korrelation zwischen den beiden Parametern, so dass „vor jeglichen Schlüssen, von der Kopfgröße einzelner auf deren Intelligenz (zu schließen), gewarnt werden muss"[87].

Im zweiseitigen Gutachten der Arbeit werden die dort dargestellten und erläuterten Ergebnisse, insbesondere diejenigen der statistischen Zusammenhangsanalyse, mit anderen Arbeiten, die es bereits in verhältnismäßig großer Anzahl gleicher oder ähnlicher Fragestellung gibt, verglichen. Dabei wird insbesondere die verwendete Messmethodik einerseits kritisch gewürdigt, andererseits aber auch die damit erzielte größere Genauigkeit der Messergebnisse differenzierend und als besonderes und auffälliges Gütemerkmal der vorliegenden Arbeit hervorgehoben. In der abschließenden Zusammenfassung kommt der Gutachter zu dem Ergebnis, dass „die Arbeit mit großem Fleiß und gutem Verständnis durchgeführt (wurde) und (deshalb) als eine vollwertige Lösung der gestellten Aufgabe betrachtet werden (müsse)"; er werde sie „der Fakultät zur Annahme als Dissertation empfehlen". Als Gesamtresultat wurde im Protokoll „summa cum laude" festgestellt.[88]

Die Vermutung, es handele sich bei der Arbeit Bachmaiers um eine „rassen"-theoretische Studie, möglicherweise sogar im Sinne der später von den Nationalsozialisten propagierten „Rassen"-Lehre und –Ideologie[89], wird durch eine Reihe deutlich anders akzentuierter Hinweise nicht bestätigt:

1. Das *allgemeine Interesse* der Anthropologie an Themen des Körperwachstums und dessen Auswirkungen, insbesondere bezogen auf das Schulkindalter (vgl. dazu: MARTIN 1924 und 1925; SCHWERZ 1910[90]; außerdem

   - mit Regionalbezug: MARTIN 1924 und 1925: München; REUTER 1903: Hinterpommern, AMMON 1899: Baden);

---

[87] Dissertation Bachmaiers, in: *Zeitschrift für Morphologie und Anthropologie"* 1928, 1, Band XXVII, S. 1-68, hier: S. 64.
[88] Alle Unterlagen aus dem AM: Urkunde der Ludwig-Maximilian-Universität München, Philosophische Fakultät, Sektion II, vom 21.12.1927; Protokoll des Rigorosums mit dem Hauptfach Anthropologie sowie den beiden Nebenfächern Anatomie und Zoologie; Gutachten von Prof. Mollison.
[89] Ggf. unter Bezug auf die Biographie des Gutachters Mollison: vgl. dazu Klee (1908), S. 414-415.
[90] Alle hier genannten Autoren und Titel sind dem Literaturverzeichnis Bachmaiers entnommen.

- international: SCHWERZ 1910: Schweiz; GRAZIANOW 1899: Russland;
- soziokulturelle Herkunft: RANKE 1892: Stadt- und Landbevölkerung;

2. Dabei wird auch die *Analyse eines möglichen Zusammenhangs zur Gehirnentwicklung/Intelligenz* bzw. zu „geistigen Fähigkeiten" bzw. zur „Begabung" nicht ausgeklammert: RANKE 1882; RIETZ 1906; in diesem Zusammenhang wird auch der Bezug zu Größe, Form und Entwicklung des Kopfes/des Schädels thematisiert: BAYERTHAL 1906, DAFFNERS 1884, EYRICH 1905.

3. Nicht nur nationale (deutsche) Arbeiten befassen sich mit dieser Thematik, sondern auch solche aus der Schweiz und aus Kanada; insgesamt zitiert Bachmaier 18 englischsprachige und 5 französischsprachige Titel.[91]

Zum Grundsätzlichen – in der Nachbetrachtung aus heutiger Perspektive: Ob es einen Zusammenhang zwischen der Größe (und Form) des Schädels und der Gehirngröße, und zwischen beiden und der Intelligenz – bei allen Schwierigkeiten, diese zu messen – gibt, ist ein seit je üblicher Forschungsgegenstand der Anthropologie (ggf. auch in Verbindung mit der Evolutionsforschung) – bis heute. Die Antworten bzw. die Ergebnisse dieser Forschung sind in der Wissenschaftsgeschichte jenseits von Rassentheorie und -ideologie nie und in allen sie betreffenden Punkten ganz einheitlich gewesen[92]. Konsens scheint aus heutiger Sicht über die Formulierung zu bestehen: „Zwischen Gehirngröße und Intelligenz (...) besteht kein enger oder einfacher Zusammenhang".[93] Unter Bezug darauf sei noch einmal das zusammenfassende Ergebnis Bachmaiers zitiert: „...vor jeglichen Schlüssen, von der Kopfgröße einzelner auf deren Intelligenz (zu schließen), (muss) gewarnt werden ..."

---

[91] Insgesamt umfasst das Literaturverzeichnis 74 Titel, darunter auch zwei aus dem Sportbereich: Bach (1925) und Sippel (1927).
[92] Vgl. dazu u.a. im Übergang vom 18. zum 19. Jahrhundert die (damals) viel diskutierten Arbeiten und Thesen von Gall, dem Begründer der Schädellehre (Phrenologie): Gall, Franz Josef (1791). *Philosophisch-medizinische Untersuchungen über Natur und Kunst im kranken und gesunden Zustand des Menschen.* Wien: Gräffer.
[93] Liebermann (2018), S. 179.

Wissenschaftsfähigkeit

Bachmaier hat die hervorragende Bewertung seiner Arbeit in einer späteren Einlassung dazu mit der Bemerkung heruntergespielt, er habe „*auch Glück*" gehabt. Trotzdem ist an dieser Stelle darauf hinzuweisen, dass Bachmaier mit dieser Arbeit seine generelle Befähigung zum wissenschaftlichen Arbeiten nach den Maßstäben der damaligen Zeit und in einer etablierten Wissenschaftsdisziplin nachgewiesen hat. Dass er davon für seine berufliche Entwicklung – und seine Karriere – keinen erkennbaren Gebrauch gemacht und auch die ihm angebotene Ober-Assistentenstelle trotz intensiven Insistierens seines Doktorvaters nicht angenommen hat, belegt sein Berufsverständnis als Sportlehrer: „*Schuster bleib bei deinem Leisten*"[94]. Diese Position gehörte offensichtlich zum „Zeitgeist": Spranger, der renommierte Pädagoge an der Berliner Universität, hatte – auch in den 1920er Jahren – geschrieben: Der Sportlehrer ist „seinem Grundcharakter nach naturgemäß nicht spezifisch wissenschaftlicher Mensch, so wenig wie der Künstler sich an die Wissenschaft verlieren darf (…). Niemals kann ein echter Leibeserzieher sein Zentrum in der Wissenschaft finden, sondern seine Einstellung ist totaler… Er hat nicht die Aufgabe, Wissen weiterzugeben, und er darf nicht etwa dem Missverständnis verfallen, ein halber Arzt, oder ein halber Gelehrter oder ein halber Philologe sein zu wollen (…). Das, was er zu vertreten (hat), hat seinen eigenen Wert neben jenen anderen, den wissenschaftlichen und künstlerischen Gebieten des Lebens (…)".[95]

Insofern war es – ganz in diesem Spranger'schen Sinn und in Übereinstimmung mit der damals weitverbreiteten Akademiker-Auffassung zum Verhältnis von Sport und Wissenschaft[96] – nur konsequent, einige Jahre später in Bonn ein Angebot zur Habilitation zwar nicht förmlich abzulehnen, aber mit dem Argument, andere Aufgaben stünden jetzt (auch, oder gerade im Interesse der Universität und des Instituts) im Vordergrund.[97]

---

[94] NB-80/85, S. 51.
[95] Spranger (1929), S. 8-15, Zitat: S. 12.
[96] Vgl. dazu vor allem Court (2019), VII und S. 179.
[97] NB-80/85, S. 50. Dabei wäre die angebotene Thematik aus dem Gebiet der „Anatomie" (statt Anthropologie) für die Sportwissenschaft durchaus zukunftsfähig gewesen: vgl. dazu Titel (1965). Zur Biotypologie und funktionellen Anatomie des Leistungssportlers. Leipzig: Barth.

Zu einem späteren Zeitpunkt hat Bachmaier dies allerdings ganz anders gesehen: Es sei zwingend notwendig, dass (mindestens) die Institutsdirektoren, wenn das Fach vollen und anerkannten Universitätsstatus haben wolle, und auch ihr Personal beanspruche, zum „Universitätslehrkörper" zu gehören, entsprechend habilitiert seien.[98]

6 Das Hochschulinstitut für Leibesübungen (HIfL) der Universität Bonn

Im Oktober 1936 kam Bachmaier in der Nachfolge von Turnrat Dr. Schütz zunächst in der Funktion des kommissarischen Direktors – Thörner schreibt in einem späteren Gutachten (1946) „als Direktor"[99] – an das HIfL der Universität Bonn[100], wurde zum 1.6.1937 dessen Direktor und verblieb dort bis Mai 1945 bzw. bis zum 31.7.1941[101].

Zu seinen Kollegen 1936 in Bonn gehörten u.a. Erich Lindner, der im Mai 1935 als Assistent und stellvertretender Direktor nach Bonn gekommen war und dort bis zum 1.11.1937 (Versetzung nach Kiel) verblieb, später (seit 1939) kommissarisch und seit 1950 Direktor des IfL Marburg wurde, und der zuvor schon langjährig mit der Leitung der Sportmedizin beauftragte Dr. med. Walter Thörner, der 1941 Direktor des HIfl Bonn wurde und dann – nach einer Unterbrechung 1944–1945: HIfL der Universität Göttingen – von 1946 bis zu seiner Pensionierung 1951 als (apl.) Professor Direktor des HIfL Bonn wurde. Zu Bachmaiers Kollegen in Bonn gehörte auch der damalige (Hilfs-)Assistent – und beauftragt mit der Organisation des universitären Wettkampfsports – Gerhard Nacke-Erich, der später in Aachen und dann von 1956 bis zu seiner Pensionierung 1977 Direktor des IfL Münster wurde.

---

[98] Brief vom 15.2.1949 an Walter Thörner.
[99] Thörner am 24. Oktober 1946: AB: PA 233.
[100] Sportlehrerausbildung gab es in Bonn seit 1925, zunächst 4-semestrig für alle Schularten, seit 1929 (am IfL) 8-semestrig für Gymnasiallehrer („Philologen"); Direktor des IfL war Dr. Aloys Schwarzer, der 1933 von Dr. Wilhelm Schütz, der aus Kiel kam, abgelöst wurde; Rühl (1971), S. 58-59; Jansen (1986), S. 207. Die Daten und Zeitangaben sind allerdings nicht in jedem Einzelfall stringent; an den entsprechenden Stellen von Belang wird darauf gesondert hingewiesen.
[101] Über das Prozedere der Versetzung 1941 an das HIfL Münster wird an anderer Stelle ausführlich berichtet.

Abb. 2: Bachmaier (sitzend) zusammen mit Lindner (1938) im Büro des HIfL der Universität Bonn[102]

Bachmaier schreibt in seinem Nachlass (etwa 50 Jahre später):

(...) Es war doch gut, dass ich nach elf Assistenten- und Assessorenjahren endlich zum Preußischen Regierungsrat und gleichzeitig zum Bayerischen Studienrat befördert wurde und eine leitende Stelle bekam. Die vielen Assistenten in Bonn entsprachen freilich nicht meinen Erwartungen, ich musste eine Reihe in den Schuldienst zurückverweisen und mir neue Mitarbeiter suchen. Der Etat, der mir zur Verfügung stand, war ein Vielfaches von dem, was ich in München hatte. Die Sportanlagen waren besser, und es gab schon eine große Segelflugabteilung[103], die in München erst im Entstehen war. Auch eigene Tennisplätze waren vorhanden und sogar ein

---

[102] Quelle: Privatbesitz.
[103] Schon seit 1925 gab es in Bonn Segelfliegen, das von den Studierenden – auch in den Folgejahren – mit großem Interesse und zahlreich wahrgenommen wurde.

Trainer war da, wie auch ein Fechtmeister, und zum Institut gehörte auch ein Sportheim für laufende Kurse für ältere Schulsportlehrer und auch für -leiter (...). An der Universität wurde ich mit offenen Armen aufgenommen. Es gelang mir auch bald, dem bekannten Professor Neuendorff das Dozententurnen abzunehmen, und Rektor und viele Assistenten dafür zu gewinnen. Freilich hatte ich damals in München bedeutendere Leute in meiner Altakademiker-Riege, zum Beispiel den Geheimrat Sommerfeld, einen theoretischen Physiker und Quant-Schüler, aber in Bonn war ich an der Universität wirklich herzlich willkommen. Man bot mir auch an, ich könne als Anthropologe beim Anatomen habilitieren, nachdem ein Anthropologe nicht in Bonn war (...). Nachdem wir eine große Segelflugabteilung hatten (...), fühlte ich mich verpflichtet, und ich hatte auch die nötige Freude und Begeisterung dazu, auch mit dem Segelfliegen noch anzufangen, und das wäre wunderbar gelaufen, wenn nicht wieder auch hier der Krieg diese Schulung beendet hätte (...).[104]

Aufgaben

In der lang sich hinziehenden Korrespondenz zwischen Rektorat, Kurator, Dekanat und dem Berliner Wissenschaftsministerium – wobei es vor allem um die Position des Lehrbeauftragten Edmund Neuendorff ging[105] – wurde auch wiederholt auf den umfangreichen Aufgabenbereich Bachmaiers hingewiesen und darauf, dass einerseits zwar eine Einschränkung und Beschränkung des Aufgabengebietes des neuen Institutsdirektors (Bachmaier) durch Neuendorff nicht akzeptiert werde, dass aber andererseits auch bei der Fülle der aktuell zu bewältigenden Aufgaben eine – einvernehmliche – Übernahme von Lehraufgaben durch Neuendorffs Lehrauftrag durchaus denkbar sei und erwogen werden könne.[106]

Zu den Aufgaben, die in diesem Zusammenhang genannt werden – neben der aktuellen Einarbeitung in den neuen Aufgabenbereich – gehörte vor allem: die vollständige Ableistung der Pflichtveranstaltungen der in der (neuen) Hochschulsportordnung für die Sportlehrerausbildung vorgesehenen Veranstaltungen in Theorie und Praxis der Leibesübungen, die ausdrücklich vom Institutsdirektor wahrzunehmen seien; dazu die umfangreiche allgemeine Verwaltungsarbeit; besonders hervorgehoben wird in

---

[104] NB-80/85, S. 49-50.
[105] Siehe nachfolgenden „Exkurs".
[106] Brief des Rektors: „...Entlastung nicht unerwünscht": AB: PA 6459-21.

diesem Zusammenhang „die gesamte Neuordnung der (Sport)Anlagen" sowie die damit in Zusammenhang stehenden baulichen Maßnahmen.[107]
Einen besonders hohen Stellenwert hatte in Bonn die Lehrgangsarbeit[108], deren Teilnehmer – in der Regel Sportlehrer, auch solche in Uniform – im Rahmen von Fortbildungsmaßnahmen „im Auftrag der Obrigkeit" – im Lehrgangsheim der Universität untergebracht und dort versorgt wurden.[109] Ein breites Spektrum an Inhalten wurde dort in „soldatischer Struktur" und mit Anforderungen u.a. auf dem Niveau des SA-Fünfkampfes und – zum Schluss – mit der Absolvierung eines 3000-m-Laufes vermittelt.

Beurteilungen

Die Beurteilung von Bachmaiers Direktorentätigkeit und seine Arbeit insgesamt durch das Rektorat erfolgte vor allem im Zusammenhang mit der Abgrenzung zu Neuendorffs Lehrauftragstätigkeit. In diesem Zusammenhang gibt es nur positive Urteile:

> Im Interesse eines ungestörten Arbeitens an diesem Institut, das jetzt durch Herr Dr. Bachmaier sehr gut geleitet wird, müsste es liegen, wenn Herr Dr. Neuendorff nach seiner Ernennung (zum Honorarprofessor, d. Verf.) keinerlei neue Rechte und Pflichten an diesem Institut erwirbt oder ausübt ….[110]

„Der Leiter des Hochschulinstituts für Leibesübungen, Herr Dr. Bachmair, hat sich ... in jeder Weise außerordentlich bewährt (...).[111]
Die Kollegen äußern sich wie folgt:
Gerhard Nacke-Erich:

---

[107] Korrespondenz: AB: PA 6459.
[108] Darüber berichtet im Einzelnen Gert Kumme, Studienassessor am HIfL, in der Zeitschrift Leibesübungen und körperliche Erziehung (1938), S. 92-94.
[109] „ (…) im herrlichen männlichen Dritten Reich (…),ebd., S. 92.
[110] Schreiben der Philosophischen Fakultät (des Dekans) an den Reichs- und Preußischen Minister für Wissenschaft, Erziehung und Volksbildung in Berlin, durch seine Magnifizenz den Herren Rektor der Universität und durch den Herrn Universitätskurator am 15.1.1937 – AB: PA 6459-20.
[111] ...an den Reichs- und Preußischen Minister für Wissenschaft, Erziehung und Volksbildung in Berlin, betr. die Ernennung des Oberstudienrats a. D. Dr. Neuendorff zum Honorarprofessor vom 20.11.1937 – Stellungnahme des Dekans vom 7.12. 1936 (AB: PA 6459-18).

(...) mir und meinen Kameraden war er als Sportler und Mensch Vorbild (...) er war ausgesprochener Sportler und so suchte er durch die Praxis ein kameradschaftliches Verhältnis zu seinen Studenten (...) engagierte sich im Segelfliegen und in den Skikursen ebenso wie in seinen Vorlesungen und Seminaren (...) Er sah es als seine Aufgabe an, den Sportlehrern eine gute fachliche Ausbildung zu verschaffen – trotz der hohen Belastungen durch die Institutsverwaltung (...) war er in seiner Amtsführung tolerant (...) und stellte sich in Konfliktfällen hinter seine Mitarbeiter (...).[112]

Erich Lindner:

(...) Herr Dr. Bachmaier ist charakterlich einer der klarsten und gediegensten Männer, die mir in meinem Leben begegnet sind (...). Aufgrund seiner außergewöhnlichen Hilfsbereitschaft und sozialen Gesinnung war er stets ein ebenso beliebter und erfolgreicher Jugenderzieher auf dem Gebiet der Leibesübungen. Echte mitmenschliche Gesinnung, Großzügigkeit und Güte zeichneten Herrn Dr. Bachmaier aus...Mit diesen Eigenschaften sicherte er sich die Gefolgschaft aller Studierenden und Mitarbeiter des Hochschulinstituts für Leibesübungen in Bonn ...[113]

Walter Thörner:

Die Zusammenarbeit mit ihm wurde mir eine Freude. Fritz Bachmaier enthüllte sich mir als eine von idealer Gesinnung getragene Persönlichkeit von hoher Pflichtauffassung, dem es unter Hintansetzung seiner selbst allein auf die Sache ankommt. Und diese Sache war .... die tadelsfreie Führung seines Instituts. Ich bin selten einem so vom Sportgedanken durchdrungenen Menschen begegnet, der die körperliche Tat liebte (...) Sporterziehung zur Entwicklung der Persönlichkeit, Wettkampfleistung und Herrlichkeit des Sporterlebnisses waren seine Ziele... Sein gerader, offener Charakter, seine Redlichkeit, sein fachliches Können und sein begeistertes Miterleben in Unterricht und Vortrag gewannen ihm die Liebe seiner Untergebenen und Schüler, obwohl er große Anforderung an sie stellte, und die Hochschätzung seiner Kollegen (...).[114]

---

[112] AB: PA 233.
[113] Gutachten vom 2. Januar 1947: AB: PA 233.
[114] Gutachten vom 24. Oktober 1946: AB: PA 233.

Abwesenheiten

Von Bonn aus führte Bachmaier trotz der großen zeitlichen Belastung und inhaltlichen Beanspruchung vor Ort auch noch eine Zeitlang Skilehrgänge und alpine Lehrwartekurse für den Alpenverein und den Deutschen Skiverband durch, gab diese Aktivitäten dann aber auf.[115] Die Kontakte zu Krümmel und den von ihm initiierten Ausbildungs- und zentralen Prüfungslehrgängen in Neustrelitz rissen nicht ab. Im Rahmen der zentralen Sportstudentinnenprüfungen in Neustrelitz wurde Bachmaier – in der Nachfolge des Marburger HIfL-Direktors Peter Jaeck[116] – 1939 als Leiter („Gesamtleitung") – eingesetzt, unterstützt von seinem Oberassistenten Erich Lindner als einem von fünf Assistenten, sowie Walter Thörner, der für die medizinischen Lehr- und Prüfungsinhalte zuständig war.[117]

Auch dieser Einsatz verdeutlicht das weiterhin fördernde Interesse Krümmels an der Berufskarriere Bachmaiers, der damit in die erste Reihe der führenden Institutsdirektoren aufgerückt war. Zu dem Personal, das ihm im Neustrelitz unterstand, gehörten u.a. als Gehilfe Oberassistent Hentze (Göttingen), als Fachmethodiker Prof. Dr. Klinge (Köln), als Fachärzte u.a. Dr. Klaus (Münster) und Dr. Kaiser (Leipzig). Verbunden mit dieser herausgehobenen Position, die Bachmaier in eine Reihe mit Jaeck (1937)[118] und Münter (1938)[119] stellte, war allerdings auch Krümmels Drängen auf weitere Mitgliedschaften in NS-Organisationen.[120]

Aber schon bald forderte zusätzlich das Militär wieder Bachmaiers Einsatz: Im September 1938 wurde er zum Einmarsch in das Sudentenland eingezogen, den er mit der zweiten Kompanie des Gebirgsjägersregiments 100 als Zugführer mitmachte. Bachmaier schreibt: „Am 1.10.1938 haben wir die tschechische Grenze überschritten (und) … wurden von der Bevölkerung freudig empfangen… Am 28 Oktober ging es wieder zu Fuß zurück … nach Passau."[121]

---

[115] NB-80/85, S. 50.
[116] Jaeck verstarb (durch Motorradunfall) am 5.10.1937.
[117] Bosch (1982), S. 256.
[118] Lehrgangsleitung – ebd., S. 254.
[119] Ebd., S. 255.
[120] NB-80/85, S. 115.
[121] NB-80/85, S. 72.

Am 1. Januar 1939 wurde Bachmaier zum Leutnant der Reserve befördert; aber im August 1939 wurde es dann wirklich – und mit allen Konsequenzen – ernst: Bachmaier erhielt den Einberufungsbefehl (...), und der Zweite Weltkrieg begann. In der Folgezeit war er immer nur kurz bei seiner Familie in Bonn auf Fronturlaub oder zum Auskurieren von Kriegsverletzungen. Ein Angebot Krümmels zur UK-Stellung lehnte er ab.[122]

Nach Kriegsverletzungen und einem Sonderurlaub verließ Bachmaier am 30.06 1941 mit seiner Familie Bonn und das dort angemietete Haus und kehrte zurück nach Passau.

Im gleichen Jahr, nur ein paar Tage später – Erlass vom 05.07 1941 – erfolgte dann die von Krümmel angeordnete Versetzung Bachmaiers an das HIfL Münster.

Seit 1939 und verstärkt in den Folgejahren zeichnete sich an der Universität Bonn – wie auch an andere Universitäten und HIfL – kriegsbedingt ein langsamer, jedoch kontinuierlicher Personalabbau und –wechsel ab, der auch das Führungspersonal betraf; im Zuge dieser Entwicklung wurde Prof. Dr. Klinge (Direktor des HIfL Köln) als „Kriegsvertretung" nach Bonn delegiert. 1942 wurden nur noch Studentinnen zum Studium zugelassen; 1944 wurde das Universitätsgelände durch Bomben völlig zerstört und der Lehrbetrieb eingestellt.

Versetzung an das HIfL Münster[123]

Am 16.7.1941 teilt – nach Aktenlage und den Unterlagen des Archivs der Universität Bonn – der Universitätskurator der Universität Bonn unter dem Az 3650 in einer Abschrift des Minister-Erlasses vom 5.7.1941 dem Dr. Bachmaier (an die Privatadresse in Passau) dessen Versetzung nach Münster „in gleicher Dienststellung" (als Direktor) mit; in einem Begleitbrief an den Kurator der Universität Münster (und im Rahmen von Bezüge-Berechnungen, die mit dem 1.8.1941 von der Universität Münster zu erstellen seien), erfolgt zusätzlich der Hinweis auf die Ernennung Bachmaiers zum Regierungsrat und dass dessen Personalakten diesem Schreiben beigefügt seien.

---

[122] NB-80/85, S. 95.
[123] Nach Archiv-Unterlangen: AB und AMs.

Mit Erlass des Reichsministers für Wissenschaft, Erziehung und Volksbildung vom 5.7.1941 (KI 8114 Mü/18.6.) war – „im Auftrage gez. Krümmel" – verfügt worden, dass Dr. Bachmaier neben seiner (neuen) Tätigkeit als Direktor des HIfL Münster mit Wirkung vom 1.8.1941 gleichzeitig und zusätzlich nach Bonn „abgeordnet" werde; der dienstliche Wohnort sei allerdings Münster.

Der Kurator der Universität Münster teilte am 21.7.1941 dem „Direktor des Hochschulinstituts für Leibesübungen" der Universität Münster, Regierungsrat Dr. Ammon unter Verweis auf den o. g. Ministererlass dessen Versetzung „in gleicher Eigenschaft an das HIfL in Bonn" mit Wirkung zum 1.8.1941 mit. In einem Schreiben an den Universitätskurator in Bonn wird – im Zusammenhang mit dieser Mitteilung – zusätzlich auf „3 Bände Personalakten" verwiesen, die nach Bonn verschickt würden.

Da infolge von Kriegseinwirkungen die Akten im Archiv der Universität Münster nicht (mehr) vollständig vorhanden sind, lässt sich der weitere Ablauf des Verfahrens nicht eindeutig rekonstruieren. Fest steht allerdings, dass aktuell in Münster keine über die o.g. Hinweise hinausgehenden Unterlagen über die Tätigkeit von Dr. Bachmaier vorhanden sind und noch 1943 im Schriftverkehr des Kurators mit dem Hochschulinstitut für Leibesübungen in Münster Dr. Ammon als „Direktor" des HIfL in Münster zeichnet. Auch in einer Veröffentlichung der Fachzeitschrift „Leibesübungen und körperliche Erziehung" im Jahre 1942 (!)[124] wird als Adresse des Verfassers Dr. Gerhard Ammon angegeben: „Hochschulinstitut für Leibesübungen, Münster, Domplatz 3a".[125]

Von Dr. Bachmaier ist, bezogen auf die hier thematisierte Zeitschiene und im Zusammenhang mit dem HIfL der Universität Münster, keine Rede mehr.[126]

---

[124] „Hindernisturnen – Gerätturnen – Kunstturnen", in: Leibesübungen und körperliche Erziehung 61 (1942), 15/16, S. 138-143 – hier: S. 143.
[125] In der Ammon-Personalakte der Universität Bonn (PA 104) ist allerdings vermerkt: In der fraglichen Zeit „...am IfL beschäftigt ...."
[126] Dieser Vorgang gehört damit offensichtlich in die Reihe der Phantom-Versetzungen, die es im Verlauf des Krieges und unter dem Druck des Personalmangels öfters gegeben hat.

7 Exkurs II

Edmund Neuendorff

Seit dem Sommer-Semester 1936, also noch vor Dienstantritt Bachmaiers in Bonn, hat Dr. Edmund Neuendorff, Oberstudiendirektor a. D., aufgrund der „Vermittlung von Freunden"[127], einen Lehrauftrag[128] für Sportpädagogik an der Universität Bonn erhalten. Neuendorff konnte nach seiner Karriere als Direktor der Preußischen Hochschule für Leibesübungen (1925) – Schließung 1932 – und der zweijährigen, abwechselnd zusammen mit Carl Diem und Albert Hirn übernommenen Leitung des Instituts für Leibesübungen der Universität Berlin und nach dem Zerwürfnis mit dem Reichssportführer von Tschammer und Osten in den vorläufigen Ruhestand versetzt (1934), auf eine hochkarätige Karriere – auch in der Deutschen Turnerschaft (DT) und (zunächst) durchaus im Sinn der nationalsozialistischen Ideologie – verweisen.[129] Das erleichterte offensichtlich sein Engagement an der Universität Bonn. Daraus ergaben sich, wie der weitere Verlauf zeigt, allerdings eine ganze Reihe von Konflikten[130] mit Bachmaier, nachdem dieser seit Oktober 1936 (zunächst: kommissarisch) als Direktor des HfL fungierte. Die Briefwechsel zwischen Rektor, Kurator, der Philosophischen Fakultät (Dekan) und dem Berliner Ministerium, die insbesondere im Zusammenhang mit der Übernahme einer Honorarprofessur[131] (1937) standen, zeugen davon:

Die (geplante) Ernennung Neuendorffs wird seitens des Berliner Ministeriums immer wieder diskutiert, und es wird immer wieder – „erneut" – in Richtung Bonner Rektorat um Stellungnahme gebeten.[132]

---

[127] Dieckert (1968), S. 18.
[128] Bernett (1966) schreibt, N. sei „Dozent für Sportpädagogik an der Universität Bonn" gewesen, was den Tatsachen nicht entspricht – es sei denn: alle „Lehrende" an der Universität seien per se „Dozenten".
[129] U.a. Ueberhorst (1970), S. 9-10.
[130] Dieckert spricht in diesem Zusammenhang von „Schwierigkeiten" (1968), S. 18.
[131] AB: PA 233; Bachmaier spricht in seinem Bericht über die Bonner Zeit (NS-80/85, S. 49) vom „…bekannten Professor Neuendorff…"
[132] Vgl. den ausführlichen Schriftverkehr zwischen Berliner Ministerium, Bonner Rektorat und Fakultät/Dekanat (AB: PA 6459, Nr. 1-61).

Möglicherweise wurde (mit dem Lehrauftrag) ursprünglich sogar angestrebt – von wem auch immer –, Neuendorff als neuen Institutsdirektor zu installieren. Vielleicht auch deshalb ließen sich die Tätigkeitsfelder des Lehrbeauftragten und des Direktors – nachdem dieser sein Amt zum Winter-Semester 1936/37 angetreten hatte – keineswegs problemlos abgrenzen.

Es gab aber immerhin die Hoffnung, dass es in Absprache möglich sein würde, dass sich beide arrangieren.

Es wurde allerdings – zugunsten des neu installierten Direktors – auch erwogen, im Falle einer Nicht-Einigung dem Dr. Neuendorff den Lehrauftrag zu entziehen. Die besseren Karten in diesem Konflikt hatte bei den zuständigen Universitätsinstanzen offensichtlich und mit ziemlicher Eindeutigkeit Bachmaier.

Die lang sich hinziehende Diskussion über eine Honorarprofessur für Neuendorff – von der aus den Archivunterlagen nicht eindeutig hervorgeht, ob sie überhaupt zustande gekommen ist[133] – belegt den offensichtlich unlösbaren Konflikt. Jedenfalls kann Neuendorff seine Lehrveranstaltungen nicht für das HIfL anbieten, sondern (lediglich) für „Hörer aller Fakultäten" und unter „Pädagogik".

Die nachfolgende Übersicht zeigt, in welchen Umfang und mit welchen Themen Neuendorff die Lehrauftrags-Tätigkeit wahrgenommen hat:
Der nationalpolitische Sinn der Leibesübungen. 50 Hörer, 1-stündig
Geschichte der Leibesübungen im 18. und 19. Jahrhundert. 7 Hörer, 2-stündig
Grundlagen des Schulturnens (aus Mangel an Hörern ausgefallen)
Für das Wintersemester (1936/37) wurde angekündigt:
Jahn und der Nationalsozialismus ... 1-stündig
Geschichte der Leibesübungen 1880–1932 ... 2-stündig
Leichtathletik – Sinn und Wesen ... 2-stündig
Übungen über Körperschule und Gymnastik
Die Gründe, die für die Installation Neuendorffs als Lehrbeauftragter der Universität Bonn maßgeblich waren, sind in einem entsprechenden Schreiben des Rektors benannt worden:
1. Wissenschaftlich: Die Vierbändige Geschichte der Leibesübungen.
2. Menschlich: sympathisch und vital (trotz seiner 64 Jahre).

---

[133] Dieckert (1968) S. 18 verneint dies.

3. Politisch: Soldat im 1. Weltkrieg mit EK I. und II. Klasse sowie NSDAP-Mitglied seit 1932.[134]
Der Lehrauftrag von Neuendorff wurde bis zum WS 1939/40 verlängert.[135] Der Konflikt löste sich dann insofern auf, als Bachmaier im August 1939 zum Kriegsdienst eingezogen wurde.

8 Die Militärkarriere

Bachmaiers Militärkarriere begann, als er sich – noch von der Schule aus – 1920 als „Zeitfreiwilliger" meldete, dort dem III. Bataillon des Infanterie-Regiments 20 zugeordnet wurde und in diesem Zusammenhang Kontakte zum Freikorps des Ritters von Epp hergestellt wurden. In der Folgezeit hat er als Reservist der Gebirgsjäger nie ganz die Verbindung – mehr oder minder lose – zu einer (späteren) Militärlaufbahn aufgegeben. In der Zusammenfassung:[136]

> 1936 trat er in die Schützen-Kompanie des Gebirgsjäger-Regiments 100 in Laufen an der Salzach ein. Am 19. Juli 1937 wurde er in die 1. Kompanie des Gebirgsjäger-Regiments 100 in Brannenburg am Inn versetzt und in dieser Kompanie am 17. August 1938 zum Zugführer ernannt. Einen Monat später kam er als Zugführer in die 2. Kompanie. Am 1. November 1938 wurde er als Feldwebel der Reserve entlassen. Am 12. Dezember 1938 folgte die Beförderung zum Leutnant der Reserve. Am 28. August 1939 wurde er eingezogen und Zugführer in der 7. Kompanie des Gebirgsjäger-Regiments 100. Mit diesem Regiment nahm er am Polenfeldzug teil, wo er leicht verwundet wurde. 1940 nahm er am Westfeldzug und 1941 am Balkanfeldzug und der Besetzung Kretas teil, wo er erneut leicht verwundet wurde. Ab dem 22. Juni 1941 nahm er am Russlandfeldzug teil und wurde am 31. Juli 1941 zum Oberleutnant der Reserve befördert. Am 24. Februar 1944 wurde Dr. Friedrich Bachmaier Kommandeur des III. Bataillons des Gebirgsjäger-Regiments 100. Am 31. März 1944 folgte seine Beförderung zum Hauptmann der Reserve. Am 6. September 1944 stand Hauptmann Bachmaier mit seinem Bataillon und dem Gebirgsjäger-Regiment 100 im Abschnitt der 71. Infanterie-Division bei Gemmano südlich von San Marino in Italien. Es gelang ihm mit seinem Bataillon, einen schweren britischen Panzerangriff abzuwehren und einen feindlichen Durchbruch zu

---

[134] AB: PA 6459, Nr. 59.
[135] AB: PA 6459, Nr. 61.
[136] Nach Wikipedia.

verhindern. Dabei wurde auch der Ort Gemmano vom Regiment zurückerobert. Hierfür wurde Friedrich Bachmaier am 9. Januar 1945 mit dem Ritterkreuz ausgezeichnet. Vom 23. Oktober bis zum 27. November 1944 war er Führer der Kampfgruppe Flecker und vom 17. Dezember 1944 bis zum 1. Februar 1945 Führer des Gebirgsjäger-Regiments 98. Anschließend wurde er zum Regimentsführer-Lehrgang nach Döberitz kommandiert. Bei Kriegsende geriet er in amerikanische Gefangenschaft, aus der er im September 1945 wieder entlassen wurde.

In der Selbstdarstellung – 40 Jahre später[137] – beschreibt Bachmaier lediglich die Beförderungen und Auszeichnungen und spricht über sportliche Aktivitäten während der von Kriegshandlungen freien Zeiten:

Beförderungen:

01.01.1939 Leutnant der Reserve
01.01.1941 Oberleutnant der Reserve
16.03. 1943 Hauptmann der Reserve
01.09. 1944 Major der Reserve

Auszeichnungen:

Polen: EK 2
Frankreich: EK 1
Russland: Deutsches Kreuz in Gold
Italien: Ritterkreuz

Wichtige – und (aus der Sicht Bachmaiers) mitteilungswürdige – zusätzliche Informationen beziehen sich vor allem auf sportliche Aktivitäten, die in den Pausen zwischen den Kriegshandlungen stattfanden: Fußballspielen, Bergwanderungen (in Kreta) oder Schwimmen. Die Verbindung von militärischen Aktionen und sportlichen Aktivitäten war offensichtlich sein besonderes Anliegen – kein Gegensatz, aber immer auch zugleich eine Gelegenheit für Freude, Erholung, Selbstverwirklichung und -bestätigung „in diesem unseligen Krieg".[138]

> Nun musste ich täglich den Frühsport für die Kompanie leiten (…) mit Lauf, Gymnastik, Spielen und Schwimmen. Da ging es heiß her: Denn der kleine Oberst konnte kaum genug kriegen; wenn ich einmal etwas weniger

---

[137] NB-80/85, S. 72-73.
[138] NB-80/85, S. 96.

forderte, sagte er: „Bachmaier, war das heute schon genug?" (…) dann gab sich die ganze Kompanie bis zum letzten aus. Besonders beim Raufball-Spiel mit dem Medizinball musste auch ich mich voll einsetzen (…) bis wir den Oberst, meist mitsamt dem Ball, ins Tor warfen. In diesen Tagen war ich mit Utz viel unterwegs zur Erkundung der ganzen Insel Kreta (…).[139]

Abb. 3: *Der zerschossene Stahlhelm (1941)*[140]
Kommentar Bachmaier: „Da sieht man, was ein niederbayrischer Schädel aushält!"

9 Rehabilitierung und Resignation – oder: Das Ende einer Dienstzeit

Nach dem Ende des Krieges kam Bachmaier in amerikanische Kriegsgefangenschaft und wurde – nach Krankenhausaufenthalt und einer Zwischenetappe im Lager Tittlingen[141] – im Lager Moosburg[142] in Internier-

---

[139] Ebd. S. 96.
[140] Quelle: Privatbesitz.
[141] NB-80/85, S. 116-118.
[142] Das Internierungs- und Arbeitslager Moosburg wurde nach Kriegsende von den Amerikanern eingerichtet und bestand aus dem von den Nationalsozialisten begründeten ehemaligen Kriegsgefangenen-Stammlager „Stalag VII A". Es erfasste bis zu seiner Schließung im April 1948 und vor der Übergabe an die deutsche Verwaltung (10.10.1946) ca. 10.000

ungshaft genommen. Das von dort aus eingeleitete Entnazifizierungsverfahren mobilisierte Stellungnahmen der ehemaligen Kollegen in Bonn: Thörner teilte in einem Schreiben an den Rektor der Universität Bonn mit, dass Bachmaier 1938 ein offizielles Angebot, „die sportliche Oberaufsicht" über sämtliche Ordensschulen zu übernehmen – als eine Art General-Inspekteur – erhalten, dieses verlockende Angebot aber zugunsten seiner Tätigkeit als HIfL-Direktor der Universität Bonn abgelehnt habe.[143] Auch seine zahlreichen Mitgliedschaften in NS-Organisation erfuhren durch die eidesstattliche Erklärung Thörners eine deutliche Relativierung: Seine – d. h. Bachmaiers – Zugehörigkeit zu diversen NS-Parteiorganisationen erkläre sich „zweifellos aus äußeren Umständen, die mit seiner Stellung als Turn- und Sportlehrer und Chef des Institutes für Leibesübungen in Verbindung standen (...). In Uniform habe ich ihn nur ein einziges Mal (gesehen) und zwar bei einer Universitätsfeier und erfuhr erst auf diese Weise seine Zugehörigkeit zur SS (...) Parteiveranstaltungen blieb er fern, soweit es eben ging"[144.] Im Gutachten von Lindner[145] wird darauf verwiesen, dass sich Bachmaier im Rahmen seiner dienstlichen Tätigkeiten als Direktor des Bonner HIfL niemals „mit politischer Arbeit befasst und keine Propaganda am Hochschulinstitut geduldet" (habe); er habe die Aufforderung, sich in politischen Gliederungen zu betätigen, abgelehnt, um sich ganz den dienstlichen Aufgaben widmen zu können; die gelegentlich geäußerten Verdächtigungen, er habe „parteipolitische Aktivitäten" in seinem Dienstbereich gefördert oder unterstützt, seien unzutreffend.[146] Besonders hervorgehoben wird in diesem Schreiben, dass Bachmaier dem mehrfach geäußerten Druck aus dem Berliner Ministerium, Lindner zur

---

Personen, darunter Funktionsträger des Dritten Reiches, Parteifunktionäre, Offiziere der SS, Gestapo-Personal und andere, die das Regime unterstützt hatten. U.a. gehörte zu den dort Inhaftierten Ernst Krieck, Professor für Pädagogik und Philosophie sowie Rektor der Universitäten Frankfurt (1933) und Heidelberg (1937). Krieck verstarb in Moosburg am 17.3.1947. Im Laufe der Zeit lockerten sich die ursprünglich sehr rigiden Bedingungen: es gab verschiedene Kulturprogramme, eine Lagerbibliothek, sportliche Aktivitäten und kirchliche Initiativen. Bachmaier leitete dort ein Sportprogramm („Frühgymnastik"). Lit. u.a.: Pflanz & Bublies (1914).
[143] Brief Thörners an den Rektor der Universität Bonn vom 29.11.1946: AB: PA 233.
[144] Thörner – als amtierender Institutsdirektor des IfL Bonn am 4. Oktober 1946 im Rahmen des Entnazifizierungsverfahrens. AB: PA 233.
[145] Lindner, zu dieser Zeit (kommissarischer) Direktor des IfL Marburg, in einem Gutachten vom 2. Januar 1947.
[146] Ebd.

Parteimitgliedschaft dringend aufzufordern, nicht nachgegeben, sondern sich dem widersetzt habe.[147] Wehrsportliche Veranstaltungen habe er in Bonn nicht durchgeführt.[148]

Das 1. und 2. Entnazifizierungsverfahren

Vom 10.6.1945 bis zum 29.9.1947 („Entlassungsschein")[149] verblieb Bachmaier im Internierungslager Moosburg, von wo aus das Entnazifizierungsverfahren eingeleitet und durchgeführt wurde. Es endete – vorläufig – am 23. 9. 1947 mit der Einstufung als „Mitläufer" (Stufe IV) und beendete nach 842 Tagen Bachmaiers Internierungszeit. In dem von seinem Wohnort Passau aus von ihm initiierten Widerspruchsverfahren ist dann (neu) entschieden worden, dass er „nicht betroffen (sei) vom Gesetz zur Befreiung von Nationalsozialismus und Militarismus": Eingruppierung in Stufe V. In diesem Urteil ist zusätzlich von der Möglichkeit der „Wiederaufnahme der alten beruflichen Tätigkeit" die Rede. Dieses Widerspruchsverfahren endete am 5.2.1948.

Daraufhin stellte Bachmaier (am 7.3.1948) den Antrag auf „Wiederverwendung am IfL Bonn". Im Briefwechsel mit Walter Thörner, inzwischen (seit 1946, Zeitpunkt der Wiedereröffnung der Universität) Institutsdirektor und zum (apl.) Professor am Institut für Leibesübungen der Universität Bonn ernannt, wird u.a. über die „Aufgabenverteilung am IfL Bonn" gesprochen. Auch aus dem Rektorat der Universität Bonn kommen in diesem Zusammenhang positive Signale.

Bemühungen um Wiederaufnahme

Im sich lange – über ein Jahr – hinziehenden Bemühungsprozess Bachmaiers, die „Wiederaufnahme" – wie es im Erlass zur Entnazifizierung hieß – der alten Tätigkeit (als Direktor) am IfL Bonn durchzusetzen, gab es zwei Parteien: Rektor der Universität und Thörner als Direktor des IfL Bonn auf der einen, die Militärregierung und das Finanz- bzw. Kultusministerium von NRW auf der anderen Seite. In diesem Konflikt, bei dem die Bremser

---

[147] Ebd.
[148] Nacke-Erich: AB: PA 233.
[149] Personalakte des Stadtarchivs Passau.

– ob Finanz- oder Kultusministerium – nicht eindeutig zu identifizieren sind, setzte sich letztlich die politische Seite durch. Die von dort betriebenen taktischen Verzögerungen, variierenden Begründungen und (von Bachmaier) als diskriminierend empfundenen persönlichen Unterstellungen: krankheitsbedingtes Ausscheiden aus dem (ehemaligen) Dienstverhältnis und damit Verzicht auf alle Ansprüche oder volle Diensttauglichkeit und damit Rückkehr in die alte Position – führten schließlich zur Resignation Bachmaiers. Diese teilte Bachmaier dem Rektor der Universität und dem amtierenden IfL-Direktor mit:[150]

> Nach entsetzlichen Zweifeln ... habe ich mich entschlossen, heute beiliegenden Brief an den Herrn Rektor zu richten und dem Staatsdienst für immer zu entsagen: Ich kann Ihnen gar nicht schildern, wie schwer es mir wird, diesen entscheidenden Schritt zu tun, weil ich meinem alten Institut, Ihnen, lieber Herr Thörner, der es seit Jahren in schwerster Zeit in Gedanken an meine Rückkehr so treu verwaltet hat, und nicht zuletzt meinem ureigensten Beruf, der mir lange Zeit wirkliche Berufung war, sehr nahe verbunden ist. Aber ich kann die Schmach, die mir geschehen ist, nicht verwinden (...) hat man mir das (die Versetzung in den Ruhestand, d. Verf.) sehr nachdrücklich nahegelegt, weil man meine politische Belastung scheut, weil man sich nicht für mich einsetzen will und weil man andere Leute vorzieht. D. h. also, man weiss nichts von meinen Leistungen oder man will sie nicht mehr kennen (...) Nein: Da kann ich nicht mehr mittun (...)..

In einem Antwortschreiben äußert sich Institutsdirektor Thörner:[151]

> Uns alle hier (...) hat Ihr Entschluss, dem Staatsdienst für immer entsagen zu wollen, schwer mitgenommen und wir können im Grunde doch nicht das richtige Verständnis dafür aufbringen. Jedenfalls ist die Situation am Institut, die wir durch Ihre Wiedereinsetzung gut geordnet glaubten, nun erneut ziemlich unübersichtlich und jedenfalls beschwert. Ganz abgesehen davon, dass wir alle auch aus rein persönlichen Gründen es höchlichst bedauern, dass wir Sie hier als Institutsleiter nicht wiedersehen werden... Ich habe mich natürlich, sobald ich konnte, mit dem Rektor in Verbindung gesetzt. Er hat mir Ihren Entschluss bestätigt und sieht ihn als endgültig an, ohne selbst von dieser Lösung sehr erbaut zu sein. Er hätte Ihnen andernfalls zweifellos den Direktorenposten verschafft (...). Die beste Lösung

---

[150] Schreiben Bachmaiers an Thörner am 15.2.1949: AB: PA 233.
[151] Schreiben Thörners an Bachmaier vom 2. März 1949.

wäre auf alle Fälle Ihre Wiedereinsetzung und meine Zusammenarbeit mit Ihnen gewesen. Herrn[152] ... kann ich mir unmöglich als Chef vor die Nase setzen lassen. Ebenso wenig wie irgendeinen anderen, außer Ihnen (...) den Direktorenposten abgeben werde. Bewerber in dieser Hinsicht müssen nun warten, bis ich aus Alters- oder Gesundheitsgründen das Feld räumen muss (...).

Die Situation am IfL München stellte sich für Bachmaier wie folgt dar:[153] Das frühere Angebot (aus dem Kultusministerium in München), für ihn eine angemessene Stelle in der akademischen Sportlehrerausbildung an der Universität München bereitzuhalten, hat sich nicht realisieren lassen. In der Nachbetrachtung schreibt Bachmaier:

Als ich mich[154] in München bei Ministerialrat Siegfried von Jan[155] im Bayerischen Kultusministerium verabschiedete, sagte dieser, Bonn wäre für mich doch nur ein Sprungbrett. Er würde mich ganz bestimmt wieder nach München zurückholen – Pfeifendeckel! Er und seine anderen Herrn Kollegen sind alle ... von der Säuberungswelle hinweggefegt worden (...).

Und damit blieb alles, so wie es ist! Am 1.10.1951 erfolgte die Versetzung Bachmaiers in den Ruhestand.

Restbestände

Vier Nachträge sollen an dieser Stelle – kommentarlos – erwähnt werden:
- Anfang des Jahres 1950 leitete Bachmaier noch Skikurse für Studenten und auch für angehende Sportlehrer („Sportphilologen") der Universität München. Dabei lernte er den neuen Institutsdirektor Michalke kennen.[156]

---

[152] Hier ist ein Name eingefügt, den ich in diesem Zusammenhang ... nicht nennen möchte.
[153] NB-80/85, S. 49.
[154] 1936.
[155] Siegfried von Jan (1881–1970) war im Kultusministerium von 1922–1939 für die gesamte Entwicklung des Schul- und Hochschulsports sowie die Sportlehrerausbildung in Bayern zuständig; er hat diese umfangreichen Sportbereiche durch seine Persönlichkeit über diesen langen Zeitraum fachkompetent betreut. Er wurde 1925 zum Ministerialrat ernannt und hat in dieser Funktion und in dieser Zeit die gesamte Sportentwicklung in Bayern maßgeblich geprägt (siehe: Krombholz (1982), S. 316-317 ff).
[156] Michalke war von 1946 -1963 Direktor des IfL München; Bachmaiers Kommentar zu dessen Auftritt während des Skikurses (NB-80/85, S. 119): „Bei der Prüfungsabnahme lernte ich den Nachfolger von Schneider..., einen Herrn Michalke, kennen. Ich hatte einen

Bei dieser Gelegenheit traf er auch seinen ehemaligen Oberassistenten aus der gemeinsamen Bonner Zeit, Dr. Erich Lindner.
- Zum 65. Geburtstag von Walter Thörner am 9.8.1951 reiste Bachmaier nach Bonn, um zu gratulieren.
- Im Juli 1964 traf sich Bachmaier mit alten Freunden aus dem Anthropologischen Institut der Universität München im Rahmen der Feiern zum 100. Geburtstag von Prof. Martin.[157]
- Die Kontakte zur Familie Möckelmann blieben bestehen, auch über den Tod von Hans Möckelmann (1967) hinaus[158]; beiden wurde ja die Rückkehr in den Universitätsdienst verweigert.[159]

10 Der zweite Lebensabschnitt

Als Bachmaier – am Ende seiner Bemühungen um Rehabilitierung und Wiedereinstellung in den Universitätsdienst – im Oktober 1951 pensioniert wurde, war er 48 Jahre alt.

Am Institut für Leibesübungen in Bonn waren die Weichen letztlich ohne ihn gestellt worden: Nach Thörner kam Wildt (1952) und danach (1967) mit Hajo Bernett erstmals ein Vertreter der jüngeren Generation.

In München war der gute Leumund, den Bachmaier im Kultusministerium der 1930er Jahre hatte, nicht mehr aktuell. Über den langen Weg des Münchener Sportinstituts zur Sportwissenschaft hat Bäumler ausführlich berichtet: personell begann die neue Zeitrechnung mit Richard Michalke (1946 bis 1963), dem Oskar Brunner (bis 1966) folgte, und dann viele andere (...)[160].

---

eher mäßigen Eindruck von ihm, vor allen Dingen konnte er überhaupt nicht skilaufen, und so riet ich ihm, sich vor den Studenten nicht zu blamieren und sich als Prüfer hinzustellen, sondern heimzufahren, was er auch getan hat."
[157] NB-80/85, S. 128.
[158] Nach dem Tod von Hans Möckelmann (1967) zog dessen Witwe 1972 zu Fritz Bachmaier nach Passau und verblieb dort (bis zu ihren Tod 1985) als dessen Lebensgefährtin.
[159] Bachmaier schrieb nach eigenem Entschluss, seine Bemühungen um Wiedereinstellung in den Staats- und Universitätsdienst zu beenden (in einem Brief an Walter Thörner: 15.2.1049): „Ich will diesem Staat nicht mehr dienen, ich kann es nicht mehr, nach der Behandlung, die ich seit Mai 45 ...erfahren musste." Möckelmann blieb im Staatsdienst und machte Karriere in der Hamburger Schulbehörde.
[160] Bäumler (2019), S.117-162.

Bachmaier, der Jüngste der Vorkriegs-IfL-Direktoren, hatte die ganze Last des Krieges getragen, von Anfang bis Ende, mit einem hohen Preis: trotz vieler militärischer Auszeichnungen (zuletzt noch mit dem Ritterkreuz) und mit soldatischer Bravour. Das einzig Positive: Er hat überlebt!

Bachmaier sorgte, nun vorrangig und in erster Linie Familienmensch, zu Beginn der 1950er Jahre dafür, dass die beiden Kinder Klaus (geb. 1929) und Eva (geb. 1931) das Abitur machten und danach studieren konnten: Klaus wurde Tierarzt und Eva Ärztin. Er selbst trat in die Innstadt-Brauerei ein und arbeitete sich dort bis zum Aufsichtsrat hoch: Eine zweite Karriere – sozusagen. Der Kontakt zu seinem früheren Leben ging nahezu vollständig verloren.[161]

Die Enkelin, Dr. Cornelia Cidlinsky, Tochter seiner noch lebenden Tochter Eva, hat – auf Vermittlung des Stadtarchivs in Passau – den Kontakt zum Verfasser dieses Textes hergestellt und Materialien aus dem Familienbestand geliefert, die sonst – wahrscheinlich – unwiederbringlich verloren wären.

Bachmaier war noch lange – auch sportlich – leistungsfähig und aktiv: Mit 89 Jahren hat er letztmalig, aber erfolgreich an einen Langstrecken-Wettbewerb teilgenommen und ein paar Jahre später – mit der Belegschaft der Innstadt-Brauerei – seine letzte Bergtour bestritten. Das Kapitel über die Sportlehrerausbildung in München und Bonn, wozu er in den 1930er Jahren seinen Beitrag geleistet hat, war da längst abgeschlossen.

11 Resümee

Die Sportlehrertätigkeit entsprach dem Berufswunsch von Friedrich Bachmaier. Zu deren Realisierung wählte er nach dem Abitur das an der Landesturnanstalt und der Universität München angebotene Sportstudium, das er nach drei Jahren mit gutem bzw. sehr gutem Erfolg abschloss.[162] Seine insgesamt zwanzigjährige Berufstätigkeit ist durch zwei Abschnitte

---

[161] Ausnahme: Walter Thörner kam mit seiner Familie gelegentlich zu Besuch und zum gemeinsamen Skifahren, bevor er 1969 verstarb. Bergsport blieb die große Leidenschaft Bachmaiers; mehrere Male beteiligte er sich noch an den Treffen der alten Gebirgsjäger-Kameraden und pflegte zudem persönliche Kontakte.
[162] Die mit summa-cum-laude zusätzlich abgeschlossene Promotion in Anthropologie (1927) war eine nicht-sportspezifische „Zugabe", mit der Bachmaier seine grundsätzliche wissenschaftliche Befähigung nachgewiesen hat.

gekennzeichnet: Der erste (in München) als Assistent bzw. Studienassessor war weitgehend selbstbestimmt und ohne exponierte Gesamtverantwortung; der zweite (in Bonn) wäre ohne die Protektion Krümmels nicht denkbar gewesen, ist dann aber in seinem Verlauf durch eine ausgesprochen hohe Akzeptanz und die Wertschätzung seitens des Universitätsrektors, des Dekanats und der Institutsmitarbeiter auffallend und eindeutig positiv bewertet worden. Was beide Abschnitte miteinander verbindet, kann – zusammenfassend – mit dem Anspruch Krümmels verdeutlicht werden, wonach es „Sinn und Ziel der Leibesübungen (sei), den neuen Gedanken der Körpererziehung, wie sie aus den staatlichen, wirtschaftlichen und seelischen Zuständen der Nachkriegszeit emporgewachsen sind, zu dienen"[163]. Im Einzelnen lässt sich dieser Anspruch in vier Punkte ausdifferenzieren, mit denen das Berufs- und Sportverständnis Bachmaiers verdeutlicht werden kann:

(1.) Praxisorientierung, die gekoppelt war mit einer (eigenen) hohen körperlich-sportlichen Leistungsfähigkeit sowie einer starken Erlebnisorientierung, dazu natur- und bedürfnisorientiert beim Vorrang von Spontaneität und Kreativität; zusätzlich spielte

(2.) ein ausgeprägtes Lehr- und Vermittlungsbedürfnis eine wichtige Rolle, das seine Voraussetzung in einer hohen Sozialkompetenz hatte und durch das Bestreben nach ständiger (Lehr-)Optimierung ausgezeichnet war; begleitet wurden diese Merkmale von

(3.) einem geringen Karrierebedürfnis, das seinen stärksten Ausdruck im gelungenen Augenblickserlebnis fand; parallel dazu gab es

(4.) ein geringes (sportbezogenes) Wissenschaftsinteresse, für das Bachmaier trotz hoher und punktuell nachgewiesener Befähigung – ganz auch im Sinne des damaligen Zeitgeistes – keine Fortsetzung angestrebt hat, u. a. nachgewiesen durch den bewussten Verzicht auf eine Wissenschaftskarriere sowie die vollständige Vernachlässigung einer angemessenen und entsprechenden Publikationstätigkeit insbesondere in Bezug auf programmatische Äußerungen über seine berufsbezogene Tätigkeit.

Die zu Beginn dieses Beitrags gestellte Frage nach Kontinuität oder Neuanfang in der akademischen Sportlehrerausbildung lässt sich nach dieser Charakterisierung und den Befunden von Bachmaiers beruflichem Werdegang wie folgt – vielleicht sogar generalisierend – beantworten:

---

[163] Krümmel (1930), Vorwort.

Die politisch-gesellschaftlichen Voraussetzungen waren (nach) 1945 gegenüber dem Ende des 1. Weltkriegs völlig andere; sie wurden bestimmt von der Akzeptanz der militärischen und politisch notwendigen Niederlage. Keiner drängte jetzt den Sport in die Rolle, Basis eines neuen, eines wieder-erstarkten Deutschland zu sein. Dies ermöglichte einen mehr oder minder unbekümmerten Neuanfang und Neuaufbau. Damit waren dann (auch) für die Sportlehrerausbildung die Voraussetzungen für völlig anders geartete sportive Akzentuierungen geschaffen, die – im Vergleich zu 1918/19 ff. – zu einer völlig anderen Motivations- und Interessenlage führten: Der starke Erlebnischarakter des Sports, seine naturorientierte, emotionale und lebensphilosophische Basis, gekoppelt mit bevölkerungspolitisch-staatserhaltender Zielsetzung, spielte nun nahezu keine Rolle und förderte einen eher rationalen, sachorientierten und pragmatischen Umgang. Dies wiederum erleichterte sukzessive den Weg der Sportlehrerausbildung zur Wissenschaft und mündete im Verlauf der 1960er/ Anfang 1970er Jahre in die auch von den Universitäten (allmählich) akzeptierte Entwicklung zur Sportwissenschaft – außeruniversitär zudem begünstigt durch die Olympischen Spiele 1972 und die Konkurrenz zum DDR-Sport. Wesentliche Grundlage dafür war – in West-Deutschland – die Orientierung an tradierten und etablierten „Grundwissenschaften"[164] – wie etwa der Psychologie[165], der Pädagogik[166], der Physik (Biomechanik).[167] Insofern gab es in den 1950/ 60er Jahren einen Paradigmenwechsel, der nicht nur den Neuanfang begünstigte, sondern auch „mit einem weitreichenden personellen Wechsel verbunden war"[168].

Für Bachmaier bedeutete dies: Nach erfolgreicher Entnazifizierung, zudem vom langen Krieg und den Strapazen der unmittelbaren Nachkriegszeit körperlich geschwächt, dazu von den Bemühungen um Rehabilitierung und Re-Integration in den Universitätsdienst mental zermürbt, veranlasste ihn letztlich das (für ihn zunehmend als unzumutbar empfundene) Prozedere seiner Bemühungen um die Wiedereinsetzung in den Beruf und seine vormalige Stellung als Direktor des Instituts für Leibesübungen der Universität Bonn zur Aufgabe dieser Ambitionen und seines Anspruchs auf

---

[164] Vgl. dazu (neuerdings) A. Priebe (2022), S. 39-66 und (älter) Joch (1973), S. 366-368.
[165] Zum Beispiel Kurt Kohl (1955): Sensumotorik.
[166] Zum Beispiel Ommo Grupe (1957): Leibesübungen als pädagogisches Problem.
[167] Zum Beispiel Rainer Ballreich (1969): Weg- und Zeitmerkmale.
[168] Priebe (2022), S. 62.

"Wiederaufnahme", die ihm als Ergebnis der Entnazifizierung attestiert worden war.

Auf dem Weg der universitären Sportlehrerausbildung zur Sportwissenschaft in den 1960/70er Jahren sind einige der „Pioniere" am Rande liegengeblieben. Dr. Fritz Bachmaier gehört trotz hervorragender Qualifikation – wie z.b. auch Ernst Söllinger (Darmstadt) oder Hans Möckelmann (Gießen, Königsberg und Marburg): bei aller Unterschiedlichkeit nicht nur im Detail – dazu. Seine Tätigkeit in der akademischen Sportlehrerausbildung und sein Beitrag dazu sind damit lediglich Bestandteil ihrer Geschichte geworden.[169]

12 Anhang

1 Kurzbiographien

Jan, Siegfried, von (1881 – 1970). Seit 1925 Ministerialrat im Kultusministerium in München und seit 1922 als Referatsleiter zuständig für die gesamte Entwicklung des Schul- und Hochschulsports, der Turnlehrerausbildung und des allgemeinen Turnwesens in Bayern. Mit großer Umsicht lenkte er die breitangelegten Fortbildungsmaßnahmen vor allem im Volksschulbereich. In Zusammenarbeit mit der neu geschaffenen Beratungsstelle für den Übungsstättenbau, die der Landesturnanstalt angeschlossen war, konnte er die notwendigen Voraussetzungen für die optimale Förderung des bayerischen Sportes schaffen. In enger Zusammenarbeit mit Dr. Martin Vogt, dem langjährigen Leiter der Landesturnanstalt, erlangte er eine – von allen Seiten anerkannte – hohe Fachkompetenz und Akzeptanz.
Quelle: Krombholz (1982), S. 316–319.

Krümmel, Carl (1895 – 1942), in Hamburg geboren; Studium der Anthropologie (bei Prof. Martin) und der Staatswissenschaften in München; dort Promotion (1924). Als Leichtathlet Mitglied bei 1860 München und

---

[169] Besonderen Dank für das Zustandekommen dieses Textes schulde ich vor allem den Archiv-Mitarbeitern in Bonn, München und Passau. Insbesondere Herr Karsten Welcher (Bonn) hat mit Geduld und Kompetenz meine vielen Sonderwünsche gewissenhaft erfüllt; Herr Richard Schaffner (Passau) hat den Weg zur Nutzung des Bachmaier-Nachlasses geebnet. Vor allem aber danke ich Frau Dr. Cidlinsky, der Enkelin Friedrich Bachmaiers, ohne deren Hilfe – in Wort, E-Mail-Verkehr und Überlassung wesentlicher Teile des Bachmaier-Nachlasses – die hier vorgelegte Arbeit nicht möglich gewesen wäre.

Deutscher Meister über 5000 m. Krümmel arbeitete als Heeressportlehrer bei der Reichswehr in Wünsdorf und steht für die enge Verbindung von sportlicher und militärischer Ausbildung. Er war ein engagierter Vertreter von sportwissenschaftlicher Forschung als Grundlage und Voraussetzung für die sportliche Leistung. Frühe Mitgliedschaft in NSDAP und SA. Sinn und Ziel der Leibesübungen sei es jetzt, schrieb er 1930, dem „neuen Gedanken der Körperziehung, wie (er) aus den staatlichen, wirtschaftlichen und seelischen Zuständen der Nachkriegszeit emporgewachsen" sei, zu dienen. Es gehe nun um die Verwirklichung einer „großen Idee", um „handwerkliches Können" und um die „Kunst der Organisation" – das war sein politisches und sportliches Credo, das er mit der Autorität seines Amtes als Ministerialdirektor im Reichserziehungsministerium und der Durchsetzungskraft seiner Persönlichkeit in politisches Handeln umgesetzt hat.
Quellen: Krümmel (1930), Vorwort; Ueberhorst (1976); Amrhein (2005), S. 656.

Lindner, Erich (1908 – 1973). Lindner war nach Lehrerexamen (Mathematik, Physik und Sport: 1933) und Referendariat (1935) seit 1935 Assistent, später Oberassistent und kommissarischer Leiter des HIfL der Universität Bonn sowie in dieser Funktion enger Mitarbeiter von Fritz Bachmaier. 1937 wurde er nach Kiel, 1939 nach Marburg versetzt, war dort (bis 1950) kommissarisch, danach (bis zu seinem Tod 1973) Direktor des IfL. Nach Promotion (1939) und Habilitation (1944) trat er in den 1950er Jahren mit einer Reihe von Forschungsarbeiten, u.a. zu den Bewegungsabläufen von Leichtathleten der Spitzenklasse (Sprung und Wurf) öffentlich in Erscheinung und kümmerte sich engagiert um die Etablierung der Sportlehrerausbildung als eine in Forschung und Lehre gleichberechtigte Universitätsdisziplin.
Quellen: Henze (1968) 10, S. 346, Bernsdorff (1973) 10, S. 368–369, Joch (2020), S. 99 – 130.

Martin, Konrad Louis Rudolf (1864 – 1925), Prof. Dr., war ein schweizdeutscher Anthropologe und international anerkannter Fachmann auf dem Gebiet der Physischen Anthropologie. Er hatte zunächst Jura und dann Philosophie studiert – Doktorarbeit in Freiburg über Kant – und fand mit der von ihm entwickelten Technik der Schädelmessung (und des menschlichen Körpers als Ganzes) internationale Anerkennung. Sein Lehrbuch der Anthropologie (1. Auflage 1914) ist (unter Martin & Saller) vierbändig 1963 in 3. Auflage erschienen.
Quellen: Steinke: Rudolf Martin (Anthropologe), in: Historisches Lexikon der Schweiz.

Ziegelmayer (1987). 100 Jahre Anthropologie in München, in: Würzburger medizinhistorische Mitteilungen.

Mollison, Theodor (1874 – 1952), Prof. Dr., Anthropologe, Gutachter und – nach dem Tod von Martin – Betreuer der Dr.-Arbeit Bachmaiers. Mollison hatte in Freiburg Medizin studiert, war danach Armenarzt in Frankfurt und arbeitete anschließend am Zoologischen Institut in Würzburg. 1910 habilitierte er sich an der Philosophischen Fakultät der Universität Zürich mit einer viel beachteten Arbeit über die „Körperproportionen der Primaten" und wirkte anschließend am Zoologisch-Anthropologisch-Ethnologischen Museum des Zwingers in Dresden. 1916 erreichte er ein Extraordinariat in Heidelberg und wurde anschließend Ordinarius für Anthropologie und Völkerkunde in Breslau, 1926 Nachfolger seines akademischen Lehrers Rudolf Martin an der Ludwig-Maximilians-Universität München. Später wurde er – unter den Vorzeichen der nationalsozialistischen Rassenlehre – einer ihrer prominenten Anhänger und NSDAP-Mitglied seit 1937. 1944 wurde er von Hitler mit der Goethe-Medaille für Kunst und Wissenschaft geehrt. Nach der Emeritierung (1939) leitete er das Münchner Institut noch bis 1944.
Quelle: Klee (2003), S. 414–415

Möckelmann, Hans (1903 – 1968), studierte nach dem Abitur (1922) zunächst Jura und Nationalökonomie, nach 1923 dann Deutsch, Geschichte, Psychologie und Philosophie. 1924 bereitete er zusammen mit der Akademischen Turnverbindung (ATV), der er sein Leben lang verbunden blieb, das 1. Deutsch-Akademische Olympia vor. Seit 1923 war er studentischer Vertreter im Deutschen Hochschulamt für Leibesübungen (DeHofL). In enger Verbindung mit dem Marburger Psychologen Jaensch und dem 1. Direktor des IfL/später HIfL der Universität Marburg, Peter Jaeck, dessen Nachfolger er (1937) wurde, hatte er nach Promotion und Habilitation wissenschaftlich und politisch eine herausragende Position inne. Nach dem Krieg kam er nicht mehr in den Universitätsdienst zurück, machte aber im Hamburger Schulwesen Karriere und verstarb – früh – 1968 in Hamburg.
Quelle: Priebe (2022).

Münter, Ernst (1899 – 1988). Nach Lehrerstudium, Assistenz an der Landesturnanstalt in Berlin-Spandau, dem IfL Göttingen und IfL Berlin sowie Studium von Mathematik und Physik mit Promotion in Physik (1931), war er Direktor des HIfL in Kiel (1932), Königsberg (1937) und – nach 8-jähriger Kriegsgefangenschaft in Russland – von 1956 bis 1964 in Frank-

furt/M. sowie Vorsitzender des Ausschusses Deutscher Leibeserzieher (ADL) (1960).
Quelle: Joch (2019).

Neuendorff, Edmund (1875 – 1961) hat nach Abitur (1894), Staatsexamen und Promotion (1897) an der Zentralturnanstalt in Berlin die Turnlehrerprüfung absolviert, war als Turnlehrer tätig und wurde später Direktor einer Oberrealschule. Von 1925 bis 1932 leitete er die Preußische Hochschule für Leibesübungen in Berlin-Spandau. Neuendorff war Zeit seines Lebens eng mit dem Turnen verbunden und kurzzeitig Vorsitzender der Deutschen Turnerschaft (DT). Nach Zerwürfnis mit dem Reichssportführer von Tschammer und Osten (1934) wurde er in den vorzeitigen Ruhestand versetzt, leitete danach mit Diem und Hirn abwechselnd zwei Jahre lang das HIfL Berlin, studierte mit Kriegsbeginn Theologie und wurde – fast siebzigjährig – noch zum Pfarrer ordiniert. N. hinterlässt ein umfangreiches literarisches Werk, an dessen Spitze die vierbändige „Geschichte der Leibesübungen" steht.
Quellen: Ueberhorst (1970); Dieckert (1968).

Schneider, Georg (1889 – 1961): Nach dem Schulbesuch arbeitete Schneider als Turn- und Sportlehrer. Während des Ersten Weltkriegs wurde er 1915 zum Leutnant befördert. Nach dem Krieg war er als Turn- und Sportlehrer in Speyer, Traunstein und Nürnberg tätig. In den frühen 1920er Jahren engagierte er sich in Kreisen der extremen politischen Rechten. 1922 trat er in die NSDAP ein, 1923 folgte sein Eintritt in die SA, die er bis 1933 im Bezirk Traunstein anführte. 1923 nahm er am Hitlerputsch in München teil. 1933 wurde er Leiter des gemeinsamen akademischen Instituts für Leibesübungen der Universität München und der Technischen Hochschule München. 1936 wurde er dessen Direktor und Beauftragter des Reichssportführers in Bayern. In der SA erreichte er seinen höchsten Rang als SA-Brigadeführer z.V. beim Stab der SA-Gruppe Hochland.
Quelle: Krombholz (1982), S. 425/426, 428.

Thörner, Walter (1896 – 1969): Dr. med., habil. 1918 in Bonn; a. o. Prof. für Sportmedizin 1922 in Bonn; Fortsetzung der Tradition von F.A. Schmidt; eigene Forschungsarbeiten u.a. zur Wärmeregulierung; 1928 Untersuchungen über die Olympiakämpfer (Amsterdam); 1953 Buchveröffentlichung „Biologische Grundlagen der Leibeserziehung", 3. Auflage 1966. Langjähriger Leiter der Abteilung Sportmedizin am HIfL der Universität Bonn; 1941 Direktor des HIfl Bonn, dann wieder von 1946 – 1951;

Extraordinariat[170]; von 1944 – 1945 Direktor des HIfL Göttingen. Vielseitige Sportausübung als Freiballonführer, Segelflieger, Fechter, Bergsteiger und Schwimmer; Diplom als Skilehrer; Sportplakette des Landes NRW 1962; langjähriger Vorsitzender des Ski-Club Bonn, ein Ehrenamt, das er auch nach 1945 fortgesetzt hat.

Quellen: Klaus (1970), in: Sportarzt und Sportmedizin XXI, 2, S. 47–48; außerdem: Dt. *Hochschulärzte: Personalbibliographie: Phys. Med. Rehab.: Heidelberg XXI (1960),13, 63.*

Vogt, Martin (1874 – 1942), Dr., Leitung der Landesturnanstalt München (in der Nachfolge von Dr. Henrich) von 1926 – 1937; danach (mit der Auflösung der Landesturnanstalt und der Integration deren Personal ins HIfL der Universität München, bis zu seinem Tod (1942) dessen Direktor. Ursprünglich Gymnasiallehrer am Theresiengymnasium in München. Veröffentlichungen u.a.: Zur Jugendpflege und Körpererziehung an den Bayerischen Gymnasien, und: Jugendspiele an den Mittelstufen; außerdem: Deutsche Leibeserziehung im Mittelalter, in: Sport und Staat, im Auftrag des Reichssportführers unter Mitwirkung von Alfred Baeumler hgg. von A. Breitmeyer & P.G. Hoffmann. Erster Band, 1934, S. 75–89. 1912 wurde Vogt Vorsitzender des von TU und Universität München gemeinsam gegründeten „Akademische(n) Ausschuss(es) für Leibesübungen"; Akademischer Turn- und Spielleiter – und in dieser Funktion mit 10–12 Wochenstunden vom Schuldienst befreit und durch eine Assistentenstelle entlastet. Enge Zusammenarbeit mit Ministerialrat Siegfried von Jan (Kultusministerium). Engagierter Vorkämpfer für das Frauenturnen; Schulinspektion mit der Zuständigkeit für die Leibesübungen an allen höheren Schulen, Volks-, Berufs- und Fachschulen Bayerns; seit 1926 Studienprofessor.

Quellen: Krombholz (1982), u.a. S. 160/161 und 400–415; außerdem: Hacker (1942). Dr. Martin Vogt zum Gedächtnis, in: Leibesübungen und körperliche Erziehung 61, 1/4, S. 4–5.

2 Archive

Archiv der Universität Bonn: (AB) PA 233; PA 6459; PA 4142; PA 374; PA 104.
Archiv der Universität München: (AM) PA-allg-884; P II 16.
Archiv der Universität Münster: (AMs) Bestand 4, Nr. 245, 246; 626, 643,

---

[170] Thörner spricht in einem Brief an den Rektor (2.3.1949) davon, dass er aufgrund der aktuellen Zustände nicht wisse, was aus seinem „Extraordinariat" werde.

658. Bestand 9, Nr. 1156.
Bundesarchiv Berlin: (BB) B 563/72898 (Bundesarchivsignatur); bezieht sich vor allem auf die Militärzeit/Gefangenschaft (Tittlingen) und Internierung (Moosburg).
Militärarchiv Freiburg: (MF) RW 59; 2207, 2187, 1283.
Stadtarchiv Passau: (SP) Bestand F. Bachmaier: u.a. PNP 2001.

3 Weitere Quellen, Dokumentationen und Nachschlagewerke

Amrhein, K. (2005). Biographisches Handbuch zur Geschichte der Deutschen Leichtathletik 1898–2005. 2 Bände. Babenhausen: Media World 2000 (Ala).
Fotos aus Privatbesitz der Familie Bachmaier/Cidlinsky: FB/C
Klee, E. (2011). Das Personenlexikon zum Dritten Reich. Wer war was vor und nach 1945. Koblenz: Edition Kramer (NS-K)
Möckelmann, H. (1923–1970). Bibliographie, in: Priebe (2022), S. 62–64. (MB).
Nachlass Bachmaier (1980/85): NB-80/85, S. 1–135.
Recla, J. (1956). Wissenschaftliche Arbeiten über Leibeserziehung, 3. Teil. Graz. (RG).
Seemen, G. von (Bearb.)(o.J./1976). Die Ritterkreuzträger ... sämtlicher Wehrmachtsteile. Friedberg: Podzum-Pellas-Verlag. (RI).
Weidig, U.: Bibliographie der Dissertationen aus Körperkultur, Körpererziehung, Sport und verwandten Gebieten. Als Manuskript gedruckt. Leipzig 1960. (W60).
Zauhar, Herbert (2016). Beiträge zur Tittlinger Zeitgeschichte, in: Toni Schubert (Hg.). Eginger Jahrbuch 2016. (ZT).

4 Literatur

Bach, F. (1925). Körperproportionen und Leibesübungen. Körperbaustudien an 3457 Teilnehmern am Deutschen Turnfest in München 1923. Anthropologischer Anzeiger 2, 3, S. 167–176. Als Diss.-Druck: Zeitschrift für Konstitutionslehre, II. Abt., Bd. 12, S. 437 ff.
Bach, F. (1955). Ergebnisse von Massenuntersuchungen über die sportliche Leistungsfähigkeit und das Wachstum Jugendlicher in Bayern. Frankfurt: Limpert.
Bachmaier, F. (1928). Kopfform und geistige Leistung. Eine Betrachtung an Münchner Volksschülern. Zeitschrift für Morphologie und Anthropologie 27, 1, S. 1–68 (zgl. Diss. München, Tag der mündl. Prüfung 21.12.1927).
Bachmaier, F. & Wirz, F. (1933). Schi-Gymnastik. Eine Anleitung zu Zweckfreiübungen des Schiläufers. München: Lindauer'sche Universitätsbuchhandlung.
Bennemann (1933). Bachmaier-Wirz: Ski-Gymnastik. Leibesübungen und körperliche Erziehung 52, 3, S. 72.
Bäumler, G. (2006). Carl Krümmel: Maß und Zahl in der Körpererziehung (1927). Klassiker und Wegbereiter der Sportwissenschaft, hg. von J. Court & E. Meinberg, S. 155–166. Stuttgart: Kohlhammer.
Bäumler, G. (2020). Der Weg zur Errichtung der Sportwissenschaft an der Technischen Universität München 1954–1973. Ein Bericht. Jahrbuch 2019 der Deutschen Gesellschaft für Geschichte der Sportwissenschaft e.V., hg. von J. Court, A. Müller, S. 117–162. Münster: Lit.

Bernett, H. (1966). Nationalsozialistische Leibeserziehung. Eine Dokumentation ihrer Theorie und Organisation. Schorndorf: Hofmann.

Bernett, H., Bahro, B. & Teichler H. J. (1986). Sport und Schulsport in der NS-Diktatur. Schulsport und Sportlehrerausbildung, S. 157–169. Schorndorf: Hofmann.

Bernsdorff, W. (1973). In memoriam Erich Lindner (1908–1973). Die Leibeserziehung 22, 10, S. 368–369.

Bosch, K. (2008). Die Bedeutung und Funktion der Führerschule Neustrelitz im System der nationalsozialistischen Leibeserziehung. Phil. Diss. Duisburg-Essen. Tag der mdl. Prüfung 27.2.2008. Duisburg-Essen: Hochschulschriften.

Buss, W. (2009). 80 Jahre vollakademische Sportlehrerausbildung. Die Etablierung des Studienfaches „Leibesübungen und körperliche Erziehung" an den preußischen Universitäten im Jahre 1929 – die Vorgeschichte und die weitere Entwicklung bis in die Nachkriegszeit. Sportwissenschaft 39, S. 283–297.

Buss, W. (2012). NS-Karrieren – Das ‚Netzwerk Krümmel'. Sportler im ‚Jahrhundert der Lager'. Profiteure, Widerständler und Opfer, hg. von D. Blecking und L. Peifer, S. 52–70. Göttingen: Die Werkstatt.

Buss, W. (2018). Die westdeutsche Sportwissenschaft in der Nachkriegszeit 1945–1970. Jahrbuch 2017 der Deutschen Gesellschaft für Geschichte der Sportwissenschaft e.V., hg. von J. Court, A.Müller, S. 77–130. Münster: Lit.

Court, J. (2019). Deutsche Sportwissenschaft in der Weimarer Republik und im Nationalsozialismus. Bd. 3. Münster: Lit.

Court, J. & Meinberg, E. (Hg.) (2006). Klassiker und Wegbereiter der Sportwissenschaft. Stuttgart: Kohlhammer.

Die Vorstandschaft des LV Bayern (1972). Abschied von Dr. Bach. Die Leibeserziehung 21, 10, S. 363.

Dieckert, J. (1968). Edmund Neuendorff und die Turnerjugendbewegung. Ein Beitrag zur Erziehungsgeschichte der außerschulischen Jugenderziehung während der Weimarer Zeit. Phil. Diss. Saarbrücken 1968.

Fischer, T. & Ziegenspeck, J. W. (2000). Handbuch Erlebnispädagogik. Von den Ursprüngen bis zur Gegenwart. Bad Heilbrunn: Klinkhardt. Giesler, W. & Bach, F. (1927). Die Münchner Schulkinderuntersuchungen in den Jahren 1925/26. Anthropologischer Anzeiger 4, 2, S. 120–131.

Hesse, A. (1995). Die Professoren und Dozenten der preußischen Pädagogischen Akademien (1926–1933) und Hochschulen für Lehrerbildung (1933–1941). Weinheim: Deutscher Studienverlag.

Jansen, R. (1995). Zur Geschichte des Allgemeinen Hochschulsports an der Universität Bonn. Sport als Bildungschance und Lebensform. Festschrift für Hans Denk zum 65. Geburtstag, hg von H.J. Schaller und D. Pache, S. 203–215. Schorndorf: Hofmann.

Joch, W. (1973). Sportwissenschaft. Zum Problem ihrer Grundwissenschaften. Sportunterricht 22, 10, S. 366–368.

Joch, W. (1999). Biographische Anmerkungen zur Sportlehrerausbildung in der NS- Zeit am Beispiel von A. Hesse: Die Professoren und Dozenten ... (1995). Sozial- und Zeitgeschichte des Sports 13, 1, S. 86–94.

Joch, W. (2019). Zur Entwicklung der Institute für Leibesübungen nach 1945, aufgezeigt am Beispiel der Universität Frankfurt unter dem Direktorat von Dr. Ernst Münter – Desiderata zur Vorgeschichte der Sportwissenschaft. Jahrbuch 2018 der Deutschen

Gesellschaft für Geschichte der Sportwissenschaft e.V., hg. von J. Court, A. Müller, S. 99–130. Münster: Lit.
Joch, W. (2020). Das Institut für Leibesübungen (IfL) der Philipps-Universität Marburg unter der Leitung von Dr. habil. Erich Lindner – zugleich ein Beitrag zur Vorgeschichte der Sportwissenschaft. Jahrbuch 2019 der Deutschen Gesellschaft für Geschichte der Sportwissenschaft e.V., hg. von J. Court, A. Müller, S. 65–116. Münster: Lit.
Klaus, E. J. (1970). In Memoriam Prof. Dr. med. Walter Thörner +10.9.1969, in: Sportarzt und Sportmedizin XXI, 2, S. 47-48.
Klinge, E. (1940³). Zum Neubau der Leibeserziehung. Langensalza: Beltz. Freund, R. (1957). Erich Klinge. In Memoriam. Die Leibeserziehung 6, 8, S. 225–226; Hesse (1995), S. 429–430; Bernett (1966), S. 63.
Krombholz, G. (1982). Die Entwicklung des Schulsports und der Sportlehrerausbildung in Bayern von den Anfängen bis zum Ende des Zweiten Weltkriegs. München: Uni-Druck (zgl. Diss. München 1981 – Tag der mdl. Prüfung: 12.7.1981).
Krüger, M. (2012). Leibesübungen, Sport und Sportwissenschaft an der Universität Münster von den Anfängen bis in die 1960er Jahre, Bd. 2, S. 903–926, hg. von H. U. Thamer, D. Droste & S. Happ: Die Universität Münster im Nationalsozialismus – Kontinuität und Brüche Zwischen 1920 und 1960. Münster: Aschendorff.
Krüger, M. (2020³). Einführung in die Geschichte der Leibeserziehung und des Sports, Teil 3. Schorndorf: Hofmann.
Krümmel, C. (1922). Arbeitsfähigkeit und Körpererziehung. Ein Beitrag zum qualitativen Bevölkerungsproblem, zugleich ein Versuch über die Mitarbeit biologischer Disziplinen an der Sozialwissenschaft. Diss. München, Tag der mdl. Prüfung: 15.7.1922.
Krümmel, C. (o.J./1927). Maß und Zahl in der Körpererziehung. Die deutschen Leibesübungen, hg. von Edmund Neuendorff, S. 215–229. Essen: Verlagsbuchhandlung Ernst Schumann.
Krümmel, C. (Hg.) (1930). Athletik. Ein Handbuch der lebenswichtigen Leibesübungen. München: J. F. Lehmanns Verlag.
Krümmel, C. & Jaeck, P. (1937). Die Sporthochschulen der Welt. Kongress für körperliche Erziehung und das Internationale Sportstudentenlager. Olympia 1936. Berlin: Weidmannsche Verlagsbuchhandlung.
Kumme, G. (1939). Von unseren Lehrgängen. Leibesübungen und körperliche Erziehung 58, 4, S. 92–95.
Langenfeld, H. & Prange, K. (2002). Münster. Die Stadt und ihr Sport. Münster: Aschendorff.
Liebermann, D. E (2018). Unser Körper. Geschichte, Gegenwart, Zukunft. Frankfurt: S. Fischer.
Lück, H. E. (2006). Hanns Sippel: Körper – Geist – Seele (1926). Klassiker und Wegbereite der Sportwissenschaft, hg. von J. Court & E. Meinberg, S. 143–147. Stuttgart: Kohlhammer.
Martin, R. (1924). Die Körperentwicklung Münchner Volksschulkinder in den Jahren 1921,1922 und 1923. Anthropologischer Anzeiger 1, 2, S. 76–95.
Münter, E. (1942). Rudolf Klein zum Gedenken. Leibesübungen und körperliche Erziehung 61, 5/6, S. 34–35.
Neuendorff, E. (1930–1932). Geschichte der deutschen Leibesübungen vom Beginn des 18. Jahrhunderts bis zur Gegenwart. 4 Bände. Dresden: Limpert.

Pflanz, H. & Bublies, S. (2014). Das Internierungslager Moosburg. Landsberg: Eigenverlag.

Rühl, J. K. (1971). Das Studium der Leibeserziehung. 8. Folge, S. 58–59, Saarbrücken: Uni-Druck.

Priebe, A. (2022). Prof. Dr. Hans Möckelmann – Direktor des Hochschulinstituts für Leibesübungen der Philipps-Universität Marburg (1937–1945). Jahrbuch 2021 der Deutschen Gesellschaft für Geschichte der Sportwissenschaft e.V., hg. von J. Court, A. Müller, S. 39–62. Münster: Lit.

Priebe, A. unter Mitarbeit von J. Hartrumpf (2022 b). Bibliographie zur Geschichte der Institute für Leibesübungen und Sportwissenschaft in Deutschland von 1924–1974. Hamburg: Feldhaus.

Sippel, H. (1927). Leibesübungen und geistige Leistung. Beiträg zu Turn- und Sportwissenschaft. Heft 5. Berlin:

Spranger, E. (1929). Die Persönlichkeit des Turnlehrers. Jahrbuch der Leibesübungen für Volks- und Jugendspiele. Im Auftrag des Deutschen Reichsausschusses für Leibesübungen, hg. von Carl Diem, S. 8–15. Berlin: Weidmannsche Verlagsbuchhandlung.

Thörner, W. (1953). Biologische Grundlagen der Leibeserziehung. Anatomie, Physiologie und Bewegungslehre, vorwiegend für Sportler und Erzieher. Bonn: Dümmler.

Ueberhorst, H. (1970). Edmund Neuendorff. Turnführer ins Dritte Reich. Berlin: Bartel & Wernitz.

Ueberhorst, H. (1976). Carl Krümmel und die nationalsozialistische Leibeserziehung. Berlin: Bartels & Wernitz.

Willimczik, K. (2018). Die westdeutsche Sportwissenschaft in der Nachkriegszeit 1945–1970 – eine alternative Deutung zum Beitrag von Wolfgang Buss. Jahrbuch 2017 der Deutschen Gesellschaft für Geschichte der Sportwissenschaft e.V., hg. von J. Court, A. Müller, S.131–141. Münster: Lit.

Das Institut für Leibesübungen und die kommunale Sportentwicklung in der Universitätsstadt Marburg

Alexander Priebe/Miriam Grabarits

1 Einleitung

Eine „Sportstadt" hat großzügige Sportanlagen, eine vielseitige Vereinslandschaft, bedeutende, auch überregionale Sportereignisse, erfolgreiche Athlet/innen und Mannschaften und eine sportbegeisterte Bevölkerung.[1] Das ist heute wie auch in den 1920er Jahren der Fall, als der moderne Sport große Begeisterung fand und die Städte nach und nach Sportplätze bauten. Befördert wurde dies durch die Diskussion um das Spielplatzgesetz in der Nationalversammlung, die der Deutsche Reichsausschuss für Leibesübungen und Carl Diem 1919 angeregt hatten (vgl. Wassong 2006, 242–257; Becker 2011, 22–24). Häufig wurden die Stadien im Rahmen Deutscher Kampfspiele, Akademischer Olympischer Spiele oder Arbeiterolympiaden, mit Turn- und Sportfesten sowie regionalen oder nationalen Meisterschaften feierlich eingeweiht. Bis heute sind sie vielerorts zentrale städtische Sportanlagen geblieben. Diese Verbindung des *Baus* von Sportstätten und der *Ausrichtung* von Sportereignissen konnte im Zusammenspiel mit den sich etablierenden Institutionen eine kommunale Sportentwicklung initiieren, die in den einzelnen Städten – so vielgestaltig Turnen und Sport in den Jahren der Weimarer Republik organisiert waren – durchaus unterschiedliche Ausprägungen fanden. Im Folgenden soll diese Entwicklung in der Universitätsstadt Marburg genauer in den Blick genommen und dies nach einer kurzen Vorgeschichte anhand der Errichtung von Sportstätten, der Gründung der Turn- und Sportvereine und der Ausrichtung besonderer Sportveranstaltungen genauer dargestellt werden.

---

[1] Zur Kennzeichnung von „Sportstädten" in den 1920er Jahren und auch in der Gegenwart siehe ausführlich: Grabarits 2013, 18-30.

2 Zur Erweiterung der Marburger Sportstätten

Eine Aufgabe des 1924 gegründeten Instituts für Leibesübungen (IfL) der Philipps-Universität Marburg war, die bestehenden Einrichtungen zusammenzuführen: die Turnhalle im ehemaligen Reitstall (1731), das Universitätsfechthaus am Roten Graben, die Tennisplätze in der Lahnaue, den verwaisten Reitstall in der Haspelstraße und das erst im Vorjahr eingeweihte Universitätsstadion (1923).[2] Unter den Universitäten Preußens hatte sich Marburg mit seinen Einrichtungen zum Turnen und Sport vor dem Ersten Weltkrieg nicht besonders hervorgetan, obwohl sich die Hochschulleitung durchaus um die Förderung der Leibesübungen bemühte, wenn auch immer unter dem Vorsatz, dass Training und Wettkampftätigkeiten der Studierenden nicht überhand nehmen und vom ernsthaften Studieren abhalten würden (vgl. Grabarits 2013, 50–51). Mit dem Ende des Ersten Weltkrieges sollte sich hier ein deutlicher Wandel einstellen – nicht zuletzt auch aus politisch motiviertem Interesse von offizieller Seite wie Universitätsrektorat und Ministerium, da den Leibesübungen eine wichtige (Ersatz-)Funktion für die durch die Bestimmungen des Versailler Vertrags weggefallene allgemeine Wehrpflicht beigemessen wurde. Vor allem die Jahre 1922 bis 1930 waren von einer beständigen Erweiterung der Anlagen geprägt, die sich über das Stadtgebiet verteilten und in manchen Fällen auch von den Turn- und Sportvereinen der Stadt genutzt wurden.

Gerade die Anlage des Universitätsstadions ist hier herauszustellen, da es ein prägnantes Beispiel für die Zusammenarbeit von Stadt und Universität darstellt – und das in wirtschaftlich schweren Zeiten. Der Plan zum Bau dieses Platzes war schon vor dem Ersten Weltkrieg gefasst worden, kam durch das Kriegsgeschehen jedoch nicht mehr zur Ausführung. Nach Kriegsende beteiligte sich die Studierendenschaft an der Umsetzung dieses Vorhabens, beispielsweise durch die Organisation von Geldsammlungen, Spenden eigener Geldbeträge oder auch Mitarbeit bei

---

[2] Bau und Unterhaltung des Universitätsstadions wurden von der Universität (5/7) und der Stadt (2/7) gemeinsam getragen. Daher war die Nutzung entsprechend geregelt: die Universität spielte unter der Woche, die Vereine am Wochenende (vgl. Meß 1979, 9-10). Siehe hierzu die Jubiläumsausstellung „100 Jahre Universitätsstadion der Philipps-Universität Marburg", die am 24.05.2023 anlässlich des Sport-Dies im Universitätsstadion eröffnet wurde (https://www.uni-marburg.de/de/zfh/hochschulsport/100-jahre-universitaetsstadion).

den notwendigen Erdbewegungen und der Heranschaffung von Material. Bedenkt man dabei die schwierige Lage der Studierenden, die vielfach auf studentische Fürsorgeeinrichtungen und Gelegenheitsarbeiten zur Studienfinanzierung angewiesen waren, wird die gesteigerte Bedeutung der Leibesübungen deutlich, kostete deren Pflege doch zusätzlich Geld, Zeit und Energie. Zur Einweihungsfeier des Stadions am 13. Mai 1923 luden schließlich Universitätsrektor sowie Oberbürgermeister zusammen per Zeitungsanzeige ein.

Abb. 1: *Der Rektor der Universität und der Oberbürgermeister laden gemeinsam zur Einweihung des „Stadions zu Marburg" ein (Quelle: IfL-Archiv)*

Weiterhin wurde ein stattliches Bootshaus am Wehrdaer Weg errichtet (1926), inklusive eines Schuppens für die zahlreichen Faltboote, und dem akademischen Reitsport wurde mit dem großen Reitstall am Ortenberg (1926) eine beträchtliche Entwicklungsperspektive geboten. Die Erweiterung des Institutsgebäudes in der Barfüßerstraße war jedoch noch wichtiger für das Marburger IfL, denn obwohl dessen Turnhalle schon in den

Vorjahren genutzt wurde, standen nun weitere Gymnastiksäle und Funktionsräume vollständig zur Verfügung. Möglich wurde dies erst im 400. Jubiläumsjahr der Universität 1927, als der „Jubiläumsbau" in der Biegenstraße auch die umfangreiche Gipsguss-Sammlung, die seit einigen Jahrzehnten im rechten Gebäudeflügel des Reitstalls aufgestellt war (vgl. Sybel 1903), aufnahm und in der Folge Räume für Seminare, Büros, die Bibliothek und auch den Sportarzt eingerichtet werden konnten. Im Keller fand man sogar Platz für ein Winterruderbecken (vgl. Jaeck 1927, 6).[3] Da gerade das Rudern unter den Studierenden große Begeisterung fand, wurde schon 1928 ein weiteres Bootshaus bei Herzhausen am Edersee errichtet und dieses 1937 durch das rund zwei Kilometer östlich gelegene Bootshaus auf der Hohen Fahrt bei Asel ergänzt. 1928 begann die Nutzung der Segelflugplätze am Hasenkopf, später auch am Goldberg bei Cölbe und ab 1936, als der Windenstart eingeführt wurde, auf dem großen Flugplatz der Afföllerwiesen, all dies in enger Kooperation mit dem Kurhessischen Verein für Luftfahrt (vgl. Priebe 2018). Das Zusammenwirken mit der Stadt wird vor allem in dem großen Bauvorhaben des städtischen Hallenbades (1930) anschaulich, dessen Gremien Peter Jaeck als Sachverständiger vorstand und das in der Folge die ganzjährige Schwimmausbildung auch für das IfL möglich machte (vgl. Hussong 2006, 52–53). Damit hatten sich die Sportstätten der Universität in den 1920er Jahren beträchtlich erweitert und waren über das gesamte Stadtgebiet verteilt.

3   Zur Kooperation mit den Turn- und Sportvereinen

Der vielfachen gemeinsamen Nutzung der Sportstätten durch Universität und Stadtbevölkerung entsprach eine gleichermaßen enge Kooperation der Turn- und Sportvereine mit den Studierenden und dem sich an der Universität etablierenden Akademischen Ausschuß für Leibesübungen. Schon 1888 hatten die Akademischen Turner im Turnverein Marburg 1860 Anschluss gefunden (vgl. Verein für Leibesübungen 1960, 24; Altherrenverband 1988, 17–26) und nutzten den Turnergarten des Turnvereins in der Lutherstraße als ihren Versammlungsort, bis sie 1913 das eigene ATV-Haus am Kaffweg errichteten. Die Fußballer unter den Studierenden

---

[3] Unter den baulichen Neuerungen, die mit dem Universitätsjubiläum verbunden waren, findet jedoch der Umbau des Instituts für Leibesübungen eine geringere Beachtung (vgl. etwa Kaiser 2006).

kamen zum Verein für Bewegungsspiele 1905 (VfB) und dort auch zu einigen beachtlichen Erfolgen. 1911 wurden sie sogar deutscher Hochschulmeister (vgl. Schacht 2022; Finis 1925). In den 1930er Jahren koordinierte Adolf Engelter, der zugleich Büroleiter im IfL war, die Zusammenarbeit mit den Vereinen. Nachdem für die Studenten durch die Hochschulsportordnung (1934) Fußball zum verpflichtenden „Kampfspiel" wurde, lud er den Nationalspieler Ludwig Leinberger von der Spielvereinigung Fürth jedes Jahr zu einem Lehrgang ein, an dem auch Marburger Vereinsspieler teilnahmen (Fischer 1983, 28).

Ob in der akademischen Abteilung des Marburger Tennis-Clubs oder Marburger Rudervereins, die Vereine nahmen die Studierenden in ihren Reihen auf und boten damit ein Betätigungsfeld, das die Universität erst nach und nach zu ihrer eigenen Verantwortung machte. Diese gewachsene Verbindung von Universität und Vereinen sollte auch über persönliches Engagement bestehen bleiben: Peter Jaeck wirkte im Vorstand des Marburger Rudervereins mit (vgl. 25 Jahre Marburger Ruderverein, 13) und wurde 1926 Gründungsmitglied der DLRG (vgl. Meß 1979, 12), die einen Uferplatz nahe des Universitätsstadions erhielt und im Folgenden wesentlich an Konzeption und Durchführung der akademischen Schwimmausbildung mitwirkte.[4] Auch im Kurhessischen Verein für Luftfahrt wurde Peter Jaeck, der selbst 1931 Segelflieger wurde, für sein verdienstvolles Engagement geehrt (vgl. Priebe 2018, 574).

So augenscheinlich die Verflechtungen des IfL mit den Turn- und Sportvereinen in Marburg waren, ist diese Zusammenarbeit durch das zunehmend eigene Angebot im Hochschulsport zugleich beeinträchtigt worden: Der akademische Sport hatte durchaus eigene Vorstellungen zur Entwicklung des Sports in modernen Gesellschaften, sodass eine Balance zwischen Abgrenzung zu und Vermittlung mit der bürgerlichen Sportbewegung gefordert war. Die Idee, dass der akademische Sport in den Verbänden und Vereinen des bürgerlichen Sports aufgehen sollte, ist in der Diskussion um die Neugestaltung des Hochschulsports nach 1945 wieder aufgegriffen worden (vgl. Pirscher 1986, 11). Nicht nur die Organisationsstruktur des Hochschulsports wurde hinterfragt, sondern auch die Akademischen Sport Clubs (ASC) sollten – der Idee der Einheitssportbewegung

---

[4] Peter Jaeck übernahm zudem, wie auch sein Nachfolger Hans Möckelmann, die DLRG-Verbandsleitung im Gau Oberlahn-Eder (vgl. Meß 1979, 12).

folgend – in der allgemeinen Vereinsbewegung aufgehen. Im Landessportbund Hessen wurde dieser Grundsatz konsequent umgesetzt: Der USC Marburg fand in den 1950er Jahren jedenfalls keine Aufnahme und auch der 1922 gegründete *Akademische* Sport Club (ASC) Darmstadt musste sich 1952 in *Allgemeiner* Sport Club umbenennen (zum USC Marburg vgl. Schaub 1977, 138–140).

4 Stadtstaffellauf, Deutsch-Akademisches Olympia und Turnerjugendtreffen – Versuche der Integration *aller* Leibesübung treibenden Einrichtungen der Stadt

Eine gute Vorstellung für das Bestreben, *alle* Leibesübungen treibenden Einrichtungen der Stadt zusammenzuführen, gibt der Stadtstaffellauf.[5] Er wurde 1919 – zunächst mit noch geringer Resonanz – ins Leben gerufen, ab 1925 übernahm Peter Jaeck die Leitung (vgl. Meß 1979, 5–12). Auch aufgrund ungleicher Erfolgschancen war es zunächst nicht gelungen, die Studierenden mitstarten zu lassen, sodass von 1926 bis 1930 zwei Läufe an verschiedenen Terminen stattfanden. Lediglich der Akademischen Turnverbindung (ATV) war eine Teilnahme an den Vereinswettkämpfen gestattet, da sie auch Mitglied in der Deutschen Turnerschaft war. Die ATV-er konnten damit – und nicht nur im Zusammenhang mit dem Stadtstaffellauf – eine wichtige Vermittlungsaufgabe übernehmen. Jaeck gelang es schließlich 1931, den Stadtstaffellauf zu *einer* Veranstaltung zusammenzuführen, wenngleich die vielen Unterteilungen in bürgerliche Vereinsmannschaften, akademische Korporationen und Kameradschaften, in weitere „Sonderklassen", später in „ballsporttreibende" und „laufsporttreibende" Vereine eine Idee von der zeittypischen Formalisierung sportlicher Wettkämpfe gibt (vgl. Meß 1979, 38). Gerade der – von den kommunalen Stadtverbänden der Turn- und Sportvereine oder den Stadtämtern ausgerichtete – Stadtstaffellauf bot eine Möglichkeit, die divergierenden Einrichtungen zusammenzuführen und deren gemeinsame Interessen auch in den politischen Gremien und der Öffentlichkeit zu vertreten. Dass der Stadtverband dabei als Ausrichter einer *eigenen* Sportveranstaltung auftrat,

---

[5] Die Stadtstaffelläufe folgten einer von Carl Diem initiierten Idee, die mit dem Staffellauf von Potsdam nach Berlin 1908 einsetzte und in zahlreichen Städten nach dem Ersten Weltkrieg aufgegriffen wurde.

wurde seitens der Vereine überaus zurückhaltend bewertet und machte eine umsichtige Einbindung der Vereinsinteressen erforderlich.

Von noch größerer Bedeutung war die Ausrichtung des Deutsch-Akademischen Olympias 1924, das ca. 2000 Athlet/innen aus allen deutschsprachigen Universitäten zusammenführte. Gerade die kurzfristige Vorbereitung – die Ausrichtung in Marburg wurde im Herbst 1923 beschlossen und der verantwortliche akademische Turn- und Sportlehrer Dr. Peter Jaeck erst zum 01. Oktober 1923 eingestellt – machte die Kooperation aller beteiligten Einrichtungen der Universität, der Studierendenschaft und der Vereine erforderlich.[6] Dass diese Zusammenarbeit so gut und fachkundig gelungen ist, dafür ist Peter Jaeck vielfach gelobt worden. Für die Entwicklung des Hochschulsports und der akademischen Etablierung der Leibeserziehung an den preußischen Universitäten – und dann auch der anderen Länder – war dieser Erfolg von herausragender Bedeutung, da mit diesem Ereignis die Etablierung der Institute für Leibesübungen und deren spätere Aufgabe in der Ausbildung der Turnlehrer/innen verbunden waren (vgl. Priebe 2019).

Abb. 2: Wettkämpfe des Deutsch-Akademischen Olympias im Marburger Universitätsstadion 1924 (Quelle: Bildarchiv Foto Marburg, fmb8560_08)

---

[6] Siehe die ausführliche Übersicht zur Organisation in: Olympia-Ausschuss 1924, 1-11.

Mit einer etwas anders gelagerten Verantwortung, aber gleichermaßen auf das Zusammenwirken der Institutionen angewiesen, wurde das 2. Turnerjugendtreffen im August 1924 zu einer überregionalen Großveranstaltung, die die junge Turnerjugend-Bewegung unter der Leitung Edmund Neuendorffs mit über 18.000 Turnerinnen und Turnern in Marburg zusammenführte (vgl. Bauer/Hoyer 2022).

5 Die Einrichtung kommunaler Verwaltungsstrukturen

Wie in anderen Städten forderte diese Entwicklung von der kommunalen Verwaltung, eigene Strukturen aufzubauen. 1931 hatten schon 126 – von insgesamt 1182 – Städte eigene Stadt*ämter* für Leibesübungen eingerichtet, die sich die „Schaffung und Instandsetzung von Spiel- und Übungsplätzen, Beratung der Vereine beim Bau von Hallen, bei der Anlage von Übungsfeldern, Vermittlung von Darlehen bei den Regierungen, Gewährung von Unterstützungsgeldern, Vermietung städtischer Schulturnhallen an Turn- und Sportvereine, Veranstaltungen von Lehrgängen, Ausbildung von Turn- und Sportleitern" zur Aufgabe machten (Schiller 1931). Während also rund 10 % der zumeist größeren Städte kommunale Stadt*ämter* aufgebaut hatten, wurden diese Stadtämter in den überwiegenden Fällen durch Stadt*verbände* der Turn- und Sportvereine ersetzt.[7] Das Aufgabenfeld der Sportentwicklung schwebte also zwischen öffentlicher und selbstorganisierter Verantwortung, die mit der Eingliederung der Vereine und Verbände in die Fachämter des Reichsbundes für Leibesübungen unter der Reichssportführung ab 1933 letztlich in staatliche Strukturen überführt wurde.[8]

Das Charakteristische der Marburger Entwicklung war, dass Peter Jaeck das Institut für Leibesübungen „zum Mittelpunkt aller Leibesübungen treibender Vereine Marburgs machte" (Meß 1979, 10). Das IfL wurde also auch Geschäftsstelle des im September 1925 gegründeten Stadtverbandes, Peter Jaeck dessen Vorsitzender und der IfL-Büroleiter, Adolf Engelter, übernahm die Aufgaben des Schriftführers und Kassenwarts. Schon zur

---

[7] 1931 wurden 567 Stadt*verbände*, also in rund 50 % der Städte, registriert (vgl. Schiller 1931, 82-83).
[8] Erst nach 1945 wurde auf diese frühen Erfahrungen des Zusammenwirkens öffentlicher und selbstorganisierter Strukturen im Sport der 1920er Jahre in der bundesdeutschen Sportentwicklung zurückgegriffen.

Gründungsversammlung traten 18 Vereine der Stadt bei (vgl. Meß 1979, 10). Damit setzte sich auch in diesem modernen Politikfeld von Turnen und Sport die Maxime der Marburger Stadtpolitik durch, die Stadtentwicklung in enger Verbindung mit der Universität auszurichten und folgte damit einer „dezidierten Standortpolitik mit dem unverwechselbaren Profil einer naturnahen Universitätsstadt" (Hussong 2006, 47). Diese enge Verbindung von Institut für Leibesübungen und kommunaler Sportentwicklung wirkte viele Jahre nach. Unter der Leitung von Paul Meß, der selbst Assistent am IfL von 1934 bis 1945 und zudem ATVer gewesen war, wurde der Stadtstaffellauf von 1952 bis 1970 erfolgreich fortgeführt, bis diese Aufgabe unter der Ägide des jungen Sportamtsleiters Karl-Heinrich („Henner") Auffahrt ab 1970 in kommunaler Verantwortung fortgeführt wurde. Diese Verflechtung von universitärer und kommunaler Sportentwicklung ist, insbesondere im Vergleich mit anderen Groß- und Mittelstädten (vgl. Nielsen 2002), eine Besonderheit der Marburger Entwicklung, die in der auf die Universität ausgerichteten Stadtpolitik und der vermittelnden Persönlichkeit Peter Jaecks eine Begründung findet.[9]

6 Literatur

25 Jahre Marburger Ruderverein (1936). Marburg: Hessischer Verlag Karl Eucker.
Altherrenverband der Akademischen Turnverbindung Marburg (Hrsg.). (1988). Festschrift der Akademischen Turnverbindung Marburg 1888/1988. Marburg.
Bauer, F. & Hoyer, M. (2022). Sehnsucht nach Gemeinschaft. Sport in Hessen, 76 (22), 24.
Becker, F. (2011). Den Sport gestalten. Carl Diems Leben (1882–1962). Bd. II. Weimarer Republik. Duisburg: Universitätsverlag Rhein-Ruhr.
Finis, R. (1925). Verein für Bewegungsspiele 05 e. V. Festschrift zum 20jähr. Bestehen. [Marburg] 1925.
Fischer, H. (1983). „Wie schön ist doch das Fußballspiel ...": Fußball in Marburg 1905–1980. (Marburger Stadtschriften zur Geschichte und Kultur, Bd. 9). Marburg: Presseamt der Stadt Marburg.
Grabarits, M. (2013). Marburg als Sportstadt der 1920er Jahre. unveröffentlichte Examensarbeit. Marburg.
Grabarits, M. (2014). Das Deutsche Akademische Olympia 1924 in der „Sportstadt" Marburg. Impuls zur Etablierung der Leibesübungen an den deutschen Hochschulen in der Weimarer Republik? Vortrag im Marburger Geschichtsverein am 30.01.2014 (Unveröffentlichtes Manuskript).
Hussong, U. (2006). Marburg – Stadt und Universität. In Verein für hessische Geschichte und Landeskunde e. V. (Hrsg.), Die Philipps-Universität Marburg zwischen Kaiserreich

---

[9] Zu Peter Jaeck siehe auch Priebe 2023.

und Nationalsozialismus. (Hessische Forschungen zur geschichtlichen Landes- und Volkskunde, Bd. 45, S. 45–62). Kassel: Verein für Hessische Geschichte und Landeskunde.

Jaeck, P. (1927). Das Institut für Leibesübungen an der Philipps-Universität Marburg. Festgabe zur 400-Jahrfeier der Universität Marburg 1927. Marburg: Hessischer Verlag Karl Euker.

Jaeck, P. (1929/30). Der Raumbedarf des Instituts für Leibesübungen. Hochschulblatt für Leibesübungen, 9 (6), 136–139.

Kaiser, J.-C. (2006). Das Universitätsjubiläum von 1927. In Verein für hessische Geschichte und Landeskunde e. V. (Hrsg.), Die Philipps-Universität Marburg zwischen Kaiserreich und Nationalsozialismus. (Hessische Forschungen zur geschichtlichen Landes- und Volkskunde, Bd. 45, S. 293–311). Kassel: Verein für Hessische Geschichte und Landeskunde.

Meß, P. (1952). Marburg ruft! Marburg und sein Hochschulinstitut für Leibesübungen. Deutsches Turnen, 97 (14), 6.

Meß, P. (1979). „Quer durch Marburg" 1919 – 1979. 60 Jahre Stadtstaffellauf. Zugleich ein Streifzug durch die Geschichte des Sports in Marburg. Marburg: Presseamt der Stadt.

Nielsen, S. (2002). Sport und Großstadt 1870 bis 1930. Komparative Studien zur Entstehung bürgerlicher Freizeitkultur. Frankfurt a. M. u. a.: Peter Lang.

Olympia-Ausschuss Marburg (Hrsg.). (1924). Das deutsche akademische Olympia Marburg a. d. Lahn 18.–20. Juli 1924. Leitschrift zum deutschen akademischen Olympia 1924. Marburg: Hessischer Verlag Karl Euker.

Pirscher, V. v. (1986). Aufbau und Entwicklung des Instituts für Leibesübungen der Philipps-Universität Marburg nach 1945. In F. Klimt (Hrsg.), Jubiläums-Band zum 40jährigen Jubiläum der Wiederaufnahme der Sportlehrerausbildung am Institut für Leibesübungen der Philipps-Universität Marburg (S. 10–22). Marburg: Institut für Sportwissenschaft und Motologie.

Priebe, A. (2018). „Studenten fliegen": Die Abteilung für Luftfahrt am Hochschulinstitut für Leibesübungen der Philipps-Universität Marburg (1934–1945). German journal of exercise and sport research, 48 (4), 573–581.

Priebe, A. (2019). Die Anerkennung des Faches „Leibesübungen und körperliche Erziehung" an der Philipps-Universität Marburg im Jahr 1929. In J. Bietz, P. Böcker, & M. Pott-Klindworth (Hrsg.), Die Sache und die Bildung. Bewegung, Spiel und Sport im bildungstheoretischen Horizont von Lehrerbildung, Schule und Unterricht. Zur Emeritierung von Ralf Laging (S. 273–287). Hohengehren: Schneider Verlag.

Priebe, A. (2023). Peter Jaeck – Gründungsdirektor des Instituts für Leibesübungen der Philipps-Universität Marburg (1923–1937). In J. Court, & A. Müller (Hrsg.), Jahrbuch 2022 der Deutschen Gesellschaft für Geschichte der Sportwissenschaft e.V. (S. 59–81). Berlin: LIT-Verlag.

Schacht, B. (2022). Historischer Erfolg vor mehr als hundert Jahren. Zwischen 1900 und 1914 gehörten Marburger Teams zum Spitzenfußball in Deutschland. In Landessportbund Hessen e.V. (Hrsg.), Was Vegetarismus, Friedrich Stoltze und fliegende Zeitungs- und Bäckerburschen mit dem Sport in Hessen zu tun haben. Ein Kaleidoskop interessanter, informativer und außergewöhnlicher hessischer Sportgeschichte(n). Frankfurt: LSBH.

Schaub, H. (1977). Konsolidierung des IfL Marburg und seine Entwicklung bis zur Hochschulreform (1950–1970). In W. Bernsdorff (Hrsg.), Siebzig Jahre Turn- und Sportlehrerausbildung in Marburg. Zur Geschichte des Instituts für Leibesübungen (IfL) 1907–1977 (S. 110–145). Gladenbach: Kempkes.

Schiller, H. (1931). Welches sind die Aufgaben der Stadtämter für Leibesübungen und wie werden diese Ämter gebildet? Deutsches Archiv für Leibesübungen, 4 (3), 82–83.

Sybel, L. v. (1903). Die Sammlung der Gipsabgüsse der Universität Marburg. Im Reithaus, Barfüsserstraße Nr. 1. Marburg: Elwert.

Verein für Leibesübungen 1860 Marburg e. V. (Hrsg.). (1960). 100 Jahre Verein für Leibesübungen 1860 Marburg. Marburg: Selbstverlag.

Wassong, S. (2006). Playgrounds und Spielplätze. Die Spielbewegung in den USA und in Deutschland 1870–1930. Aachen: Meyer & Meyer.

Zhorzel, W. (1977). Zwischen Kaiserreich und Nationalsozialismus. Sport an der Universität Marburg 1907–1945. In W. Bernsdorff (Hrsg.), Siebzig Jahre Turn- und Sportlehrerausbildung in Marburg. Zur Geschichte des Instituts für Leibesübungen (IfL) 1907–1977 (S. 8–85). Gladenbach: Kempkes.

Die dvs – auf der Suche nach Identität. Gedanken zu einer Ideengeschichte der dvs – eine autobiographisch durchsetzte Dokumentation[1]

Klaus Willimczik

1 Ein persönlicher Einstieg

Dieser Beitrag geht auf den Hauptvortrag beim 25. Sportwissenschaftlichen Hochschultag der dvs am 29. März 2022 zurück, zu dem ich vom Vorstand der dvs und den Veranstaltern, den Kollegen des Sportinstituts der Christian-Albrechts-Universität zu Kiel, personifiziert durch den Tagungsleiter Manfred Wegner, eingeladen wurde. Ich hatte die Einladung spontan angenommen – man fühlt sich durch so eine Einladung ja auch geehrt. *Bedenken* sind mir erst später gekommen. Schließlich hatte ich mit meiner Zusage meinen Vorsatz „über den Haufen geworfen", nicht mehr aktiv an Kongressen oder Symposien mitzuwirken. Selbst beruhigt habe ich mich damals damit, dass ich hier und heute nicht als Wissenschaftler auftrete, sondern als Zeitzeuge, der etwas zur Gründungsphase der dvs vor fast 50 Jahren sagen soll und will. Dieser Rückzug hat zwei Vorteile: Zum ersten erlaubt es mir, *von mir* auszugehen und auf eigene Veröffentlichungen zurück zu greifen, ich brauche nicht dem Anspruch zu genügen, allgemein gültige Aussagen zu machen. Zum zweiten eröffnet es mir die Möglichkeit – und Karl-Raimund Popper und Viktor Kraft würde das gar nicht gefallen – auch Aussagen zu machen, die einer strengen geschichtswissenschaftlichen Methodologie nicht ganz entsprechen.

Ich habe die Einladung nach Kiel gerne angenommen, aus auto-biographischen wie aus wissenschaftstheoretischen Gründen. Mein biographischer Bezug ist darin zu sehen, dass ich in Schleswig-Holstein, nicht weit

---

[1] Eine große Hilfe für mich war die Bereitstellung von relevanten Daten durch die jetzige Geschäftsführerin der dvs, Jennifer Franz. Besonders dankbar bin ich dem früheren Geschäftsführer der dvs Frederik Borkenhagen. Von ihm habe ich auch wertvolle Unterlagen erhalten. Einen Einblick in unsere Zusammenarbeit gibt die Veröffentlichung 'Zur Institutionalisierung der Sportwissenschaft: Beitrag und Entwicklung der Deutschen Vereinigung für Sportwissenschaft (dvs) - ein Werkstattbericht' (2012). Für die Abfassung der Endredaktion danke ich meinem früheren Mitarbeiter Dr. Dietmar Pollmann.

von hier aufgewachsen bin und dass Kiel eine nicht unwesentliche Rolle für meinen sportlichen Werdegang und damit auch – und ich betone das – für meine sportwissenschaftliche Ausrichtung gespielt hat, weil meine aktive sportliche Betätigung immer auch meine sportwissenschaftliche Tätigkeit geprägt hat. Als Oberstufenschüler bin ich im Winter Samstag für Samstag von Rendsburg in die Sporthalle der Universität in Kiel gefahren, weil dort die einzige Möglichkeit bestand, Stabhoch zu springen und Hürden zu laufen. Und in der Ostseehalle konnte ich bei Landes- und Deutschen Hallenmeisterschaften meine Winterform überprüfen.

Wie Sie sehen, bin ich bei dem autobiographischen Teil meines Vortrags. Zunächst möchte ich die Identität der Institute der damaligen Zeit beschreiben. Und dies allgemein: Wer damals Mitarbeiter bzw. Mitarbeiterin an einem Institut für Leibeserziehung werden wollte, musste aus dem Leistungssport kommen, denn man musste in einer oder in mehreren Sportarten unterrichten können. Der wenige Theorieunterricht in Geschichte und Theorie der Leibeserziehung wurde durch die Institutsdirektoren abgedeckt.

Und natürlich hat die damalige Personalstruktur Auswirkungen auf die Problemgegenstände der sportwissenschaftlichen Arbeit gehabt. Bearbeitet wurden Fragestellungen aus der praktischen Lehrtätigkeit, sei es in der Sportlehrerausbildung, sei es im Feld des Leistungssports.

Kennzeichnend war, dass sportwissenschaftliche Arbeiten fundamental in der Sportpraxis verwurzelt waren – ohne theorielos zu sein. Die Grundlage der Arbeiten zum Lernen nach Funktionsphasen von Göhner lieferte das „Natürliche Turnen" aus der Reformpädagogik der 20er Jahre des 19. Jahrhunderts. Theoretischer Hintergrund für Gablers Studien zur Leistungsmotivation im Sport war Heckhausens Theorie der Leistungsmotivation.

Und hinsichtlich der Anzahl von sportwissenschaftlichen Arbeiten in dieser Zeit sollte berücksichtigt werden, dass alle, die sich in der Etablierungsphase der Sportwissenschaft wissenschaftlich beschäftigt haben, fachfremd – meist mit einer Fragestellung aus der Theorie der Leibeserziehung in Pädagogik – haben promovieren müssen. So hat der für seine medizinisch fundierte Trainingswissenschaft bekannte Martin Bührle aus Freiburg mit einer Arbeit „Die sozialerzieherische Funktion des Sports" promoviert. Und auch meine Dissertation in Geschichtsphilosophie hat keinerlei Berührungspunkte zum Sport und zur Sportwissenschaft gehabt.

Von der Nennung der Geschichtsphilosophie ist es nicht weit zur wissenschaftstheoretischen Begründung für mein Interesse an dieser Einladung. Gereizt hat mich der Versuch, das Spannungsverhältnis zwischen der Entwicklung einer *Organisation* – der dvs – und der *theoretischen Begründung* einer Wissenschaft – also dem Paradigma der Sportwissenschaft – zu analysieren und deutlich zu machen. Mit Kuhn (1962) bin ich der Überzeugung, dass die beiden Pfeiler „Wissenschaftliche Gemeinschaft" und „Paradigma" für eine Wissenschaft konstitutiv, „Bedingung sine qua non" sind.

Im Folgenden werde ich den Schwerpunkt auf die *Entwicklung* der Sportwissenschaft legen und da auf die Vorgeschichte der dvs und auf die Zeit des ersten Jahrzehnts der dvs, also etwa auf die Zeit von 1970–1985. Ich werde dies unter Rückgriff auf meine langjährige Tätigkeit als Präsident der dvs in der Gründerzeit einerseits und auf meine umfangreiche Beschäftigung mit der wissenschaftstheoretischen Begründung einer Sportwissenschaft seit 1968 tun. Und an dieser Stelle möchte ich mich ganz herzlich beim früheren Geschäftsführer der dvs, Frederik Borkenhagen, und bei der jetzigen Geschäftsführerin, Jennifer Franz, für die Bereitstellung der Dokumente bedanken!

Und eine letzte Vorbemerkung: Mein Auftrag und damit meine Aufgabe ist eine historische. Sie beinhaltet eine Darstellung, eine Analyse und eine Interpretation eines Zeitraums, der für viele von Ihnen weit zurückliegt, der für mich aber einmal gelebte Gegenwart gewesen ist, und diese gelebte Gegenwart hat mich geprägt. Damit liegen zwischen meiner Sicht und der Ihren ein mehr oder weniger großen Zeitraum, der über 50 Jahre – oder drastisch ausgedrückt – mehr als ein halbes Jahrhundert betragen kann. Dieser unterschiedlichen Perspektive zwischen Redner und Zuhörer sollten sich beide Seiten immer bewusst sein. Ich leite aus diesem „historischen gap" zwei Ratschläge ab. An mich habe ich die Empfehlung gegeben, sehr zurückhaltend zu sein bei der Beurteilung von gegenwärtigen Tendenzen in der Sportwissenschaft, aus der ich hauptberuflich vor 16 Jahren ausgeschieden bin. Die gegenwärtige Generation bitte ich, empathisch, also verständnisvoll, ja zurückhaltend Positionen und Handlungen zu beurteilen, die vor einem halben Jahrhundert vertreten worden sind.

2 Die Vorläufer der dvs

Ich komme zu meinem ersten *historischen* Abschnitt, zur *Gründung* der dvs. Sie erfolgte 1976, also (erst) 31 Jahre nach Ende des 2. Weltkriegs. Dies muss umso mehr verwundern, als es in Deutschland eine allgemeine

Anerkennung der Sportwissenschaft an den Universitäten schon in der Weimarer Republik, also seit Mitte der 20er Jahre gegeben hatte, und in der DDR bereits 1952 der „Wissenschaftliche Rat" innerhalb des „Staatlichen Komitees für Körperkultur und Sport beim Ministerrat der Deutschen Demokratischen Republik" eingerichtet worden ist. Da drängt sich die Frage auf, warum geschah die Organisierung der Sportwissenschaft in den alten Bundesländern so spät? Die Gründe für das Nicht-Vorhandensein der Sportwissenschaft nach dem 2. Weltkrieg sind durchaus, wenn auch nicht erschöpfend erforscht und dokumentiert. Zusammengefasst lautet die Begründung, dass die Institutionalisierung der Sportwissenschaft unter dem Nationalsozialismus stark überbewertet und ideologisch missbraucht worden war und in der Nachkriegszeit in einer entsprechenden Reaktion „zurückgesetzt" worden ist. Zaghafte Initiativen, die Interessen der „Sportwissenschaft" unter dem nicht belasteten Begriff der „Leibeserziehung" wieder zu vertreten, fanden erst in den 1950er Jahren statt und zwar durch die Bildung von Organisationen für bestimmte Gruppierungen von Leibeserziehern. Diese Organisationen bündelten ihre Interessen im „Ausschuß Deutscher Leibeserzieher ADL". Er verband „die Pflege, die Forschung und Lehre der Leibeserziehung" im weitesten Sinne. Gründungsmitglieder waren 1955:

- der „Bund Deutscher Leibeserzieher e. V. BDL"
- der „Verband Deutscher Leibeserzieher an höheren Schulen (VDL)"
- die „Arbeitsgemeinschaft Deutscher Lehrerverbände (AGDL)" mit einer Gruppierung zur Theorie der Leibeserziehung
- die „Fachgruppe Leibeserzieher des Arbeitskreiseses Pädagogischer Hochschulen (APH)"
- die „Arbeitsgemeinschaft der Direktoren der Institute für Leibesübungen in der Bundesrepublik Deutschland (AID)"

Ohne näher auf die Geschichte des ADL einzugehen, ist von zentraler Bedeutung, dass die AID 1975 mehrfach umstrukturiert worden ist und nach großen gesellschaftlichen Turbulenzen aus dem ADL ausgeschlossen wurde (siehe dazu Jonas, 1980). Trotz verständlicherweise unterschiedlicher Interessen der Einzelverbände kann für den Ausschuss Deutscher Leibeserzieher von einem sehr einheitlichen Verständnis ausgegangen werden, was inhaltlich unter der „Theorie der Leibeserziehung" zu verstehen war *und* was mit ihr erreicht werden sollte. Der ADL repräsentierte ein – wie die Amerikaner sagen würden –„unique" disziplinäres Paradigma. Die Grundlage der Theorie der Leibeserziehung bildete eine strenge Ausrichtung an der Bildungstheorie. Die inhaltliche Füllung war eine anthropozentrische Akzentuierung, die davon ausgeht, das Wesen des Menschen zur Grundlage von Erziehung machen zu können.

Abzulesen ist das Grundverständnis der damaligen Theorie der Leibeserziehung in den Veröffentlichungen der damaligen Zeit, vor allem an den Titeln der ADL-Kongresse, die vom ADL ausgerichtet worden sin. Bernett hätte die Kongresse in der Terminologie des Geisteswissenschaftlers Dilthey als „Objektivationen des Geistes" bezeichnet. In der Terminologie des Wissenschaftstheoretikers Kuhn (1974) zählen sie zur „Wissenschaftlichen Gemeinschaft". Sie sind Träger des Paradigmas, in diesem Fall Träger der „Theorie der Leibeserziehung".

Ein Blick auf die ersten vier Kongresse des ADL zeigt, dass die Schwerpunktthemen (Spiel, Wettkampf, Leistung, Gestaltung) eindeutig der bildungstheoretischen Theorie der Leibeserziehung entnommen sind.

Für eine Wertung der Arbeit der Verantwortlichen im Zeitraum des ADL müssen neben den Kongressen noch die Implementierung von Publikationsorganen angeführt werden, denen eine Bedeutung für die Entwicklung der Sportwissenschaft zugestanden werden muss. Ich nenne hier

- Seit 1959 die „Beiträge zur Lehre und Forschung der Leibeserziehung. Schriftenreihe des ADL".
- Seit 1966 die zweite Reihe „Theorie der Leibeserziehung, Texte-Quellen-Dokumente".
- 1971 die Zeitschrift „Sportwissenschaft". Die Zeitschrift firmiert seit 2016 unter dem Namen „German Journal of Exercise and Sport Research" und wird (erst) *seit 2008* von der dvs, dem DOSB und dem BISp herausgegeben.

Ich komme zu einer – und damit natürlich gefärbten – Wertung als Zeitzeuge. Nach meiner Kenntnis und meinen Erlebnissen hat sich der ADL – vor allem durch die Direktoren der Institute für Leibeserziehung – intensiv um eine Anerkennung der Sportwissenschaft verdient gemacht, wenn aus gesellschaftspolitischen Gründen auch notwendigerweise unter dem Label „Theorie der Leibeserziehung" und nicht unter dem Begriff „Sportwissenschaft".

3 Eine Phase des Übergangs

Zurück zur Historie: Mit dem Kongress in Stuttgart endet die strikte bildungstheoretische Ausrichtung der ADL-Kongresse. Es folgen Schwerpunktlegungen, die nicht mehr einem einheitlichen Paradigma zuzuordnen sind, sondern eher allgemeine bildungspolitische Strömungen aufgegriffen haben.

Der ADL-Kongress in Münster stellt nach Schmitz – sicherlich etwas provokativ ausgedrückt – eine Abkehr von der geisteswissenschaftlichen Orientierung „im Gefolge des Einbruchs der amerikanischen Lerntheorie in die deutsche pädagogische und psychologische Fachdiskussion" dar (1980, S. 14). Ohne Frage aber wird eine Hinwendung zu einer rational-empirische Orientierung vollzogen, mit der der Weg für eine primär erfahrungswissenschaftlich orientierte Sportwissenschaft geebnet wird

Den politischen Hintergrund für den Oldenburger ADL-Kongress 1973 bildete die „Philosophie der Frankfurter Schule" mit ihrer allgemeinen Gesellschaftskritik und ihrer Aufforderung zum Handeln.

Der ADL-Kongress in München dokumentiert dann die endgültige Abkehr von einer geisteswissenschaftlichen Theorie der Leibeserziehung. Und in diesem Umfeld fand die Gründung der dvs statt.

Die Abkehr vom Paradigma der Theorie der Leibeserziehung darf nicht isoliert für das Fach gesehen werden, sondern muss vor einem extremen *allgemeinen* Paradigmenwechsels verstanden werden. Es ist die Kehrtwende von der Bildungstheorie hin zur Curriculumtheorie.

Für die Anerkennung der Sportwissenschaft als Fach hat die Grundauffassung der Curriculumtheorie allerdings eine große Bedeutung gehabt: Die Kehrtwende von der idealistischen Bildungstheorie und Bildungspolitik in zu einer pragmatischen Denkweise hat besonders auch an den klassischen deutschen Universitäten zu einer – manchmal auch gezwungenen – gesellschaftlichen Offenheit gegenüber neuen Fächern wie der Sportwissenschaft geführt.

4 Die Gründung der dvs

4.1 Historie

Ich komme zurück zur geschichtlichen Betrachtung, zur Gründung der dvs: Nachdem alle Versuche gescheitert waren, einen Gesamtverband unter Einschluss des DSLV, also mit dem Sportlehrer Verband, zu gründen und die Zeit drängte, weil der ADL-Kongress 1976 in München unmittelbar bevorstand, kam es zu intensiven Vorbereitungen für eine kleine Lösung für den Hochschulbereich, nämlich der Gründung der dvs als einer Personenvereinigung (also nicht mehr als Vertretung der Institute wie bei der AID), in der die FLPH aufgehen sollte.

Man kann und muss es so zusammenfassen: Die Geburt der „Deutschen Vereinigung für Sportwissenschaft dvs" war ein kurzer und schmerzloser Akt. Die „Gründungsversammlung" im Hofbräuhaus in München begann am 6. Oktober 1976 um 21:10 Uhr und war – trotz einer inhaltlich umfangreichen Tagesordnung – um 22:30 Uhr beendet. Dies spricht einerseits dafür, dass die Zeit für diesen Akt einfach reif war. Es spricht andererseits auch für eine sorgfältige Vorbereitung, dass eine Satzung vorgelegt und beschlossen wurde, die in ihrer Struktur (bis auf die Untergliederung) bis heute kaum verändert worden ist. Ausführlicher diskutiert worden ist eigentlich nur der Name. Vorgeschlagen waren „Deutsche *Vereinigung* für Sportwissenschaft", „Deutsche *Gesellschaft* für Sportwissenschaft" und „Deutscher *Verband* für Sportwissenschaft". Nicht zur Diskussion gestellt werden sollte – und das ist in der Einladung betont worden – der Begriff „Sportwissenschaft". Im Protokoll ist zur Abstimmung vermerkt „Antrag, den Namen ‚Deutscher *Verband* für Sportwissenschaft' zu wählen, wird mehrheitlich abgelehnt. Als Zeitzeuge erinnere ich mich, dass der Begriff *„Gesellschaft"* nicht weiter diskutiert worden ist, nachdem Ommo Grupe bemerkt hatte, dass es anmaßend wäre, auf den Begriff „Gesellschaft" zurück zu greifen, dieser müsse klassischen Wissenschaften wie der Physik vorbehalten bleiben.

Reif für die Gründung der „Deutschen Vereinigung für Sportwissenschaft" war die Situation aus folgenden Gründen:
- Im Bereich der Universitäten gab es keinen Ansprechpartner für die in der Sportwissenschaft Forschenden und Lehrenden.

- Durch die Integration der Pädagogischen Hochschulen in die Universitäten hatte die FLPH ihre ursprüngliche Grundlage verloren.
- Die Bildungspolitik forderte eine Öffnung der Universitäten für *Praxisfelder des Alltags*.
- Der DSB und das BMI waren dringend an einer Institutionalisierung der Sportwissenschaft interessiert, schon um im sogenannten „Wettstreit der Systeme" gegen die DDR bestehen zu können.
- In der DDR war die Institutionalisierung der Sportwissenschaft schon weit fortgeschritten.
- Die sportwissenschaftlichen Interessen wurden fast ausschließlich durch den DSB in Kooperation mit dem BMI (z. B. BISp, Zeitschrift „Sportwissenschaft") vertreten.
- Auch die GEW-Sport forderte eine Akademisierung der Sportlehrerausbildung. (vgl. Willimczik, 2014, S. 184)

4.2 Das Paradigma

Nach dem formalen Zusammenschluss der Vertreter der Universitäten und der Pädagogischen Hochschulen in der dvs standen eine Reihe von Grundeinstellungen, also Paradigmen, in Konkurrenz zueinander, für die in einer Wissenschaftlichen Gemeinschaft ein verträgliches Miteinander gefunden werden musste.

- Vor allem von den ehemaligen Mitgliedern der FLPH wurde eine (verständlicherweise) ganzheitliche, stark auf die Praxis der Primar- und der Sekundarstufe 1 ausgerichtete Sportpädagogik vertreten.
- Die Vertreter, die aus den Universitäten kamen und diejenigen, die aus ihren Mutterwissenschaften (vor allem Psychologie und Soziologie) zur Sportwissenschaft gestoßen waren, plädierten eher für eine Differenzierung unter Berücksichtigung ihrer Arbeitsgebiete.
- In methodologischer Hinsicht standen sich vor allem Vertreter des Kritischen Rationalismus und der Kritischen Theorie sowie Geisteswissenschaftler, Verhaltenswissenschaftler und Naturwissenschaftler sowie Befürworter von sozialistischen bzw. marxistischen Ansätzen gegenüber.

5 Die Hochschultage in Göttingen und Heidelberg

Mit dem Hochschultag in Göttingen 1977 ist für die Sportwissenschaft ein absolutes Neuland betreten worden. Das gilt sowohl in organisatorischer wie auch in inhaltlicher Hinsicht. Und da sich dieser Wandel nicht im Sinne einer organischen Theoriedynamik vollzogen hatte, sondern von den Universitäten und vor allem von den Kultusministerien „aufgedrungen" worden war, musste sich die dvs ganz kurzfristig auf die Suche nach einer passenden Organisationsform und nach einem Paradigma, nach einem Selbstverständnis, nach einer Identität machen.

5.1 Historie

Dem ersten Hochschultag in Göttingen sind intensive Gespräche in Vorstandssitzungen vorangegangen. Bereits am 7.12.1976 – also kurz nach der Gründung der dvs – wurde das Rahmenthema für den 1. Hochschultag festgelegt: „Beiträge unterschiedlicher sportwissenschaftlicher Disziplinen zur Sportlehrerausbildung". Ausgangspunkt sollten also Fachdisziplinen sein, zentrierendes Moment (ausschließlich!) die Sportlehrerausbildung.

Die Auswahl der Referenten muss als „Who is Who" der damaligen Fachvertreter angesehen werden. Ich nenne exemplarisch Jürgen Nitsch für die Sportpsychologie, Rainer Ballreich und Wolfgang Baumann für die Biomechanik und Gerhard Hecker für die Sportpädagogik.

Am 1. Hochschultag in Göttingen habe ich nicht teilgenommen. Ich falle somit als Zeitzeuge aus. Auf Grund des Berichts von Knut Dietrich in der „Zeitschrift für Sportpädagogik" (1978) muss gesagt werden, dass der Hochschultag ganz im Sinne der vorhergegangenen Planung durchgeführt worden ist.

In inhaltlicher Hinsicht allerdings haben die Referate der Fachvertreter die Bemühungen um ein allgemein anerkanntes Selbstverständnis nicht weitergebracht. Nach Knut Dietrich haben sie die in den Vorstandssitzungen geäußerten Vorbehalte gegenüber der Interdisziplinarität in vollem Umfang bestätigt.

Nach dem bekannten Motto „Nach dem Hochschultag ist vor dem Hochschultag" wurden bereits in der ersten Vorstandssitzung nach dem Göttinger Hochschultag am 14.10.1977 die Weichen für den Hochschultag in Heidelberg gestellt. Und in allen folgenden Vorstandssitzungen standen –

weiterhin – Strukturfragen und die Frage einer möglichen und notwendigen integrierenden Kraft für die dvs im Mittelpunkt.
Wie unsicher man in diesen Fragen war, zeigt die Entscheidung, sich Hilfe von außen zu suchen. In der Vorstandssitzung am 5.5.1978. sollte für die inhaltliche Diskussion am 2. Hochschultag in Heidelberg die Bielefelder Gruppe „Wissenschaftsforschung" eine Analyse der „Sportwissenschaft" erarbeiten, die dann von Fachvertretern kommentiert werden sollte.
Inhaltlich sollte auch der 2. Hochschultages der dvs ganz im Zeichen der Weiterführung und Vertiefung der Grundsatzdiskussionen um ein Paradigma der dvs stehen.
Auskunft darüber, inwieweit dieses Vorhaben gelungen ist, gibt eine Passage im Vorwort der Herausgeber des Tagungsbandes: „Versucht man die Ergebnisse von Heidelberg einzuordnen, so wird deutlich, daß integrative Bemühungen in den Vordergrund getreten sind, daß zwar Grundpositionen besonders im wissenschaftstheoretischen Bereich herausgearbeitet wurden, aber noch keine gemeinsame Grundposition erreicht worden ist" (Eberspächer & Trebels, 1979, S. 8).

5.2 Resümee zu Präsidentschaft Trebels

Die beiden Hochschultage in Göttingen 1977 und Heidelberg 1978 unter dem Gründungspräsidenten Andreas Trebels aus Hannover können als zielstrebige, vor allem aber als geduldige Entwicklung hin zu einem allgemein anerkannten Selbstverständnis der Sportwissenschaft innerhalb der dvs eingeordnet werden. Ich kann Andreas Trebels und den Mitgliedern der beiden Vorstände nur meine Hochachtung für die in dieser Zeit geleistete Arbeit aussprechen!
In einer Offenheit, wie sie in der Geschichte der Wissenschaften und von Sportorganisationen nur selten zu finden ist, hat Andreas Trebels nach einer Konzeption für die dvs gesucht und suchen lassen, die einerseits der Vielfältigkeit der Sportwissenschaft und ihrer Mitglieder Rechnung getragen hat, die andererseits den Weg zu einem allgemein anerkannten Selbstverständnis, zu einer „unique domain", geebnet hat.
Andreas Trebels ist am 27. Juli 2021 verstorben. Ich gedenke seiner heute in Anerkennung und in großer Dankbarkeit!

Bevor ich die Strukturfrage und die nach der Identität der dvs im Einzelnen weiterverfolgen werde, halte ich es für sinnvoll, einen Exkurs zur Rolle des DSB in dieser, in der Amtszeit von Andreas Trebels einfügen.

6 Die Rolle des DSB

Nach dem Resümee von Heidelberg könnte man meinen, mit der Gründungsphase sei auch die Etablierung der organisierten Sportwissenschaft im öffentlichen Raum abgeschlossen gewesen. Ein „Trugschluss!". Die dvs war – zumindest in der sportpolitischen Landschaft – noch keineswegs als vorherrschender oder gar als alleiniger Repräsentant angekommen. Neben der dvs hat sich vor allem der DSB mit seinem damaligen „Ausschuß für Wissenschaft und Bildung" und mit einem „Wissenschaftlichen Beirat" weiterhin intensiv um die Sportwissenschaft, um ihre Struktur, ihre Organisation und um ihr Selbstverständnis Gedanken gemacht, und hat für sich in Anspruch genommen, für die Sportwissenschaft zu sprechen. Ich will das mit Aussagen aus den Protokollen der dvs und des DSB belegen. Im DSB fanden vom 21.1.1977 (also drei Monate nach der Gründung der DVS) zumindest bis 1978 Gespräche zur „Kooperation der sportwissenschaftlichen Organisationen und Gremien in der Bundesrepublik Deutschland" statt.

Interessant und aufschlussreich ist schon die Zusammensetzung der Teilnehmer dieser Gespräche. Außer einigen DSB-Vertretern waren alle Teilnehmer Sportwissenschaftler – und meistens dvs-Mitglieder! Ich nenne exemplarisch Rainer Ballreich (AG Biomechanik), Knut Dietrich (DSB), Herbert Haag (DSLV) und Roland Singer (ASP).

Diskutiert wurden alle die Sportwissenschaft betreffenden Problemfelder. Es waren dies die Aufgaben und Ziele der Sportwissenschaft, aber auch Zuständigkeiten und Abgrenzungen. So heißt es im Protokoll der Kooperationsgespräche vom 20.05.1977 z.B. „Reindell fragt nach der sachlichen Legitimation der DVS, für die gesamte Sportwissenschaft zu sprechen." Und „Kirsch warnt vor der Abspaltung sportwissenschaftlicher Gruppen, z.B. Sportmediziner, Trainingswissenschaft/Biomechanik."

Sehr differenziert wird bereits am 21.1.1977 auch das Verhältnis der Teildisziplinen zu einer interdisziplinären Sportwissenschaft diskutiert. Ich zitiere Klaus Heinemann: „Die Sportwissenschaft sollte problemorientiert sein. Von daher ist entscheidend, wo die Teilbereiche organisatorisch angebunden werden: an die Organisationen der Mutterwissenschaft oder an die der Sportwissenschaft."

Herbert Haag verteidigt die derzeit noch vorhandene Spezialisierung, plädiert aber für die Zukunft für eine Zusammenführung der Einzeldisziplinen:

> Die Spezialisierung war eine Notwendigkeit, um den Methoden-Dilettantismus zu überwinden und den Allround-Sportwissenschaftler mit der Zeit abzulösen. Jetzt ist jedoch eine Einbindung der zentrifugalen Kräfte notwendig. Weil Sport das Aufgabenfeld ist, sollten sich die Einzeldisziplinen in der Sportwissenschaft heimmisch fühlen (TOP 3, Protokoll vom 21.01.1977).

Zur Effektivität einer interdisziplinären Sportwissenschaft führt Trebels einschränkend an: „Die Verbindung zur Praxis funktioniert zurzeit besser als die interdisziplinäre wissenschaftliche Zusammenarbeit." (TOP 3, Protokoll vom 21.01.1977).

Die Gesamtsicht des Problemfelds „Sportwissenschaft" wird in einem Passus am Ende der 3. Sitzung am 20.1.1978 formuliert. Hans Lenk wurde darin gebeten, für die 4. Sitzung eine Einleitung zur Beantwortung der folgenden Fragen zu geben: Im Protokoll heißt es u.a.:

> Wie ernst ist es uns mit dem Aufbau einer Sportwissenschaft? Welche Anbindung soll sie haben? Wie kann den Tendenzen der einzelnen Zweige der Sportwissenschaft zur Trennung begegnet werden? .... Nur durch Antworten auf diese Fragen können Gütemaßstäbe für die Sportwissenschaft entwickelt, kann das Selbstbewußtsein gegenüber den Mutterwissenschaften gestärkt werden.

Weiterhin sollte Lenk Vorschläge für mögliche Organisationsformen machen. Zur Auswahl wurden gestellt: „Deutsche Akademie, Deutsche Gesellschaft, Max-Planck-Institut für Sportwissenschaft, Wiederbelebung des Zentralkomitees für die Forschung auf dem Gebiete des Sports" (TOP 3, 20.01.1978).

Ob Hans Lenk die Fragen noch beantwortet hat, kann nicht gesagt werden, da weitere Protokolle von Koordinierungsgesprächen nicht zur Verfügung stehen. Endgültig zu Ende gegangen sind die Gespräche aber offensichtlich durch die Einrichtung einer Kommission „Wissenschaft" innerhalb des „Bundesausschuß für Wissenschaft und Bildung", in der die

Koordinierung weitergeführt werden sollte (Protokoll des BA vom 04.12.1980).

Ich mache dem DSB in keiner Weise einen Vorwurf dahingehend, dass er und die anwesenden Vertreter so intensiv Aspekte der Sportwissenschaft diskutiert haben. Meine Zitate sollen nur deutlich machen, dass die dvs in dieser Phase der Entwicklung nur *eine* Stimme im Konzert der Sportpolitik gewesen ist.

7 Die Bedeutung der Struktur der dvs für die Identität

Ich komme zurück zur Strukturfrage. Es geht dabei um die Untergliederung der dvs in Landesverbände, Sektionen und Kommissionen, sowie um ein vereinendes Band, um eine Form der Interdisziplinarität. Dafür werde ich einen weiteren Wechsel in der Darstellungssystematik vornehmen. Ich werde die Geschichte der einzelnen Untergruppierungen der dvs jeweils geschlossen abhandeln, also über mehrere Amtszeiten hinweg.

7.1 Die Untergliederung in Landesgruppen

Obwohl die Untergliederung der dvs in Landesgruppen bei der Gründung zentral war (z. B. vor allem wegen der Länderhoheit in Fragen der Bildungspolitik), kann ich mich hier kurzfassen: Die Bedeutung der Landesgruppen im Geschichtsverlauf kann auf einer Skala als von „sehr bedeutend" zu Beginn der dvs hin zu „unbedeutend" im weiteren Verlauf eingeordnet werden.

Welche hohe Bedeutung den Landesgruppen vom Vorstand anfangs zugestanden wurde (siehe auch die Protokolle vom 22.08.1977 und 14.10.1977), geht daraus hervor, dass bereits in der Vorstandssitzung am 9.12.1977 beschlossen wurde, dass 20 Prozent des Mitgliedbeitrags den Landesgruppen zur Verfügung gestellt werden soll.

1986, nach „Zehn Jahren dvs", kommt Detlef Kuhlmann zu dem Schluss: „Ob eine Aufrechterhaltung von dvs-Landesgruppen langfristig sinnvoll erscheint, hängt auch davon ab, inwieweit diese Organisationsform tatsächlich in der Lage ist, ihre bildungspolitischen Aufgaben wahrzunehmen und Forderungen vor allem auf Länderebene durchzusetzen" (1987, S. 123). 1991 werden die Konsequenzen aus dieser Situation gezogen. Die Landesgruppen werden aus der Satzung der dvs gestrichen.

7.2 Die Untergliederung in Kommissionen

Wie für die Landesgruppen war die Einrichtung von Kommissionen von Beginn an vorgesehen. Im Gründungsprotokoll heißt es im § 2 (2), allerdings knapp:
„Zur Erfüllung der unter Abs. 1 genannten Aufgaben kann der Vorstand Kommissionen und ad hoc Ausschüsse einsetzen". Ergänzt wurde diese Festlegung durch den Vorstand am 9.12.1977 in dem Sinne, dass die Amtszeit an die des jeweiligen Vorstands gekoppelt wird, von dem die Mitglieder auch berufen worden sind. Nach dem heutigen Sprachgebrauch würden sie als „ad-hoc-Kommissionen" bezeichnen werden. Als „Fernziel der dvs" wurde vom Vorstand für die Kommissionen am 29.10.1979 vorgegeben, „ein Dach für alle existierenden sportwissenschaftlichen Gruppierungen und Kommissionen zu sein, wobei ausdrücklich hervorgehoben wurde, daß auch auf sportartspezifischer Ebene Kommissionen in der dvs gebildet werden."

Dass diese inhaltlichen Festlegungen nicht hinreichend waren, hat sich bei der Diskussion der Anerkennung von Kommissionen gezeigt. Diese Diskussion hat auf der ersten Vorstandssitzung nach der Gründung begonnen:

- Von Beginn an anerkannt wurde die Kommission „Schulpraktische Studien – Unterrichtsforschung" (Keimzelle der heutigen Sektion Sportpädagogik). Die Jahreshauptversammlung am 24.9.1977 in Göttingen hatte beschlossen, dass die Kommission durch Vorstandsbeschluss eingesetzt werden kann (dies erfolgte am 9.12.1977) und dann bei der kommenden Jahreshauptversammlung bestätigt wird (erfolgte am 3.10.1978 in Heidelberg).
- Auch die Kommissionen „Gewalt im Sport" (Pilz) wurde am 9.12.1977 durch den Vorstand beschlossen. Sie konnte aber nach Einsprüchen des BISp und des DSB nicht eingesetzt werden.
- Von Beginn an und auch später keine Resonanz gefunden hat die Anregung des Vorstands, eine Kommission „Neue Studiengänge" einzurichten.
- 1980 hat der Vorstand eine Kommission ‚Freizeitsport' eingesetzt.
- Wie extrem umstritten die Bildung von Kommissionen in der dvs gewesen ist, belegt eine Diskussion um die Einsetzung einer Kom-

mission Tennis in zwei Jahreshauptversammlungen, 1981 in Würzburg und 1982 in Tübingen.
- Nach Vorarbeiten auf mehreren Vorstandssitzungen ist auf der Jahrestagung 1983 in Bielefeld eine ad hoc-Kommission „Nachwuchsförderung" eingesetzt worden. Die Kommission hat sogleich eine Stellungnahme zur Förderung des sportwissenschaftlichen Nachwuchses erarbeitet, die am 27.9.1984 beim Hochschultag in Bremen verteilt wurde.
- Interessant dürfte auch folgendes sein: Aus Anlass einer Anregung zur Gründung einer Kommission Handball „will der Vorstand eruieren, inwieweit eine Sektion ‚integrierende Spieltheorien' gegründet werden kann und sollte" (02.02.1983) und wie sie später gegründet worden ist.
- Für manchen überraschend mag eine Aussage im Protokoll vom 15.3.1983 sein: „Der Vorstand steht einer Kommissionsgründung ‚Frauenforschung' positiv gegenüber. Dabei geht er davon aus, dass es eine Kommission ist, in der Probleme des Frauensports bearbeitet werden, und nicht eine Kommission, in der nur Frauen zusammengeschlossen sind." Dies war die Keimzelle für die heutige Kommission „Geschlechter- und Diversitätsforschung".

7.3 Die Untergliederung in Sektionen

Im Unterschied zu den Kommissionen war die Untergliederung in Sektionen in der Satzung bei der Gründung nicht vorgesehen. In der Satzung genannt worden sind sie erstmals – gemeinsam mit den Kommissionen – im Jahre 1980.

Vorausgegangen waren kontroverse Diskussionen und sich zum Teil widersprechende Aussagen:
- Im Protokoll der Vorstandssitzung am 15.10.1976 heißt es: „Der Vorstand ist einstimmig der Meinung, daß eine Gliederung der DVS in wissenschaftsorientierte Sektionen notwendig ist."
- In einem Diskussionspapier zur Sitzung des dvs-Vorstands mit Vertretern der Landesgruppen am 20.1.1977 heißt es: „Nach dem derzeitigen Verständnis des Vorstandes der DVS sind ‚Sektionen' als ‚wissenschaftliche Einrichtungen' zu verstehen, deren Funk-

tion sich aus der Satzung § 2 – Initiierung und Unterstützung sportwissenschaftlicher Forschung – für die DVS ableitet."
- Am 20.01.1977 heißt es unter Top 1: „Bezüglich der Bildung von Sektionen nach Disziplinen konnte noch keine Einigung erzielt werden, zumal es bereits außerhalb der DVS solche Sektionen gibt (ASP, HISPA, Sportärztebund, etc.).
- Fünf Monate später heißt es in einer weiteren Diskussion im Vorstand „...wobei man sich einig war, dass die Gliederung der DVS nicht in Fachsektionen erfolgen soll, da die DVS überdisziplinäre Interessen verfolgt" (14.06.1977). Offen blieb allerdings, was unter „überdisziplinären Interessen" zu verstehen ist.
- In der Jahreshauptversammlung in Heidelberg am 3.10.1978 sagt Andreas Trebels, „dass in der nächsten Zeit nicht damit zu rechnen sei, vorhandene Arbeitsgemeinschaften in die DVS zu integrieren. Es stellt sich dabei auch prinzipiell die Frage, inwieweit dies momentan opportun sei."

Bedingt durch die seit Beginn der dvs bestehende ungeklärte Strukturfrage und trotz einer noch fehlenden endgültigen inhaltlichen Bestimmung von Sektionen, kommt es seit 1980 – nach zum Teil heftigen Auseinandersetzungen – zur Gründung von Sektionen, die sich an den sportwissenschaftlichen Teildisziplinen orientieren.

- „Sportgeschichte" 1981 in Würzburg,
- „Sportsoziologie" 1983 in Bielefeld,
- „Bewegung und Training" 1984 in Bremen (seit 1991 differenziert in „Biomechanik" und „Sportmotorik und Trainingswissenschaft"),
- 1985 Einsetzung einer Sektion ‚Sportphilosophie'. Interessant ist die Begründung dafür, dass sie noch nicht gegründet wird: „bis dahin (in zwei Jahren) soll entschieden werden, ob es sinnvoll ist, eine eigenständige Sektion ‚*Sportphilosophie*' zu gründen oder aber die Fragestellungen in anderen Sektionen zu behandeln" (Protokoll Hauptversammlung vom 26.9.1985),
- 1985 in Mainz wird bedauert, dass es noch keine Sektion für „Sportpädagogik" und auch noch keine für „Sportpsychologie" gibt. Begründet wird dies damit, dass für beide Disziplinen außerhalb der dvs Gruppierungen bestehen, zu denen man nicht in

Konkurrenz treten wolle (Bericht des Vorstands für das Geschäftsjahr 1984/85, S. 2).

7.4 Interdisziplinarität

Ich komme zum zentralen Thema, zum Paradigma der Interdisziplinarität. Es scheint von Beginn an vorgegeben zu sein, dass das leitende Paradigma fächerübergreifend sein soll, dass die dvs „überdisziplinäre Interessen verfolgen soll" (Protokoll der Vorstandssitzung vom 14.06.1977). Lange Zeit ungeklärt ist aber geblieben, was darunter konkret zu verstehen ist. Formulierungen der Themenschwerpunkte für die ersten Hochschultage legen die Vermutung nahe, dass in der Frühphase der DVS an eine pädagogische Zentrierung gedacht worden ist, wie dies dem alten Paradigma der „Theorie der Leibeserziehung i.w.S." zugrunde gelegen hat. Für den Hochschultag in Göttingen (1977) wird z. B. als Thematik „Beiträge unterschiedlicher sportwissenschaftlicher Disziplinen zur Sportlehrerausbildung" vorgegeben.

Die fehlende Konkretisierung des Begriffs Interdisziplinarität ist auch in den folgenden Jahren nicht behoben worden. Vollzogen hat sich aber eine „Entpädagogisierung". Interdisziplinarität hat sich in der Folge zu einer „Struktur gleichberechtigter Teildisziplinen" entwickelt.

Während meiner Amtszeit hat der Vorstand sich dann bemüht, Interdisziplinarität mit Leben füllen. Mit diesem Weg sind wir im übrigen Kuhn gefolgt, der der Apriori-Wissenschaftstheorie von Popper seinen *pragmatischen* Ansatz gegenübergestellt hat, indem er gefragt hat „Wie funktioniert wissenschaftliche Forschung in der *Praxis?*".

Mein erstes Beispiel: 1981 fand in der Führungsakademie des DSB in Berlin die Veranstaltung „Ansätze interdisziplinärer Forschung im Bereich der Sportwissenschaft" statt. Veranstalter waren die dvs und die Arbeitsgemeinschaft „Sportmedizin an den Hochschulen". Im Mittelpunkt der Diskussionen sollte stehen, wie einerseits die Standards der Mutterwissenschaften eingehalten werden können, wie andererseits ein Beitrag zur interdisziplinären Forschung geleistet werden kann. Die dahinterstehende Zielsetzung war, sich induktiv von der Forschungspraxis ausgehend dem Paradigma der Interdisziplinarität für die ganze Sportwissenschaft anzunähern. Um den Anspruch nicht zu überfordern waren die Themen ganz bewusst auf natur- und sozialwissenschaftliche Forschungsmethoden beschränkt worden. (Für die damalige Zeit nicht ganz unbegründet fürchteten die Ausrichter ideologische Auseinandersetzungen mit Sportpädagogen und Sportsoziologen, z. B. mit Blick auf die überhitzte Diskussion um „Leistung" in der damaligen Zeit.)

Ebenfalls dem Ziel, das Paradigma der Interdisziplinarität für die Sportwissenschaft mittelfristig mit Leben zu füllen, dienten zweitens die noch in meiner Amtszeit konzipierten Sommerakademien.

Die 1. Sommerakademie fand vom 14. bis 27. August 1987 in der Führungs- und Verwaltungsakademie in Berlin unter der Thematik „Motorisches Lernen, Motorische Entwicklung, Training" statt. Ungewöhnlich und heute kaum zu realisieren war die zeitliche Dauer – einschließlich von Wassersport und Kultur – von 14 Tagen.

8 Amtszeit Willimczik

Mit meinem Exkurs zur Rolle des DSB und nach der systematischen Analyse zur Untergliederung der dvs komme ich zurück zur historischen Schiene und zwar zu meinen Vortrag 1978 in Heidelberg. Ich tue dies, weil dieser Vortrag möglicherweise einen nicht unwesentlichen Beitrag dazu geleistet hat, dass ich ein Jahr später in der Jahreshauptversammlung der dvs (im Rahmen des ADL-Kongresses in Berlin) zum Präsidenten der dvs gewählt worden bin. Rückblickend erscheint es mir sogar, dass mein damaliger Vortrag als Programmatik für meine Amtszeit angesehen werden kann.

In dem Vortrag habe ich in einem ersten Schritt die „Nicht-Gegenstände" meines Vortrags – wenn durchaus auch relevant – angeführt (z. B. Terminologiediskussion).

Nach den international vertretenen Strukturmodellen für die Sportwissenschaft bin ich in einem 3. Schritt sehr ausführlich auf die Charakterisierung der Sportwissenschaft als eine *angewandte* Wissenschaft eingegangen, was damals keineswegs allgemein anerkannt war.

Und schließlich habe ich viertens sehr differenziert Konsequenzen für die Zukunft aufgeführt. Meine These hier war „dass sich die Interdisziplinarität keineswegs notwendigerweise von selbst einstellt, sondern systematisch und zielstrebig erarbeitet werden muß. Kommt es nicht – wie auch vertreten worden ist – zu einer Selbstdynamisierung, läuft die Sportwissenschaft Gefahr, wenn auch nicht institutionell, so doch zumindest

wissenschaftssystematisch zu den Mutterwissenschaften zurück sich auseinanderzudividieren." (Willimczik, 1979, S. 34)
Im Anschluss habe ich einige Realisierungsforderungen aufgestellt. Ich greife heraus:

- Notwendigkeit zur Schaffung eines „nicht praxis-bezogenen" Raums als Voraussetzung für interdisziplinäre Arbeit, „zum einen für die Bildung einer Theorie bzw. die Systematik vorhandener theoretischer Ansätze", zum zweiten „weil die Forschungsmethodik für eine interdisziplinäre sportwissenschaftliche Arbeit nicht direkt aus den Basiswissenschaften übernommen werden kann, sondern zum Teil erheblich modifiziert bzw. sogar neu entwickelt werden muß."

- Bereitstellung von Organisationsformen, „die es den Wissenschaftlern der Teildisziplinen (Sportpsychologie, Sportsoziologie usw.) ermöglichen, gleichermaßen an dem wissenschaftlichen Fortschritt der Mutterwissenschaften teilzunehmen wie auch in der interdisziplinären Sportwissenschaft zu arbeiten. Ist diese doppelte Anbindung nicht gegeben, besteht einerseits die Gefahr, daß die Wissenschaftler einen guten allgemeinen Überblick über die Sportwissenschaft besitzen, mit Bezug auf ihre Mutterwissenschaft aber Wissenschaftler zweiter Klasse sind oder, daß sie hervorragende und anerkannte Wissenschaftler in ihrer Mutterwissenschaft sind, ihnen aber das Verständnis für und das Wissen über die interdisziplinäre Sportwissenschaft fehlt."

- Forderung nach einer zentralen Einrichtung zur Förderung der nicht-leistungsbezogenen Forschung auf Bund-Länderebene.

- Einforderung von Toleranz gegenüber anderen wissenschaftstheoretischen Ansätzen und anderer sportwissenschaftlicher Teildisziplinen als Voraussetzung für eine interdisziplinäre Gemeinschaft.

Einige Antworten auf die Frage, inwieweit ich diese Programmatik in meiner Amtszeit *verfolgt* habe und *umsetzen* konnte, habe ich bei der Abhandlung der Untergliederung der dvs aufgeführt. Weitere Antworten gebe ich nun in einem kurzen Resümee.

9 Resümee

Neben dem ADL-Kongress in Bielefeld 1983 – der verständlicherweise auch stark von der dvs geprägt worden ist – haben unter meiner Präsidentschaft fünf Hochschultage stattgefunden:

Alle durchgeführten *Hochschultage* sind von den Kolleginnen und Kollegen der ausrichtenden Hochschulen mit viel Kreativität und Engagement vorbereitet und durchgeführt worden. Die Hochschultage waren jeweils Abbild der sich entwickelnden Sportwissenschaft und damit des sich ausbildenden sportwissenschaftlichen Paradigmas. Sie waren aber auch ein Schaufenster der ausrichtenden Hochschule, gleichsam ihr Paradigma. Die im Rahmen der Hochschultage stattfindenden Jahreshauptversammlungen waren ein Spiegelbild der Vielfalt und der Einigkeit der dvs.

Nach vielen, teils hitzigen Diskussionen kann die *Strukturierung* der dvs in Sektionen und Kommissionen als (vorläufig) abgeschlossen angesehen werden. Im Protokoll der Hauptversammlung 1981 in Würzburg wird festgelegt, „daß Sektionen für die sportwissenschaftlichen Teildisziplinen und Kommissionen für Problem- und gegenstandsorientierte Fragen vorgesehen seien"

Im Bericht des Vorstands für das Geschäftsjahr 1984/85, der die Vorstandsarbeit meiner sechsjährigen Amtszeit bilanziert, wird eine weitere Erläuterung gegeben: „Mit dieser Unterscheidung [Sektionen – Kommissionen] sollte zum einen sichergestellt werden, dass die wissenschaftlichen Standards, wie sie in den Mutterwissenschaften zur Sportwissenschaft gelten, auch in der Sportwissenschaft erfüllt werden, und sollte zum anderen der interdisziplinäre Anspruch der Sportwissenschaft unterstützt werden."

Diese Differenzierung wird auf dem Hochschultag 1991 in Oldenburg ausdrücklich bestätigt; der Vorstand (zuständig war Klaus Roth) hatte hierzu ein Konzept vorgelegt.

Als besonderen Erfolg verbuchen möchte ich den erreichten – wenn zunächst auch bescheidenen – *Zugang zur DFG*. Ich zitiere aus dem Protokoll der Jahreshauptversammlung 1984 in Bremen. In ihr wird dem Vorschlag des Vorstands für das weitere Vorgehen zugestimmt. „Den DVS-Mitgliedern wird ein Strukturplan für die Sportwissenschaft vorgelegt werden. Die Sektionen und Kommissionen können Vorschläge für einzelne Gutachter machen. Diese Vorschläge werden durch den Vorstand ergänzt. Diese ergänzte Vorschlagsliste wird dann den DVS-Mitgliedern zur Wahl vorgelegt. Dem Verfahren wird durch Akklamation zugestimmt." Damit konnte wenigstens eine kleine Ergänzung zur notwendigerweise einseitigen Förderung der Forschung zum Leistungssport hergestellt werden.

Bereits seit 1983 war die *Nachwuchsförderung* in der dvs institutionalisiert, und sei 1985 bestand eine fruchtbare Kooperation mit dem „Verein zur Förderung des sportwissenschaftlichen Nachwuchses". Ich bin sehr froh über die Aktivitäten des organisierten sportwissenschaftliche Nachwuchses heute, und ihre Zeitschrift, der Ze-phir, ist keineswegs nur für den Nachwuchs lesenswert!

Sehr steinig und zugegebenermaßen nur sehr schwach war zum Zeitpunkt der Übergabe der Präsidentschaft an Dietrich Kurz die Positionierung der dvs in der *Landschaft des Sports, der Wissenschaft, der Sportwissenschaft und der Politik*. Begründet werden kann diese Schwäche mit der extremen Vernetzung von führenden Persönlichkeiten in den relevanten Bereichen. Ich verdeutliche dies mit der Person Ommo Grupe, der allgemein als Nestor der Deutschen Sportwissenschaft bezeichnet wird. Als Vorsitzender des „Bundesausschusses für Wissenschaft und Bildung", später als Vizepräsident des DSB sowie als langjähriger Vorsitzender des „Direktoriums des Bundesinstituts für Sportwissenschaft" hat er, z. B. gemeinsam mit dem damaligen Direktor des BISp, August Kirsch, es als selbstverständlich angesehen, für die Außenbeziehungen der dvs und für alle personellen Entscheidungen, z. B. Berufungen in Ausschüsse des DSB oder beim BISp zuständig zu sein.

Ich komme zum zentralen Begriff meines Vortrags, zum Paradigma, zur Identität der dvs. Das der „interdisziplinären Sportwissenschaft" *vorauslaufende Paradigma* war die „Theorie der Leibeserziehung". Dieser Übergang muss als klassische „Paradigmatische Revolution" im Sinne von Kuhn eigestuft werden. Kuhn hat behauptet, dass es nicht möglich ist, Erkenntnisse aus einem Paradigma in ein anderes zu übernehmen. Overton (1984) hat dem – wie ich meine zu Recht – entschieden widersprochen und die tatsächliche stattfindende Theorieentwicklung entgegengehalten. Ich schließe mich dem an und halte deshalb die Übernahme von Erkenntnissen aus der „Theorie der Leibeserziehung" in die der Sportwissenschaft durchaus für gerechtfertigt. Warum sollte man nicht – in einer Re-Interpretation – auf das Konzept der Kategorialen Bildung zurückgreifen können, wenn etwa einerseits das Bildungsziel „Fairplay" aus der Bildungstheorie auch in der Curriculumtheorie und im Kompetenzkonzept gesetzt wird, und wenn dies andererseits über vergleichbare Inhalte erreicht werden soll?

Mit der *„unique identity"* der Sportwissenschaft hat sich die dvs lange schwergetan. Zwar hat es in den ersten 9 Jahren eine Entwicklung von der Sprache von „überdisziplinäre Interessen" hin zu einer Etablierung der „Interdisziplinarität" gegeben, eine nähere Bestimmung dieses komplexen Phänomens aber ist – wie ich meine – bis heute offen. Besonders eine differenzierte Erarbeitung einer *Methodologie* der Interdisziplinarität ist nur in Ansätzen versucht worden. Zwar wird in der heutigen Sportwissenschaft – implizit – umfangreich interdisziplinär gearbeitet, methodologisch begnügt man sich auch heute noch weitgehend mit dem *soziologischen* Schema von Ries und Kriesi aus dem Jahre 1974. Ansätze für eine Methodologie der Interdisziplinarität, haben meines Wissens nur Jürgen Nitsch (2011) und ich (2011) mit Modellen vorgeschlagen. Ich sehe sogar Indizien dafür, dass – ausgehend von einzelnen Teildisziplinen – die Gefahr besteht, dass die Sportwissenschaft sich wieder zurück zur additiven Stufe bewegt, bevor wir eine fundierte Interdisziplinarität überhaupt erreicht haben.

Helmut Digel hat 2002 aus Anlass „30 Jahre Bundesinstitut für Sportwissenschaft" die „thematische Beliebigkeit und fehlende Einigkeit der Deutschen Sportwissenschaft" bemängelt. Er hat resümiert, „dass sich die Sportwissenschaft ihres eigentlichen Gegenstands nur eingeschränkt gewiss ist" (S. 33).

Zumindest der Tendenz nach scheint dieses Urteil auch heute noch gültig zu sein. Es erscheint mir ernsthaft bedenkenswert, dass z. B. die DFG ganz aktuell die Sportwissenschaft nicht als eigenständige Wissenschaft anerkennt. Im Sinne von Kuhn wird zumindest für die DFG für die Sport-Wissenschaftlichen Gemeinschaft ganz offensichtlich ein „unique paradigm" als wissenschaftliches Alleinstellungsmerkmal nicht gesehen. Dies zeigt, dass die Frage nach der Identität der Sportwissenschaft keineswegs nur eine theoretische Relevanz hat. Vielleicht lohnt es sich sogar, die Diskussion um ein Alleinstellungsmerkmal der Sportwissenschaft aus der Gründungszeit der dvs aufzugreifen und – die Erkenntnisse der vergangenen 40 Jahre berücksichtigend – weiter zu führen.

10 Gestatten Sie mir ein ganz persönliches Schlusswort

Auch wenn es „abgedroschen" klingt: Wer zu früh kommt, den bestraft das Leben – wer zu spät kommt, den auch!

Ich habe – für mich gesprochen – genau zur rechten Zeit gelebt! Den Sport und die Sportwissenschaft betreffen:
- Ich habe vielseitig und „aufgaben- und wettkampforientiert", erfolgreich Leichtathletik betreiben können.
- Ich habe Leistungssport in einer Zeit betreiben können, in der man gleichzeitig (trotz 18 Stunden Training in der Woche) in der Regelstudienzeit hat studieren können.
- Ich habe mich habilitieren können, als das gerade möglich geworden war.
- Ich habe einen Wissenschaftstheoretiker als Doktorvater gehabt, bei dem ich die Grundlagen einer Wissenschaftstheorie nahegebracht bekommen habe, die ich zu einer Zeit auf die Sportwissenschaft habe anwenden können als diese Frage besonders aktuell war.
- Ich habe es als große Chance angesehen, als Präsident die dvs nach meinen wissenschaftstheoretischen Vorstellungen mit gestalten zu können.

Ich blicke zurück in Dankbarkeit – und bedanke mich nun für Ihre Aufmerksamkeit!

11 Literatur

Borkenhagen, F. & Willimczik, K. (2012). Zur Institutionalisierung der Sportwissenschaft: Beitrag und Entwicklung der Deutschen Vereinigung für Sportwissenschaft (dvs) – ein Werkstattbericht. In J. Court, H.-G. Kremer, A. Müller (Hrsg.), Jahrbuch 2011 der Deutschen Gesellschaft für Geschichte der Sportwissenschaft e. V. (S. 101–142). Berlin: LIT Verlag Dr. W. Hopf.

Dietrich, K. (1978). Bericht Sportwissenschaft auf dem Weg zur Praxis – Hochschultag der Deutschen Vereinigung für Sportwissenschaft (DVS) vom 22. – 24.11.1977 in Göttingen. Zeitschrift für Sportpädagogik 2(1), 89–92.

Digel, H. (2002). Wohin soll die Sportwissenschaft gehen? In W. Hartmann (Red.), 30 Jahre Bundesinstitut für Sportwissenschaft (S. 31–46). Bonn: BISP.

Eberspächer H. & Trebels A. H. (1979). Vorwort. In H. Eberspächer & A. H. Trebels (Red.), Sportwissenschaftliche Forschung als Praxisproblem – Hochschultag der Deutschen Vereinigung für Sportwissenschaft (DVS) 1978 in Heidelberg (S. 7–9). Bad Homburg: Limpert.

Jonas, B. (1980). Veränderungen der Organisationsstruktur des ADL seit seiner Gründung. In E. Beyer (Red.), 25 Jahre Ausschuß Deutscher Leibeserzieher (ADL) (S. 49–58). Schorndorf: ADL.

Kuhlmann, D. (1987). Gruppen und Grüppchen. Zur Struktur der DVS. In D. Kuhlmann & D. Kurz (Red.), 1976–1986: Zehn Jahre DVS – Perspektiven der Sportwissenschaft (S. 115–126). Clausthal-Zellerfeld: dvs.
Kuhn, T. S. (1962). The structure of scientific revolutions. University of Chicago Press: Chicago.
Kuhn, T. S. (1974). Bemerkungen zu meinen Kritikern. In I. Lakatos & A. Musgrave (Hrsg.), Kritik und Erkenntnisfortschritt (S. 223–269). Braunschweig: Vieweg.
Nitsch, J.R. (2011). Sportpsychologie. In K. Willimczik, Sportwissenschaft Interdisziplinär. Band 4: Die Sportwissenschaftlichen Teildisziplinen in ihrer Stellung zur Sportwissenschaft (S. 109–144). Hamburg: Czwalina.
Overton, W. F. (1984). World views and their influence on psychological theory and research: Kuhn – Lakatos – Laudan. In H. W. Reese (Ed.), Advances in child development and behaviour Vol. 18 (pp. 151–226). Orlando, FL: Academic Press
Ries, H. & Kriesi, H. (1974). Scientific model for a theory of physical education and sport sciences. In U. Simri (Ed.), Concepts of physical education and sport sciences (S. 175–198). Jerusalem: o. A.
Schmitz, J.N. (1980). Die ADL-Kongresse. In E. Beyer (Red.), 25 Jahre Ausschuß Deutscher Leibeserzieher (ADL) (S. 7–21). Schorndorf: ADL.
Willimczik, K. (1979). Die Entwicklung der Sportwissenschaft in der Bundesrepublik Deutschland im internationalen Vergleich. In H. Eberspächer & A. H. Trebels (Red.), Sportwissenschaftliche Forschung als Praxisproblem – Hochschultag der Deutschen Vereinigung für Sportwissenschaft (DVS) 1978 in Heidelberg (S. 24–35). Bad Homburg: Limpert.
Willimczik, K. (2011). Sportpsychologie. In K. Willimczik, Sportwissenschaft Interdisziplinär. Band 4: Die Sportwissenschaftlichen Teildisziplinen in ihrer Stellung zur Sportwissenschaft (S. 109–144). Hamburg: Czwalina.
Willimczik, K. (2014). Interdisziplinäre Sportwissenschaft – der Weg zu einer paradigmatischen Begründung". In S. Kornmesser & G. Schurz (Hrsg.), Die multiparadigmatische Struktur der Wissenschaften (S. 181–227). Wiesbaden: Springer.

12 Quellen

Deutsche Vereinigung für Sportwissenschaft. Bericht des Vorstands für das Geschäftsjahr 1984/85. Zugriff unter https://www.sportwissenschaft.de/fileadmin/pdf/Hauptversammlung/1985_HV_BerichtVS.pdf
Deutsche Vereinigung für Sportwissenschaft. Protokoll der Gründungversammlung vom 06.10.1976
Deutsche Vereinigung für Sportwissenschaft. Protokoll und Diskussionspapier zur Sitzung des erweiterten Vorstands der dvs (erste Ländervertretersitzung) am 20.01.1977
Deutsche Vereinigung für Sportwissenschaft. Protokolle der Vorstandssitzungen vom 15.10.1976, 07.12.1976, 14.06.1977, 22.08.1977, 21.09.1977, 14.10.1977, 09.12.1977, 05.05.1978, 29.10.1979, 02.02.1983, 15.03.1983
Deutsche Vereinigung für Sportwissenschaft. Protokolle der Jahreshauptversammlungen 1977, 1978, 1981, 1984 und 1985. Zugriff unter https://www.sportwissenschaft.de/die-dvs/struktur-und-gremien/hauptversammlung/hauptversammlung-archiv/

Deutscher Sportbund. Protokoll der Sitzung des Bundesausschusses für Wissenschaft und Bildung vom 04.12.1980

Deutscher Sportbund. Protokolle der Kooperationsgespräche mit den sportwissenschaftlichen Organisationen und Gremien vom 21.01.1977, 20.05.1977, 20.01.1978

Objekt und Aura. Der Sportartikel im Zeitalter seiner konstruierten Einzigartigkeit. Oder: Die WM 1966 als Katalysator für die Kommerzialisierung des Fußballs

Matthias Fechner

1 Zur Einleitung: Sieben Millionen Pfund für ein Polyestertrikot – oder: „La reliquia futbolística más importante de la historia"

In den vergangenen zwanzig Jahren wuchs das Interesse an Fußballantiquitäten, was sich in teilweise astronomisch steigenden Preisen für historische Trikots, Medaillen und andere rare Objekte zeigte. Man mag dies einerseits auf die Globalisierung des Sports, aber auch der Auktionshäuser zurückführen. Große Clubs und Nationalmannschaften haben finanzkräftige Fans in den beiden Amerikas, im Nahen Osten und Ostasien dazugewonnen. Diese können sich nun von jedem Ort der Welt an Auktionen beteiligen und einzigartige Stücke aus der Geschichte ihrer Idole, ihrer Teams ersteigern. So wechselte am 4. Mai 2022 bei einer Auktion von Sotheby's ein blaues, argentinisches Nationaltrikot von Diego Maradona den Besitzer. Getragen hatte der verstorbene Weltfußballer das Jersey bei der WM 1986 im Spiel gegen England. Dort schoss er den späteren Weltmeister Argentinien mit zwei sensationellen Toren ins Halbfinale. Der neue Eigentümer – er soll im Nahen Osten ansässig sein – bezahlte für das Polyestershirt 7.142.500 Pfund, nach einem harten Bietergefecht. Einer der unterlegenen Konkurrenten, der Argentinier Marcelo Ordás, zeigte sich besonders enttäuscht. Denn er hatte vor, das Trikot an exponierter Stelle in seinem neuen Fußballmuseum in Madrid[1] zu zeigen.[2,3] Nun verfügt die

---

[1] https://legends.football/
[2] Redacción El Comercio (2022).
[3] Im August 2022 gelang es Ordás immerhin, das Trikot Maradonas aus dem Endspiel der WM 1986 gegen Deutschland zu erwerben, direkt vom Gegenspieler Lothar Matthäus. Der Kaufpreis wurde diesmal nicht kommuniziert. Stattdessen jubelten auf Twitter Vertreter der argentinischen Botschaft in Madrid, wo das Trikot persönlich von Matthäus an Ordás übergeben wurde, dass sich die wichtigste Fußballreliquie der Geschichte („La reliquia futbolística más importante de la historia") (wieder) in argentinischem Besitz befinde:

spanische Hauptstadt in den Stadien von Real und Atletico bereits über zwei große Fußballmuseen. Ordaz' Museum aber erstreckt sich über sieben Stockwerke, verfügt über eine Sammlung mit 6.000 historischen Objekten und befindet sich an der Puerta del Sol, in der Mitte Madrids, im Zentrum der hispanophonen Welt. Dort wird folglich nicht die Historie eines Klubs, sondern die Geschichte des Fußballs selbst zelebriert. Wie bereits angedeutet, ungewöhnlich ist das nicht. Es gibt ähnliche Museen bereits mit nationalen Schwerpunkten, beispielsweise in Dortmund, Manchester oder Coverciano.[4]

Vor diesem Hintergrund drängt es sich auf, die Auren-These Walter Benjamins im 21. Jahrhundert fortzuschreiben: zum Sportartikel im Zeitalter seiner konstruierten Einzigartigkeit. Denn im Gegensatz zum Kunstwerk handelt es sich bei den Fußball-Exponaten in den allermeisten Fällen um industriell hergestellte Objekte, die sich nur wenig oder gar nicht von tausenden ähnlicher Artikel unterscheiden. Die ihnen beigemessene Bedeutung bemisst sich damit ausschließlich durch ihre Aura, ihre „ornamentale Umzirkung" (Walter Benjamin). Diese Aura kann einerseits technisch en détail identifiziert werden: Das Trikot Maradonas aus dem England-Spiel wurde durch resolution photomatching als Original bestätigt. Dabei wird das untersuchte Objekte digital fotografiert, vergrößert und mit den Aufnahmen zahlreicher einschlägiger Datenbanken verglichen.[5] Diese positivistische Methode prüft die Aura jedoch nur.

Denn andererseits – und dieser Aspekt stellt den Schwerpunkt meines Beitrages dar – muss die Aura vorher konstruiert, damit gebildet werden. Dem Objekt muss folglich eine solche Bedeutung zugesprochen werden, dass es wie eine Reliquie gewürdigt, gezeigt und auch bezahlt wird. Diese Bedeutung entsteht zuerst aus dem Moment der Sportgeschichte, an dem das Objekt instrumentell und direkt beteiligt war. In den vergangenen Jahren ließ sich darüber hinaus bei außergewöhnlichen Objekten beobachten, dass sie – neben ihrer spektakulären Präsentation im Vorfeld der Auktion – mit einem eigenen Narrativ versehen wurden. Nicht zuletzt, um sie

---

https://twitter.com/ARGenesp/status/1562821196378669056
[4] Um an dieser Stelle nur die größten Museen zu nennen: Das Museum des DFB – https://www.fussballmuseum.de/ sowie das National Football Museum in England – https://www.nationalfootballmuseum.com/ und das Museum des italienischen Fußballverbandes: https://www.figc.it/it/museo-del-calcio/ Alle aufgerufen am 07.02.2023.
[5] https://www.resolutionphotomatching.com/

bedeutungsvoll in größere historische Zusammenhänge einzubetten. Anhand von Maradonas Trikot lässt sich dabei exemplarisch nachvollziehen, wie die Aura in mehreren Schritten durch ein Narrativ gezielt aufgebaut wurde, um schließlich dazu beizutragen, ein industriell fabriziertes Polyestershirt in das teuerste Fußballtrikot der Welt zu verwandeln. Am Schwerpunktthema der Tagung orientiert, möchte ich am Beispiel der Fußballweltmeisterschaft 1966 gleichzeitig demonstrieren, dass derartige Narrative durchaus auf differenzierten kulturgeschichtlichen Konstellationen beruhen, die sich bis in kleinste Details zuordnen lassen: Eine Art von historischem resolution (photo)matching, bei dem das Objekt als ein mit positiver Bedeutung aufgeladenes Symbol einer ganzen Epoche hervortritt. Gleichzeitig soll auch die materielle sportgeschichtliche Grundlagenforschung nicht zu kurz kommen. Die Fußball-WM 1966 war zugleich das erste Turnier, bei dem mit Umbro und Adidas zwei Sportartikelhersteller versuchten, sich das werbetechnisch lukrative Feld der Ausrüstung von Nationalmannschaften zu sichern. Anders als gerne kolportiert, ist ihnen dies nur teilweise geglückt. Dennoch wandelte sich der Charakter der Fußballweltmeisterschaften damals deutlich von einer Sportveranstaltung zu einem Großereignis, das auch eine rapide wachsende kommerzielle Bedeutung gewinnen sollte.

2 England 4 – West Germany 2: Wembley, 30. Juli 1966: „They think it's all over"

Jedes Land kennt große Momente der Vergebung, des Ausgleichs, der Wende. Der Fußball ist prädestiniert, diese Momente zu schaffen. Im Spiel selbst, aber auch durch das Spiel: für die Gesellschaft, manchmal sogar für kommende Generationen. Am 30. Juli 1966 fasste der BBC-Kommentator Kenneth Wolstenholme im Endspiel der Fußballweltmeisterschaft genau dieses Phänomen in einem einzigen, epochalen Satz zusammen: „They think it's all over!"[6]

---

[6] Wolstenholme war aufgefallen, dass einige Zuschauer gegen Ende der Verlängerung, beim Stand von 3:2 für England, bereits auf das Spielfeld gelaufen waren, weil sie glauben wollten, dass die Partie beendet sei. In diesem Moment schoss Geoff Hurst noch das vierte Tor für die englische Nationalmannschaft. Der Satz wurde Teil der englischen Kulturgeschichte, wie in Deutschland Herbert Zimmermanns „Aus dem Hintergrund müsste Rahn schießen" bzw. „Aus, aus, aus! Das Spiel ist aus!" bei der Fußball-WM 1954.

Es ist alles vorbei, geschafft, bewältigt. Die Austerität und Armut Englands während der Jahre nach dem 2. Weltkrieg, die dramatische Auflösung des Empire, die Erosion der klassischen Sozialmilieus, der englischen Identität überhaupt. Besiegt auch der Angstgegner Deutschland, Heimat des Wirtschaftswunders, dessen Spielführer Uwe Seeler nun in den alten preußischen Farben, Schwarz und Weiß, mit hängendem Kopf von ernsten Bobbys vor der Band der Royal Marines über den Rasen des Empire Stadiums geleitet wird. Während Bobby Moore, der blonde Kapitän der Engländer, geboren während der Bombennächte des Blitzkriegs in Barking, am Rande des Londoner East Ends[7], die Treppen der Haupttribüne zur Royal Box emporsteigt, wie die ihm folgenden Feldspieler in einem roten Trikot, so leuchtend wie die Red Coats, die Paradeuniformenjacken britischer Soldaten. Und der Kapitän des Landes denkt in diesem Moment selbstverständlich wie ein echter Gentleman: „When I got about two yards from the Queen, I saw her lilywhite gloves. I thought 'My God, my hands are filthy'."[8] Dann nimmt Moore von seiner noch jungen Königin doch den Gral der Fußballwelt entgegen, den Coupe Jules Rimet, lächelnd und stellvertretend für ein ganzes Land. Über den Äther gefeiert vom hochdekorierten, ehemaligen Bomberpiloten Wolstenholme.[9]

3 Swinging London 1966: Synergien von Musik, Mode, Design, Medien, Jugendkulturen – und Fußball

Gleichzeitig befand sich England in einem rapiden, durchaus kommerziell inspirierten Wandel. Die Pop-Kultur übte einen enormen Einfluss aus. Nicht nur die Beatles und die Rolling Stones, auch unzählige weitere Gruppen beeinflussten die junge Generation, die ihre scheinbare Eigenständigkeit in einer nie gekannten Vielfalt weithin sichtbarer Jugendkulturen manifestierte. Und Swinging London war die Hauptstadt dieser Jugendkul-

---

[7] Genauer: am 12. April 1941. Robert Frederick Chelsea Moore wuchs danach in 43 Waverley Gardens auf, einem Reihenhaus in Barking. Vgl. auch Powell (2014).
[8] Zitat auf der Webseite des National Football Museums, wo der Tag des Endspiels rekonstruiert wird:
https://www.nationalfootballmuseum.com/exhibitions/1966-world-cup-exhibition-day-final/ Aufgerufen am 15. März 2023.
[9] Frank Malley (2002). Kenneth Wolstenholme. Obituary. In Guardian. 26 März 2022. Aufgerufen am 27. Januar 2023 von:
https://www.theguardian.com/football/2002/mar/26/newsstory.sport6

turen: Rocker und Ton-ups im Ace Café auf der North Circular Road.[10] Hippies und Psychedelics in Hampstead Heath, im Hyde Park, in Piccadilly. Mods in den italienischen Bars von Soho, auf der Carnaby Street, der King's Road und den Ska-Clubs im East End, etwa dem El Partido oder dem Amersham Arms in Lewisham.[11] Oder überhaupt in den hunderten von Pubs und Clubs in ganz England, in denen immer neue, obskure Gruppen auftraten, wie die Beatles im Cavern Club in Liverpool, die Spectres (später: Status Quo) im El Partido, die Rolling Stones im Ealing Jazz Club, die Yardbirds und The Who im Railway Hotel in Harrow. Und dort streiften manche ihre Fishtail-Parkas ab, trugen nun die bei John Simons in Richmond erhältlichen und – aus den USA importierten – Harrington-Jacken,[12] darunter enge karierte Hemden mit Hosenträgern, feste Arbeitsschuhe und einen Number-One-Crop. Die Evolution vom Hard Mod zum Skinhead war vollzogen,[13] vor allem unter Jugendlichen der Arbeiterklasse, die es damals noch gab.[14]

Und diese Jugendlichen besetzten an Samstagnachmittagen zu tausenden auch die Stehplatzhügel der Fußballstadien. Die Legendenkränze, die ihren Anführern gewoben wurden – erinnert sei nur an Chelseas Danny „Eccles" Harkins und vor allem Mickey Greenaway – wurden inzwischen in die Geschichte der Fußballklubs aufgenommen. 1969 hatte es Greenaways „Zigger-Zagger"-Kampflied im gleichnamigen Theaterstück von Peter Terson bereits nach Deutschland geschafft.[15] Selbst der Godfather of Ska Lionel

---

[10] Ramsey (2022).
[11] Weight (2013).
[12] Vgl. etwa Welch (2018) und Ritchie (2022).
[13] Vgl. Anderson (2021).
[14] Kulturgeschichtlich handelt es sich dabei keineswegs um ein marginales Phänomen. In der englischsprachigen Literatur wurde daraus sogar ein eigenes Genre von Romanen über jugendliche Subkulturen in London inspiriert, das bereits in den späten 1950er Jahren begann und seine Leserschaft bis in die 1970er und 1980er Jahre fand. Vgl. Kops (1958); MacInnes (1959); Taylor (1961) sowie daran anschließend die Pulp-Fiction-Bestseller von James Moffatt (alias Richard Allen).
[15] Terson (1967). An der Dramatisierung des Stoffes lässt sich an diesem Beispiel sehr gut die Verfremdung und Vereinnahmung des Themas ablesen. Tatsächlich war der 1945 geborene Mickey Greenaway seit der Saison 1954-55 Chelsea-Fan. Damals soll er von seinem Pflegevater zum ersten Mal an die Stamford Bridge mitgenommen worden sein. Im Urteil der Zeitzeugen wird er außerdem als loyaler, zuverlässiger und sangesfreudiger, aber wenig kämpferischer Typ dargestellt. In Tersons Drama treten die Fans immerhin als χορός auf, aber den einzigen Ausweg aus der scheinbar hoffnungslosen Welt der Fußballfans besteht

Aitken hatte auf Greenaways „Zigger-Zagger" (viel später) positiv mit einem eigenen Song reagiert.[16] Auch Kriminelle, wie die berüchtigten Kray Twins, bewegten sich während dieser Zeit im Blitzlicht jener medial gehypten Welt.[17] Festgehalten werden sollte jedoch, dass im Juli 1966 in (Swinging) London und weiteren englischen Städten sehr lebendige Beziehungen zwischen den Subkulturen bestanden: Musik, Mode, Design, Medien, Jugendkulturen und Fußball standen zum ersten Mal bei einer Weltmeisterschaft in einer relativ engen, synergetischen Verbindung, die eine äußerst fruchtbare Atmosphäre zur Aurenbildung schuf. Und auf diesen Feldern begannen sich soziale, moralische, aber auch ökonomische Grenzen langsam, aber unaufhaltsam zu verschieben. Dass der WM-Pokal vor dem Turnier unter spektakulären Umständen gestohlen und kurz darauf von einem Hund wiedergefunden wurde, ist lediglich ein Aspekt dieses neuen Universums. Dazu passt, dass der öffentlich gefeierte Hundehalter bereits vom Finderlohn eine substanzielle Anzahlung auf ein Haus in der Vorstadt leisten konnte.[18] Die Weltmeisterschaft 1966 war ohnehin das erste große Fußballturnier, das professionell kommerzialisiert wurde. Es gab ein Maskottchen (den Löwen World Cup Willie) mit einem eigenen,

---

im Stück aus einer Berufsausbildung für die Hauptfigur Harry Philton. In Hans Neuenfels' deutschsprachiger Adaption grölen die Fan-Darsteller Paul Gerhards „Haupt voll Blut und Wunden" und eine verdrehte Version der dritten Strophe der deutschen Nationalhymne: „Fußball, Fußball über alles". Die eigentliche Problematik des damaligen Prekariats, der mangelnden Bildung, der sozialen Ungleichheit wurde durch die völlig überzogene Darstellung offenbar verdeckt, wie aus den Kritiken von Botho Strauss und Hellmuth Karasek abgelesen werden kann. Vgl. Strauss (1969, 26-29) und Karasek (1969). Interessanterweise wurde der „Zigger-Zagger"-Schlachtruf wahrscheinlich nicht von England nach Deutschland importiert. Eine ähnliche Version (Zicke-Zacke-Heu-Heu-Heu) wurde vom Marschliederkomponisten Herms Niel (d.i. Ferdinand Friedrich Hermann Nielebock) als „Zicke-Zacke Infanterie" für die Wehrmacht vertont: https://www.youtube.com/watch?v=KV1MGrD1zno
[16] Aitken (2000). Der Ska-Star Aitken erinnert dabei den verstorbenen Hooligan und singt: „I remember Greenaway / Just like it was the other day" (01:02-01:08).
[17] Ronnie und Reggie Kray waren Zwillinge aus dem Londoner East End, die in den 1960er Jahren eine bemerkenswerte, vor allem kriminelle Karriere machten. Als Eigentümer eines Nachtklubs in Soho mit prominenten Gästen standen sie häufig im Zentrum der medialen Aufmerksamkeit. Aus der umfangreichen Literatur über die Kray Twins vgl. Kray, R. & R. und Dinenage, F. (1988).
[18] Jackson (2006).

gleichnamigen Song,[19] Sammelbilderalben,[20] überhaupt den Versuch, eine einheitliche Corporate Identity großflächig durchzusetzen.[21] Und bis heute bleibt das WM-Finale das Ereignis mit der höchsten Einschaltquote in der britischen Fernsehgeschichte.[22]

4 Umbro und Adidas stecken das Feld ab

Auch die beiden führenden Sportartikelhersteller Adidas und Umbro hatten begriffen, dass die Ausstattung der Mannschaften ein hervorragendes Feld für Werbezwecke bot. Vier Jahre zuvor traten viele Mannschaften bei der Weltmeisterschaft in Chile noch mit Trikots eher unbekannter, lokaler Ausrüster an. Das westdeutsche Team etwa vertraute seit der WM 1954 auf die schwäbische Firma Leuze und ihre Leuzéla-Trikots;[23] die Italiener setzten dagegen auf Eleganz und Komfort. Sie hatten sich im chilenischen Winter Pullover des Modehauses Fedeli – bekannt für seine Kaschmir-Kollektionen – übergestreift. Diese wirkten, als wären sie nachträglich zu Fußballtrikots mit Wappen und Nummern umgenäht worden.[24] Derartige Ex-

---

[19] Donegan (1965). Ein offizieller Song wurde mit „El Rock del Mundial" von Los Ramblers zum ersten Mal zur Weltmeisterschaft 1962 veröffentlicht. Das Lied von Jorge Rojas avancierte zwar zum erfolgreichsten Schlager der chilenischen Musikgeschichte, erreichte aber dennoch nicht die gleiche Breitenwirkung wie Donegans Hit.
[20] In Deutschland beispielsweise vom Sicker Verlag, vom Kunold Verlag und von der Aral AG. Im Vergleich zur WM 1954 wirken diese drei Alben aber eher dürftig, waren damals doch nicht weniger als acht Unternehmen und Verlage alleine auf dem deutschen Markt aktiv (Kosmos, Austria, Böninger, Vogelsang, Kiddy, Dobbelmann, OK, Schulze-Witteborg).
[21] Ein Beispiel wären die während des Turniers verwendeten, einheitlichen Eckfähnchen, die das WM-Logo vor dem Union Jack zeigen und von der Firma Umbro hergestellt wurden. Sechs dieser Fähnchen aus dem Wembley-Stadion wurden übrigens 2006 für 6.000 Pfund vom Auktionshaus Christie's versteigert. Vgl. Six Official Umbro 1966 World Cup Corner Flags, Lot 293A, Traditional Sports and World Cup Memorabilia, 27. Juni 2006: https://www.christies.com/en/lot/lot-4743674 Abgerufen am 09.02.2023.
[22] Anon. / BBC (2005).
[23] Vgl. Klein (2018) und Appenowitz (2018).
[24] Die Trikots sind auf mehreren Webseiten von italienischen Sammlern ausgestellt: So die Nummer 22 von Giacomo Bulgarelli aus dem Spiel gegen die Schweiz (Gianfranco Ronchi: https://www.gianfrancoronchi.net/foto/maglie_calcio/nazionale/1962-mondiali-cile-maglia-giacomo-bulgarelli-indossata-vs-la-svizzera.jpg.html), aus dem gleichen Spiel die Nummer 2 von Giacomo Losi (Questa maglia storica: https://questamagliastorica.it/giacomo-losi/) sowie von Lorenzo Buffon, Paride Tumburus

travaganzen ließen die Engländer bei der WM 1966 nicht mehr zu. Die Linien des Feldes waren nun ordentlich gezogen. Adidas lieferte die Fußballschuhe an alle Teams. Und Umbro unterbreitete vermutlich allen teilnehmenden Mannschaften ein Angebot zur Lieferung von einheitlichen Trikots, Hosen und Stutzen. Dieses Angebot schloss wahrscheinlich sogar den Entwurf des Trikotwappens ein, soweit benötigt.[25] Allerdings – und das möchte ich vorab bemerken – gingen keineswegs alle Mannschaften auf die Offerte ein. Selbst wenn dieser Sachverhalt später von Umbro umgedeutet wurde, zur historisch unhaltbaren Behauptung, fast alle Teams – bis auf das sowjetische – hätten damals in den Trikots mit den kleinen Doppelrauten auf dem inneren Kragenetikett gespielt.[26]

They think it's all over: In diesen Momenten wurde die schillernde Aura konzentriert sichtbar, wie damals nach dem Regen die Sonne über Wembley. Fortan umgab sie alles, was mit der Weltmeisterschaft 1966 verbunden ist.

---

und Franco Janich (Clino D'Eletto, dessen Webseite einen außergewöhnlich detaillierten Überblick auf historische Trikotvarianten der italienischen Nationalmannschaft gibt: http://www.collezionecalcio.it/it/italia-anni---60-667.htm). Alle aufgerufen am 08.02.2023.
[25] Der Verfasser dieses Artikels erwarb nach Schließung des Firmensitzes von Umbro in Cheadle entsprechende, gestickte Entwürfe, die sich vorher in einem Musterbuch befunden haben mussten.
[26] Die englischsprachige Wikipedia-Seite zu Umbro gibt diese Version an: „Of the 16 teams that competed, 15 wore kit manufactured by Umbro, the only exception being the USSR." Abgerufen am 09.02.2023: https://en.wikipedia.org/wiki/Umbro Als Quelle wird dabei eine bereits archivierte Webseite der Firma Umbro zitiert, auf der sich die gleiche Aussage findet (zu Teams, die Umbro getragen haben sollen): „England's conquering heroes and 14 of their competitors at the 1966 World Cup." https://web.archive.org/web/20180620024818/https://www.umbro.com/en-gb/about-umbro/ Abgerufen am 09.02.2023. Auch aktuell wird diese Version von Umbro noch vertreten: https://www.umbro.com/en/our-story/ Abgerufen am 09.02.2023. Ironischerweise ist auf der gleichen Webseite ein Trikot der UdSSR zu sehen, wie es – ganz der Gestaltung von Umbro entsprechend – auch während der Weltmeisterschaft 1966 getragen wurde. Die kolportierte Weigerung der Sowjetunion, ihre Mannschaft in Umbro-Trikots auflaufen zu lassen, brachte die Firma sogar dazu, vor der WM 2018 in Russland eine konstruktivistisch inspirierte Kollektion („Unforgotten") zu lancieren, sehr frei angelehnt an Entwürfe von Varvara Stepanova und Lyubov Popova, wohl um die – scheinbare – Gleichgültigkeit der Sowjetunion gegenüber Umbro in eine historisch veränderte Perspektive zu setzen. Vgl. https://www.soccerbible.com/lifestyle/clothing/2018/03/umbro-drop-1966-world-cup-unforgotten-capsule/ Abgerufen am 09.02.2023.

5 Aura, Objekt und Markt

Nach Walter Benjamin tragen (1.) die Unnahbarkeit, (2.) die Echtheit und (3.) die Einzigartigkeit eines Objektes zu dieser Aura bei. Davon ausgehend, sollte man die Frage stellen, welche Faktoren denn genau diese Eigenschaften konstituieren? Im Falle der Fußballweltmeisterschaft 1966 lassen sich dafür relativ genaue Definitionen finden. Die Einzigartigkeit ergibt sich aus der bereits beschriebenen historischen Konstellation, die an einem bestimmten Zeitpunkt kulminiert, später historisch sichtbar wird. Je näher also ein Objekt zeitlich und geographisch am Nachmittag des 30. Juli 1966 in Wembley platziert ist, desto bedeutender die Aura, desto höher sein ökonomischer Wert. Die damit verbundene Unnahbarkeit eines Objekts kann hier also durchaus wirtschaftswissenschaftlich definiert werden. Denn diese Unnahbarkeit ist nicht zuletzt durch die Knappheit des Angebots – damit die Einzigartigkeit – bestimmt. Elf Spieler standen für die Engländer auf dem Platz. Sie erhielten ein Trikot für das Spiel selbst sowie ein identisches Shirt als kostenlose Zugabe, das jedoch in der Kabine blieb. Ihr Wert bestimmt sich zudem durch die Echtheit, die als Provenienz, als Herkunft gut dokumentiert sein sollte. Das ungetragene Final-Trikot von Bobby Moore wurde 1999 – als man die Leibchen noch zum Schnäppchenpreis erwerben konnte – für 44.000 Pfund versteigert.[27] Und nur 8.880 Pfund erzielte im Jahr 2010 das Ersatztrikot von Geoff Hurst aus dem Endspiel bei Bonham's in Chester.[28] Das getragene Jersey des dreifachen Torschützen erschien 2016 in einer Auktion bei Sotheby's, vermochte aber nicht den Mindestpreis von 300.000 Pfund zu erreichen.[29] Trikots der Engländer aus den Vorrundenspielen erreichten dagegen lediglich Werte zwischen 2.000 und 5.000 Pfund.[30] Auch Trikots der deutschen Nationalmannschaft – selbst aus dem Endspiel – erzielten ähnliche Preise.[31] Denn hier

---

[27] Chaudhary (1999).
[28] Vgl. https://www.bonhams.com/auctions/18092/lot/500/
[29] Davis (2016).
[30] So wie Ian Callaghans Trikot (Nummer 20) aus dem Spiel gegen Frankreich, das 2010 bei Bonham's in Chester für 2,280 Pfund verkauft wurde: https://www.bonhams.com/auctions/18092/lot/511/
[31] Etwa Franz Beckenbauers Trikot (Nummer 4) aus dem Spiel gegen Argentinien: $ 8,8348 (Paragon Auctions, Los 77, 13.07.2014), Siegfried Helds Trikot (Nummer 10) aus dem Endspiel: $ 3,049 (Bonham's Chester, Los 515, 16. Juni 2010): https://www.bonhams.com/auctions/18092/lot/515/

greift wiederum eine andere Regel des Sportmemorabilia-Geschäfts: Die Hinterlassenschaften der Verlierer rufen in der Regel niedrigere Summen auf; es sei denn, aus ihrer Geschichte, aus ihrer Aura wäre eine besondere Tragik ablesbar, die wiederum eine konstitutive Bedeutung für die Geschichte eines Landes (oder eines Vereines) hätte, wie etwa bei der ungarischen Mannschaft von 1954.

Doch zurück zur Aura und zum Gesetz von Angebot und Nachfrage. Noch prägnanter erscheint dieses Phänomen bei den Siegermedaillen der WM 1966. Die Firma Paul Kramer in Neuchatel hatte diese Medaillen seit 1930 jeweils in Gold und Silber im Auftrag der FIFA für die unmittelbar am Finale sowie im Spiel um Platz 3 beteiligten Mannschaften hergestellt. Die hohe Bedeutung der Medaillen, auch ihr Materialwert gewährleisteten jedoch umgekehrt eine ziemlich sichere Provenienz der seltenen Stücke, im Sinne von Benjamins Echtheit. Entschloss sich ein Spieler zum Verkauf seines kostbaren Erinnerungsstückes, wurde dies vom Auktionshaus und den Medien entsprechend in der Öffentlichkeit verbreitet, was wiederum die Echtheit bestätigte, die Nachfrage – und damit die Preise – erhöhte. Hinzu kommt, dass Stücke von derart herausgehobener Bedeutung auch gesuchte Objekte institutioneller Interessenten geworden sind, die in solchen Fällen normalerweise offensiver bieten als private Sammler. Jede wichtige Fußballnation unterhält inzwischen ein mehr oder weniger umfangreiches Fußballmuseum. Und jeder größere Verein stellt seine Geschichte ebenfalls in Vitrinen aus, nicht selten in spektakulären Arrangements. Auch hier spielen ökonomische Aspekte eine nicht zu unterschätzende Rolle. Die große Geschichte eines Vereins bietet Fans und Sponsoren ein sicheres Identifikationspotential, unabhängig vom aktuellen sportlichen Erfolg oder Misserfolg der Profi-Mannschaft. Und das Ausstellen von Objekten mit ikonischer Bedeutung erhöht dieses Potential selbstverständlich. Viele Traditionsvereine haben ihren größten Stars sogar Statuen am Stadion errichtet, ohne dass solche (geschmacklich unsicheren) Reinkarnationen olympischer Heldenverehrung als unzeitgemäß wahrgenommen werden.[32] Der – häufig längst verstorbene – Star teilt nämlich eine wichtige Gemeinsamkeit mit den Fans: Anders als moderne Spieler haben

---

[32] Vgl. dazu auch das Sporting Statues Project, einer Datenbank zu Sportler-Statuen, von Chris Stride an der Universität Sheffield
http://offbeat.group.shef.ac.uk/statues/database_football.htm

Eusebio, Fritz Walter oder Billy Bremner die Vereine, mit denen sie ihre größten Erfolge feierten, niemals verlassen.

Dabei lohnt es sich, einmal den Verbleib der Medaillen der englischen Endspiel-Elf zu rekonstruieren. Interessanterweise wurden fast alle über Auktionshäuser veräußert, deren Preise in der Regel lange auf einem hohen Niveau verharrten, um 150.000 Pfund; inzwischen sind sie auf über 200.000 Pfund gestiegen. Die Medaillen kamen zudem selten, dann aber mit Gewinn in den Wiederverkauf. Und sie gingen teilweise an die wichtigsten Clubs der Spieler, die sie in ihren Museen ausstellen.[33]

Ablesbar sind an dieser Entwicklung nicht nur die hohen Preise, die Objekte mit auratischer Bedeutung – unnahbar, echt und einzigartig – erzielen. Tatsächlich handelt es sich bei Investitionen in dieser Größenordnung häufig darum, die Objekte und deren Aura einem größeren Kreis von Menschen zugänglich zu machen. Das heißt die Aura – fast wie in einem religiösen Kontext – mit einer Gemeinde von Gleichgesinnten zu teilen –, was ihre Bedeutung zusätzlich auflädt. Ein Trikot oder eine Medaille verfügt im Museum, hinter Panzerglas ausgestellt, natürlich über eine stärkere Ausstrahlung als ein identisches Objekt, das in der Schublade eines ehemaligen Fußballers verschwunden ist. Diese Entwicklung betrifft jedoch nicht nur institutionelle, vor Ort zugängliche Sammlungen der Vereine und Verbände. Sie hat sich auch ins Digitale verlagert. Zahlreiche private Sammler haben inzwischen mehr oder weniger umfangreiche Sammlungen ins Netz gestellt. Meistens sind diese einem Klub gewidmet, sehr häufig mit der Fokussierung auf ein Gebiet, beispielsweise Trikots. Jedes Objekt – sei es die Eintrittskarte, das Programmheft, das Autogramm, der Spielball, das Ankündigungsplakat, der Übergabewimpel – hat natürlich seine je eigene Bedeutung für das historische Verständnis des Spiels. Die

---

[33] George Cohen: 1998: 80.000 Pfund: FC Fulham (Museum); Bobby Moore: 1998: 150.000 Pfund: West Ham United (Museum); Gordon Banks: 2001: 124.750 Pfund: anonymer Telefonbieter; Geoff Hurst: 2001: 150.000 Pfund privat direkt an West Ham United verkauft; Ray Wilson: 2002: 80.000 Pfund und 2014: 136.000 Pfund; Bobby Charlton: 2003: Geschenk an Manchester United (Museum); Alan Ball: 2005: 164.800 Pfund und 2022: 252.000 Pfund; Nobby Stiles: 2010: 188.200 Pfund über Convery Auctions: Manchester United (Museum); Roger Hunt: Leihgabe an FC Liverpool (Museum); Martin Peters: nicht bekannt; Jack Charlton: in Familienbesitz. Zum Vergleich die Preise für Pelés Medaillen, die 2016 vom Auktionshaus Julien's verkauft wurden: 1958: 160.000 Pfund; 1962: 110.000 Pfund; 1970: 280.000 Pfund. Die Medaille von Stanley Matthews aus dem FA Cup Final 1953 erzielte 2014 220.000 Pfund bei Graham Budd.

Fokussierung auf das originale Spielertrikot aber stellt eine direkte Verbindung mit dem historischen Moment – dem Ort, dem Zeitpunkt, dem Menschen – her, der unmittelbar für die Erschaffung der Aura relevant ist. Dabei wird sogar teilweise das ökonomische Gesetz von Angebot und Nachfrage ausgesetzt. Wer den Memorabilia-Markt genau beobachtet, dem dürfte beispielsweise aufgefallen sein, dass alte Ankündigungsplakate – aufgrund ihres höchst provisorischen Charakters – wesentlich seltener zu finden sind als Trikots oder Medaillen. Dennoch rufen hier selbst rare Objekte bestenfalls niedrige vierstellige Summen auf.[34] Auch seltene, handgestickte Übergabewimpel längst aufgelöster Mannschaften der Vorkriegszeit erzielen nur moderate Preise, oft im niedrigen dreistelligen Bereich – im Vergleich zu den dutzendfach um hohe Summen auf Auktionen versteigerten Trikots berühmter Spieler.

6 Herkunft und Materie: Wie die Aura gebaut wird

Welche Faktoren also bedingen die Aura eines historischen Trikots? Zuerst ist es, wie bereits erwähnt, die Herkunft. Viele Trikots haben normalerweise keine individuellen Unterscheidungsmerkmale. Natürlich lässt sich mit einer gewissen, eher geringen Wahrscheinlichkeit überprüfen, ob ein Trikot in einem bestimmten Spiel getragen worden sein könnte. Die schlichten blauen Leibchen der italienischen Nationalmannschaft aber weisen zwischen 1964 und 1974 keinerlei Unterschiede auf, bis auf lange oder kurze Ärmel, weißen oder azurblauen Stoff, meistens aus einer Woll- oder Baumwoll-Mischung, die selbst nach Jahrzehnten noch frisch wirken kann. Ohne die Historie kann ein solches Trikot im WM-Finale von 1970 getragen worden sein. Genauso gut ist es aber möglich, dass es lediglich in einem Freundschaftsspiel der Juniorennationalmannschaft zum Einsatz kam. Der Unterschied, der sich auch im Preis niederschlägt, ist selbstverständlich gewaltig. Kommt das Trikot also direkt aus dem Eigentum eines Spielers, gestützt auf eine nachvollziehbare Geschichte, dann trägt dies stark zu seiner unsichtbaren Aura bei. Der Verkauf in einem angesehenen Auktionshaus – Graham Budd (London), Sotheby's (London), Bonhams (London), Coutau-Bégarie (Paris), Aste Bolaffi (Turin), Agon (Kassel), Julien's

---

[34] Um bei der Weltmeisterschaft 1966 zu bleiben: Das inzwischen recht seltene offizielle Turnierplakat wurde im Internet um (maximal) 1035,38 Euro verkauft: https://bit.ly/484caOX. Dieser Preis darf jedoch aktuell noch als sehr hoch eingeschätzt werden.

(Beverly Hills) oder Futbolasta (Miami) – erhöht diese Aura zusätzlich. Dabei spielt nicht nur der gute Ruf des Auktionshauses eine Rolle, der die Echtheit der Objekte verbürgt, sondern auch die Art der Präsentation. In englischen Auktionshäusern wird das profane Trikot wie ein Kunstwerk, fast wie ein sakraler Gegenstand gezeigt. Wichtiger noch: Die Zoom-Funktion gestattet es der weltweiten Sammlergemeinde, sich im Internet dem Unnahbaren doch bis in genaueste Vergrößerungen hinein zu nähern. Auch die materiellen Eigenschaften der Echtheit, der sichtbaren Aura können damit selbständig überprüft werden. Das bislang prägnanteste Beispiel wäre die Versteigerung des Hand-of-God-Trikots von Diego Maradona, das am 4. Mai 2022 bei Sotheby's bei astronomischen 7.142.500 Pfund den Zuschlag erhielt.[35] Das Trikot war das einzige Los der Auktion, die pointiert verdeutlicht, wie Auren geschaffen und nachgewiesen werden. Die Beschreibung des Auktionshauses verharrt nicht etwa beim Spiel selbst, einer Partie des Viertelfinales der WM 1986 zwischen Argentinien und England, der sportlich eine eher mittelmäßige Bedeutung beigemessen werden darf. Stattdessen bettet sie das Objekt in damals – aus britischer und argentinischer Sicht – zentrale weltgeschichtliche Entwicklungen ein:

> Few moments in sports can truly toggle the line between athletics and something bigger. For Americans, people's minds might go to the famous Miracle on Ice, when the United States defeated the Soviet Union in the 1980 Olympic Games during the height of the Cold War. These moments though are few and far between in the sporting world, when a game can go beyond the bounds of the physical contest. For England and Argentina, after a bitter conflict in the Falkland Islands War just years earlier, that moment was encompassed during the 1986 World Cup Quarterfinals, when the two squared off in a high stakes match drenched in historical importance.[36]

Vor diesem Hintergrund wird sodann die Bedeutung des Spieles selbst rekapituliert, die wichtige Rolle Maradonas. Sein kontroverses erstes, durch ein klares Handspiel erzieltes Tor, das der Torschütze und spätere Weltmeister damit rechtfertigte, dass Gott seine Hand zum Ball geführt habe. Auch das zweite Tor – 2002 in einer öffentlichen Umfrage der FIFA zum Tor des Jahrhunderts erkoren – wird gewürdigt, wie natürlich der Spieler

---

[35] https://www.sothebys.com/en/buy/auction/2022/the-hand-of-god/diego-maradona-the-hand-of-god-goal-of-the-century
[36] Ibid.

selbst. Weitere Bedeutung erhält das Trikot, weil es vom bisherigen Eigentümer, dem englischen Nationalspieler Steven Hodge, im Titel seiner Autobiographie genannt wird: „The Man With Maradona's Shirt".[37] Auch die Umstände des Spieles und des Tausches werden dort von Hodge genauestens beschrieben. Als Leihgabe wurde das blaue Polyesterleibchen der Marke Le Coq Sportif zudem lange Jahre an prominenter Stelle im National Football Museum in Manchester ausgestellt;[38] die andächtigen Betrachtungen tausender Besucher dürften zur Aurenbildung, damit auch zur Erhöhung von Bedeutung und Preis des Objektes beigetragen haben. Schließlich entspann sich im Umfeld der Versteigerung noch ein Disput um die Echtheit des Trikots;[39] weshalb sich Sotheby's aufgefordert sah, das Trikot mittels Resolution photomatching einem Echtheitstest zu unterziehen. Der Test fiel positiv aus, nicht zuletzt, weil die Rückennummern kurz vor dem Spiel improvisiert aufgetragen wurden und eine Art von Silberstaub absonderten – ein weiteres Zeichen für die Einzigartigkeit und die Echtheit des Objektes.

Doch welche sind die weiteren Konstituenten der sichtbaren Aura, der Garantie auf Originalität? Generell möchte ich keiner eine besondere Bedeutung beimessen. Denn erst die stimmige Kombination aller Bestandteile eines Originaltrikots erzeugt die vollendete Aura. Anders ausgedrückt: Ein echtes Trikot, auf das eine falsche Rückennummer aufgenäht ist, wird damit leider auch zur Fälschung. Beginnen wir also einfach mit dem Stoff und seiner Farbe. Auf der Webseite der ungarischen Puskás-Stiftung findet sich eine zum Einstieg passende Geschichte. Der Stiftung wurde ein scheinbares Originaltrikot der Aranycsapat, der Goldenen Elf der 1950er Jahre angeboten. Fast alle Merkmale des Trikots waren authentisch. Das Wappen, die Rückennummer, der Schnitt. Nur die Farbe passte nicht: Sie war grellrot. Die Goldene Elf aber spielte ausschließlich in dunkelroten, genauer: kirschroten Trikots.[40] Manche Epochen waren zudem von bestimmten Stoffen geprägt: In den zwanziger und dreißiger Jahren wurde häufig noch Wolle verwendet, danach vorwiegend Baumwolle. In den Siebziger Jahren tauchten die ersten Polyestertrikots auf, mit leuchten-

---

[37] Hodge (2011).
[38] Vgl. https://www.nationalfootballmuseum.com/collections_detail/diego-maradonas-argentina-shirt-1986/
[39] Porterfield (2022).
[40] http://www.puskas.com/en/topical/230-it_was_red,_like_a_cherry.html

den Farben, häufig noch in Baumwollmischungen, etwa bei der Firma Erima aus Pfullingen.

7 Wie man ein echtes Trikot erkennt

Doch zurück zum Kern des Themas: Woran kann man ein echtes Trikot der deutschen Nationalmannschaft der WM 1966 erkennen? Da der DFB die Offerte der Firma Umbro akzeptierte, sollten alle Trikots aus dieser Zeit ein entsprechendes Etikett am inneren Kragenrand tragen. Obwohl Umbro bis etwa 1973 Ausrüster der deutschen Nationalmannschaft blieb, wechselte die Gestaltung der Etiketten im Laufe der Jahre. Ein Etikett aus dem Jahr 1966 unterscheidet sich also von einem Etikett, das bei der WM 1970 oder der EM 1972 verwendet wurde. Auch der (damals sehr schmale) Schnitt des Trikots ist bei näherer Betrachtung charakteristisch. 1966 spielte das deutsche Team entweder mit dem typischen runden Umbro-Kragen (gegen die Schweiz und im Finale gegen England) oder aber in Trikots mit einem breiten, schwarzen V-Ausschnitt (gegen Argentinien, Spanien, Uruguay und die UdSSR), die ebenfalls von Umbro hergestellt wurden. Neben der Form des Kragens lassen sich die Trikots der WM 1966 aber auch durch ihre Rückennummern dem Hersteller Umbro zuordnen. Diese Nummern sind einheitlich gestaltet und zeichnen sich durch ihre schlichte Form, etwa bei der Eins beziehungsweise durch ihre fast halbkreisförmigen Rundungen aus, so bei der Fünf oder der Neun. Sie sind aus festem schwarzem Stoff und wurden von außen mit schwarzem, von innen mit weißem Zwirn im Zickzackstich aufgenäht. Außergewöhnlich ist schließlich das Wappen der Umbro-Trikots von 1966, weil es nicht gestickt, sondern auf eine Art Leinenstoff gedruckt und dann aufgenäht wurde, mit einer sehr feinen und detaillierten Ausführung des Bundesadlers. Mit hoher Wahrscheinlichkeit wurde dieses Trikotwappen von Umbro entworfen und hergestellt. Im Gegensatz zu allen anderen – fast immer gestickten[41] – Wappen, die im Falle des DFB eine hohe Konsistenz zeigen und zwischen 1950 und 1996 ansonsten nur ein einziges Mal geändert wurden.[42]

---

[41] Mitte der 1970er Jahre wurden in einzelnen Spielen auf Trikots der Firma Erima auch Aufnäher mit geflockten Wappen verwendet, etwa in B-Länderspielen.
[42] Der Schriftzug erhielt nach der EM 1976 einen Bindestrich: Deutscher Fussball-Bund.

Noch interessanter wird der Blick auf das Logo bei den Three Lions, dem Wappen des englischen Fußballverbandes. Nachdem das Wappen von der Gründung der Football Association bis 1949 mehr oder weniger handgestickt und unverändert bleiben durfte, erfuhren die drei blauen Löwen (und die zehn roten Rosen) danach mit fast jedem neuen Ausrüster kleine, aber höchst subtile Veränderungen. Eingeführt wurde das neue Wappen vom Ausstatter Hope Brothers, der Anfang der 1950er Jahre die Lücke zwischen St. Blaize und Umbro schloß. Ab 1954 übernahm Umbro dann das Wappen und die Konvention, auch den Namen des Gegners und die Saison unterhalb des Wappens anzugeben. Dieser Hinweis, an dem sich nicht nur die Spieler erfreuen durften, sondern auch ernsthafte Sammler, wurde jedoch ab Anfang der 1960er Jahre nicht mehr geliefert; nachdem die Firma Bukta – bis 1965 – die Ausstattung der englischen Nationalmannschaft übernommen hatte. Von nun an wurde es wieder sehr schwer, die Saison beziehungsweise das Spiel, in dem ein Trikot getragen wurde, zu bestimmen.[43] Bei den folgenden Wappen unterschieden sich dann bis zum Ende des Vertrags mit dem Ausrüster Admiral (1984) nur noch Nuancen: die Farbe des blauen Zwirns, Details der Löwen und Rosen, die Art und Weise wie ein Wappen auf das Trikot genäht war. Schließlich stellen auch und gerade Spielspuren, in der Partie am Trikot entstandene Beschädigungen ein weiteres Echtheitsmerkmal – und nicht etwa einen Wertminderungsgrund – dar. Fazit: Im Vergleich muss das gesamte Trikot absolut stimmig zur Epoche, zur Saison, zum Spiel passen. Ansonsten lassen selbst kleinste Abweichungen Zweifel an der Echtheit des Trikots entstehen, beeinträchtigen die Komposition der Aura.

8 Kleine Läden, große Namen der Sportwelt

Werfen wir schließlich noch einen – nun mehr oder weniger geschulten – Blick auf die Trikots der Weltmeisterschaft von 1966. Dabei fällt zuerst auf, dass nur bei vier Mannschaften der Schnitt des Trikots und die

---

[43] Vgl. dazu Glen Isherwoods sehr detaillierte Webseite zur Geschichte der Trikots der englischen Nationalmannschaft:
http://www.englandfootballonline.com/teamunif/Emblem.html Ebenfalls empfehlenswert ist die von Simon Shakeshaft betriebene Seite National Football Shirt Collection: http://www.thenationalfootballshirtcollection.co.uk/ sowie seine neueste Publikation zum Thema: Shakeshaft (2023).

Rückennummern zum Ausrüster Umbro passen: durchgehend bei England und Deutschland; in einzelnen Spielen bei Mexiko und überraschenderweise bei der UdSSR, deren Verband sich – entgegen der eher folkloristischen Überlieferung – doch entschlossen haben musste, die Leibchen von Umbro in einzelnen Spielen zu verwenden, wie etwa im Halbfinalspiel gegen Deutschland. Bei den übrigen Teams treffen wir bei näherer Recherche stattdessen auf einige der größten, inzwischen jedoch fast vergessenen Namen in der Geschichte der Sportbekleidungsindustrie, deren Rekapitulation zur Grundbildung eines jeden ernsthaften Memorabilia-Sammlers gehört. Das brasilianische Trikot, mit seinem tief ausgeschnittenen, breiten Kragen, entspricht eindeutig den Schnitten der legendären Firma Athleta, die die Seleção zwischen 1958 und 1974 belieferte. Die Firma aus Rio de Janeiro schneiderte jedoch nicht nur für das Nationalteam, sondern für viele große Klubs aus Rio und Sao Paolo.[44] Ein ähnlich bekannter Ausstatter stellte die Trikots für die Equipe Tricolore: Allen Sports, einstmals beheimatet in der Pariser Rue Etienne Marcel.[45] Ein Blick auf ein weiteres lukratives Sammelgebiet unterstreicht die Bedeutung der Firma: Allen Sports war bereits bei der WM 1938 offizieller Ausrüster und lieferte unter anderem die Spielbälle, die heute ebenfalls hohe Preise bei Versteigerungen aufrufen können. Der französische Sportartikelhersteller und -vertreiber gehörte damit zum Universum der – mehr oder weniger – mondänen Sportläden europäischer Hauptstädte, die auch über eine eigene Herstellung verfügten. So wurden die Italiener bei der WM 1966 vom römischen Sportladen Marango Sport eingekleidet.[46] Die Spanier bezogen nicht nur

---

[44] Ein knapper Hinweis auf die Geschichte der Trikots findet sich noch auf der aktuellen Webseite der Firma: https://www.athletabrasil.com/a-athleta
[45] Vgl. das bei Coutau-Bégarie in Paris am 07.02.2015 versteigerte Trikot von Robert Herbin (Nummer 16) aus dem Spiel gegen England (Los 399. Zuschlag bei € 3.800): https://www.coutaubegarie.com/lot/22554/4626543-maillot-porte-par-robert-herbi sowie das Trikot von Marcel Artelesa (Nummer 2), getragen im Spiel gegen Mexiko, versteigert am 14.12.2019. (Los 323. Zuschlag bei € 6.998): https://www.coutaubegarie.com/lot/97739/11366905-marcel-artelesa-maillot-n2-de Beide aufgerufen am 09.02.2023. Zur Geschichte des Spielballs vgl. Jérôme (2022).
[46] Vgl. footballkitarchive.com: https://www.footballkitarchive.com/es/italy-kits/#1960s Ein Trainingsanzug der italienischen Nationalmannschaft aus meiner Sammlung, identisch mit Modellen der WM 1966, trägt an der Krageninnenseite ebenfalls ein Label von Marango Sport. Siehe dazu auch das Trikot von Tarcisio Burgnich in der Sammlung von Clino D'Eletto, das dieser Mitte der 1960er Jahre getragen haben musste: http://www.collezionecalcio.it/it/italia-anni---60-667.htm Die dort gezeigten Trikots von

ihre Ausrüstung, sondern auch ihre prächtigen handgestickten Wimpel von Deportes Condor aus Madrid.[47] Die Portugiesen wiederum ließen ihre – nicht weniger sammelwürdigen – Wimpel bei Sousa & Martins in Porto besticken[48], während in Lissabon Casa Senna – übrigens auch langjähriger Ausrüster von Benfica – von Anfang bis Mitte der 1960er Jahre die roten und weißen Trikots der Nationalmannschaft mit Nummern und Wappen versah.[49] Auch die Argentinier vertrauten auf die heimische Textilindustrie. Ihre Trikots mit einem auffälligen weißen Kragen wurden von der Firma Lanús produziert.[50] Die Jerseys von Uruguay lieferte wohl Deportes Fornos, Tacurrembo 1480, in Montevideo.[51] Über die Trikots von Chile, der Schweiz[52], Bulgarien, Ungarn und Nordkorea ließ sich (noch) nichts

---

Landini und Mazzola aus dem Spiel der Italiener gegen Nordkorea weisen allerdings kein Etikett auf.
[47] Das Sportgeschäft besteht heute noch in Madrid, in der Calle Del Conde De Peñalver 22. Die ruhmreiche Geschichte – Deportes Condor fungierte als Ausrüster der spanischen Fußballnationalmannschaft zwischen 1933 und 1978 – ist im Laden und auf der Webseite relativ gut dokumentiert:
https://deportescondor.com/historia-de-deportes-condor/certificados-y-prensa/
[48] Auch dieser Laden existiert noch, in Porto, als Casa das Bandeiras, Sousa & Martins, R. S. João, 16/18.
[49] Die Ausrüster der portugiesischen Nationalmannschaft wechselten häufig; dokumentiert sind Trikots von Casa Senna für das Jahr 1964:
http://www.benfica-portugal-shirts.de/fpf_trikots.html
[50] Anscheinend wurden 1966 Trikots sowohl von Sportlandia als auch von Industria Lanús von der Albiceleste benutzt. Vgl. die sehr gründliche Webseite footballkitarchive.com: https://www.footballkitarchive.com/es/argentina-kits/#1960s Aufgerufen am 09.02.2023. Zum Trikot von Luis Artime aus dem Spiel gegen England, das am 4. Juni 2007 bei Bonham's in Chester zur Auktion kam, finden sich leider keine Angaben zum Hersteller. Der Kragen und die Rückennummer 19 aus schwarzem Plastik legen jedoch den Schluss nahe, dass es sich definitiv nicht um ein Shirt von Umbro handelt:
https://www.bonhams.com/auctions/14894/lot/519/
[51] Vgl. das am 09.02.2023 aktuelle Angebot auf Ebay eines Trikots von Pedro Rocha, das dieser während der WM 1966 getragen haben soll, mit der Rückennummer 8 aus weißer Seide: https://www.ebay.com/itm/194266566662 Der Verkäufer gibt außerdem den Hinweis, dass ein ähnliches Trikot im Museum von Peñarol ausgestellt sei. Am 10.12.2011 wurde beim Auktionshaus Agon in Kassel dagegen ein Trikot Uruguays der WM 1966 mit der Rückennummer 4 aus schwarzem Stoff von Pedro Forlan versteigert. Dort ist der Hersteller Sanz H[erma]nos, Deportes Colonia 872. Vgl.
https://www.yumpu.com/de/document/read/6345360/trikot-original-spielertrikot-agon-auktion
[52] Langjähriger Ausrüster der Schweizer Nationalmannschaft war die Firma Nabholz. Allerdings war es nicht möglich zu recherchieren, ob die Trikots der WM 1966 von Nabholz bezogen wurden.

Näheres eruieren. Allerdings entsprechen auch die Trikots dieser Mannschaften eindeutig nicht den Schnitten und den Rückennummern von Umbro. Man darf also davon ausgehen, dass von den sechzehn Teilnehmern nicht fünfzehn, sondern lediglich vier Mannschaften – England, Deutschland, die Sowjetunion, wahrscheinlich auch Mexiko[53] – Trikots aus dem Mutterland des Fußballs trugen. Diese schafften es aber immerhin fast alle auf die vordersten Plätze des Turniers.

Natürlich könnte man im Rückblick den Niedergang dieser ausdifferenzierten Sportartikelindustrie lamentieren. Denn in gewisser Weise sind mit dem Aussterben der kleineren Hersteller auch handwerkliche Qualitäten und Fähigkeiten verloren gegangen. Die Wappen auf den portugiesischen und manchen spanischen Trikots waren beispielsweise noch kunstvoll von Hand gestickt. Allerdings bestand bei Umbro damals durchaus das Bewusstsein, dass besondere Momente des Fußballs mit einem Mehraufwand an kunsthandwerklicher Arbeit gewürdigt werden sollten. Nicht nur das gestickte Wappen des englischen Teams war von Hand nachbearbeitet; auch die Trikots der Mannschaften der englischen Pokalendspiele erhielten damals handgestickte Wappen, auf denen der herausgehobene Anlass der Begegnung ausdrücklich vermerkt war.[54]

Vielleicht besteht der größte Verlust eher darin, das seltene Gefühl nicht mehr spüren zu können, in den Läden dieser Ausrüster von der provinziellen Straße weg in die Atmosphäre der großen, internationalen Sportwelt eintauchen zu können. Mit dem Klingeln der Ladenglocke befand man sich in einer Schatzkammer, die für jeden Geldbeutel – auch den des Schülers – ein authentisches Stück bereithielt. Ich erinnere, wie ich mir in den Siebziger Jahren im Laden der Sorelle Tortelli, die in Florenz jahrzehntelang Ausrüster der Fiorentina waren, zwei vollständige Fußballgarnituren zusammenstellen durfte. In der Recherche für diesen Artikel fand ich heraus,

---

[53] Die Trikots von Mexiko gleichen bei Schnitt und Rückennummer den Modellen von Umbro. Auf footballkitarchive.com wird Umbro als Ausrüster der mexikanischen Nationalmannschaft von 1966 aufgeführt:
https://www.footballkitarchive.com/es/mexico-1966-home-kit/
[54] Dies ist u.a. in den umfangreichen Bildbänden von Simon Shakeshaft dokumentiert, so zum „Spurs Shirt" (2019), zum „Arsenal Shirt" (2021) und zu den Trikots der englischen Nationalmannschaft (2023). Der Verfasser dieses Artikels erwarb vor einigen Jahren einen größeren Satz von Wappen-Vorlagen für Fußball- und Rugbytrikots, die sich in den Musterbüchern von Umbro aus den 1960er Jahren befunden hatten. Alle Vorlagen sind von Hand bestickt bzw. nachbearbeitet, in hoher handwerklicher Qualität.

dass im Firmensitz der Schwestern Tortelli in der Via Gioberti 15 auch Fahrradtrikots hergestellt wurden.[55] Und dass es in der gleichen Straße drei weitere Firmen gab, deren Gründer selbst Radrennfahrer waren, die aber nach ihrer sportlichen Karriere Rennräder von Hand zusammenschweißten: Giusto Pinzani (Nr. 85), Vasco Montelatici (Nr. 5) und Alfredo Morozzi (Nr. 4/R). In ihren Werkstätten waren gelegentlich sogar Superstars wie Gino Bartali anzutreffen.[56] Ähnliche Konstellationen gab es auch in Mailand (Vittore Gianni[57], Atala Sport[58]), in Turin (Romano Sport[59]) oder in Bologna (Maglificio CAM[60]), bevor Nicola Raccuglia in den 1980er Jahren mit ennerre eine erste Homogenisierung der Trikot-Flora des italienischen Fußballs vollzog.[61]

In meiner Heimatstadt Stuttgart lag der Trikot-Tempel, das Sporthaus Breitmeyer, verkehrsgünstig in der Calwer Straße, einer Fußgängerzone, direkt neben der S-Bahn-Station Stadtmitte. Dort wurden in einem Nebenraum des Untergeschosses nicht nur die Bundesliga-Trikots des VfB für die Spiele vorbereitet; auf den Regalen des Hauptraumes wurden auch die Originaltrikots von Bayern München, vom Hamburger SV, von der deutschen Nationalmannschaft zum Verkauf angeboten. Etwas verschämt, weil sie kleine Herstellungsfehler aufwiesen. Dafür zu einem recht günstigen Preis: 30 D-Mark, also 15 Euro, kostete ein solches Trikot damals. Für einen Schüler mit Nebenjob war das erschwinglich. Manche der Trikots trugen bereits die Rückennummer aufgeflockt. Und gelegentlich konnte man sogar Exoten finden, etwa einen kompletten Satz, match prepared, für das Spiel vorbereitet, der Nationalmannschaft der USA. Aber daran hatte ich kein Interesse. Denn ich benötigte Trikots der deutschen Mannschaften,

---

[55] https://www.giustopinzani.it/il-mondo-attorno-pinzani/maglieria-sorelle-tortelli/abbigliamento-calcio-sorelle-tortelli/
[56] Foschini (2021).
[57] Der Schneider Vittore Gianni eröffnete seinen Laden 1876 in Mailand; während der 1960er Jahre avancierte das Traditionsgeschäft zum Ausrüster des AC Mailand, fertigte aber vor allem Trikots für Radfahrer.
[58] Der Sportartikelhersteller Atala Sport besteht auch heute noch und belieferte in den 1970er Jahren Inter Mailand.
[59] Vgl. das Etikett der Krageninnenseite des Trikots aus dem Europapokal-Endspiel am 30. Mai 1973 zwischen Juventus Turin und Ajax Amsterdam:
https://www.footballkitarchive.com/de/juventus-fc-1972-73-home-kit/
[60] Vgl. das Trikot von Beppe Savoldi (FC Bologna) aus der Saison 1973/74:
https://www.gianfrancoronchi.net/foto/bologna/maglie-da-gioco/sergio-clerici-1975-76-maglia-bologna-fc.jpg.html
[61] Vgl. dazu den Relaunch der Marke, der sich fast ausschließlich auf die Zeit der 1970er und 1980er Jahre bezieht: https://www.nrnicolaraccuglia.com/en/home-2/

um sie weltweit zu tauschen. Auf diese Weise kam ich an – damals sehr seltene – Fußballtrikots der Glasgow Rangers, von Atletico Mineiro oder von Paris Saint-Germain. Aber auch an Rugbytrikots diverser Nationalmannschaften und englischer Klubs, die mein Selbstbewusstsein im Training als Ersatzspieler einer (meistens) zweitklassigen Rugbymannschaft hoben. Denn der Zauber der Trikots – oder ihre Aura – bestand damals gerade darin, dass sie nicht per Mausklick global bestellt und vom Paketboten zur Haustüre geliefert werden konnten. Man musste viel Zeit und detektivischen Spürsinn investieren, um gerade den einen Laden in der fremden Stadt zu finden, in dem sich vielleicht die gesuchten Stücke befinden konnten. Doch diese Epoche ist beendet: Bei Sport Breitmeyer wurde im März 2019 das letzte Trikot über den Tresen verkauft; der Laden schloss, nach 137 Jahren.[62] Heute ist das Internet, sind Auktionshäuser an Stelle der Läden getreten. Und es muss keine Zeit mehr investiert werden, sondern Geld, in kräftig steigenden Beträgen.

Nachtrag: Vor wenigen Jahren habe ich während einer Konferenz in Lissabon herausgefunden, dass das Traditionshaus Casa Senna noch existiert. Seit 1834 liegt der Salão de Jogos, der Spielesalon, in der Rua Nova de Almada, einer Seitengasse der Altstadt.[63] Bereits beim Eintreten in den schattigen Laden bemerkte ich im inneren Abgleich mit historischen Fotos, dass sich große Teile der Einrichtung seit Jahrzehnten nicht verändert hatten. Ein zweiter genauerer Blick auf die Sportartikel fiel jedoch ernüchternd aus: Auf den Gestellen hing durchschnittliche Ware, keine im Hause genähten Trikots. Das Gespräch mit den Verkäufern scheiterte, auch aufgrund meiner mangelhaften Portugiesisch-Kenntnisse. Umgekehrt war ihnen die Geschichte ihres Arbeitgebers unbekannt. Vielleicht fanden sie die Fragen des Fremden – zu Eusebio, zu Bela Guttmann, den Trikots der 60er Jahre, die für die damals beste Mannschaft der Welt im Hause hergestellt und verkauft wurden – einfach als unpassend. Ich war der einzige potenzielle Kunde im Laden. Sie wirkten erleichtert, als ich das Geschäft wieder verließ. Vermutlich ist die Ära der schlichten Eleganz auf dem

---

[62] Ikrat (2019).
[63] Die Webseite des Ladens nimmt zwar auf die eigene Geschichte Bezug: http://www.casasenna.com/pt/empresa. Anders als auf vergleichbaren italienischen und spanischen Webseiten wird dabei nicht erwähnt, welche historisch bedeutenden Mannschaften von Casa Senna ausgestattet wurden. Ausführliche Informationen zur Geschichte des Hauses finden sich auch hier: https://lojascomhistoria.pt/lojas/casa-senna

Rasen, der Konzentration auf das Wesentliche, der besonderen Momente vorüber: Die Aura des Echten, Einzigartigen, Unnahbaren bleibt heute hinter Panzerglas. Aber vielleicht geht es auch gar nicht darum, sondern um das Spiel selbst und die Momente des Glücks, die es uns beschert.

9 Literatur

Aitken, L. & The Shed Enders (2000). Zigger-Zagger. London: Cherry Red Records. Aufgerufen am 08.02.2023: https://www.youtube.com/watch?v=TVwrtCMVgms
Anderson, P. (2021). Scorcha! Skins, Suedes and Style from the Streets 1967–1973. London: Omnibus Press.
Anon. / BBC (2005). 1966: Football glory for England. On this Day: BBC News. 30 July. Aufgerufen am 08.02.2023: http://news.bbc.co.uk/onthisday/hi/dates/stories/july/30/newsid_2644000/2644065.stm
Appenowitz, S. (2018). Die Trikots der Bundesliga: Die Geschichte von 1963 bis heute, vom Baumwollhemd zum High-End-Produkt. Alles über Trikotwerbung, die Trikots der Vereine, Sammlerstücke und Kultobjekte. München: GeraMond.
Chaudhary, V. (1999). Soccer nostalgia: Moore's world cup shirt fetches £44,000. In The Guardian, 22. September 1999. https://www.theguardian.com/uk/1999/sep/22/vivekchaudhary.3
Davis, C. (2016). Sir Geoff Hurst's 1966 England World Cup final shirt fails to sell at auction. In The Telegraph, 12. Juli 2016. https://www.telegraph.co.uk/football/2016/07/12/sir-geoff-hursts-1966-england-world-cup-final-shirt-set-to-fetch/
Donegan, L. (1965). World Cup Willie. Cambridge: Pye Records.
Foschini, Ch. (2021). Firenze, Quartiere 2: via Gioberti gli artigiani della bicicletta che hanno fatto grande il ciclismo. In La Republicca, 28.04.2021: https://firenze.repubblica.it/cronaca/2021/04/28/news/quartiere_2_in_via_gioberti_gli_artigiani_della_bicicletta_che_hanno_fatto_grande_il_ciclismo-298495073/
Hodge, S. (2011). The Man with Maradona's Shirt. London: Orion.
Ikrat, A. (2019). Breitmeyer Citysoccer. Aus für das älteste Sportgeschäft in Stuttgart. In Stuttgarter Nachrichten, 23.01.2019: https://www.stuttgarter-nachrichten.de/inhalt.breitmeyer-citysoccer-aus-fuer-das-aelteste-sportgeschaeft.a21b8352-85c9-4fc9-af04-d2ccb631f788.html
Jackson, J. (2006). A Twist in the Tale. In The Guardian, 23. April 2006. Aufgerufen am 08.02.2023: https://www.theguardian.com/football/2006/apr/23/newsstory.sport1
Jérôme, B. (2022). De la Coupe du monde 1930 au Mondial du Qatar, la trajectoire du ballon de football. In Le Parisien. 19 November 2022. https://www.leparisien.fr/sports/football/coupe-du-monde/de-la-coupe-du-monde-1930-au-mondial-du-qatar-la-trajectoire-du-ballon-de-football-19-11-2022-3ABD3XXF7FBUXNSW3CQGDX2CRU.php
Karasek, H. (1969). Skandalös? In Die Zeit 09/1969, 28. Februar 1969. Aufgerufen am 08.02.2023: https://www.zeit.de/1969/09/skandaloes

Klein, G. (2018). Das Geschäft mit den Trikots. In Merkur.de, 12.08.2018. Aufgerufen am 08.02.20: https://www.merkur.de/sport/fussball/geschaeft-mit-fussball-trikots-10110813.html
Kops, B. (1958). Awake for Mourning. London: MacGibbon & Kee.
Kray, R. & R. und Dinenage, F. (1988). Our Story. London: Sidgwick & Jackson.
MacInnes, C. (1959). Absolute Beginners. London: MacGibbon & Kee.
Porterfield, C. (2022). Diego Maradona's Daughter Casts Doubt On Authenticity Of 'Hand Of God' Jersey Up For Auction. In Forbes 7. April 2022. https://www.forbes.com/sites/carlieporterfield/2022/04/07/diego-maradonas-daughter-casts-doubt-on-authenticity-of-hand-of-god-jersey-up-for-auction/
Powell, J. (2014). Bobby Moore. Sporting Legend. London: Biteback Publishing.
Ramsey, W.G. (2022). The Ace Café. Then and Now. Barnsley: After the Battle Publishers.
Redaccíon El Comercio (2022). ¿Quién es el argentino que estuvo a 17 segundos de comprar la camiseta de Maradona por casi 7 millones de dólares? El Comercio. 04.05.2022. Aufgerufen am 7. Februar 2023: https://elcomercio.pe/deporte-total/subasta-camiseta-diego-maradona-marcelo-ordas-quien-es-el-argentino-que-estuvo-a-17-segundos-de-comprar-la-camiseta-de-maradona-por-7-millones-de-dolares-cuanto-costo-la-camiseta-de-maradona-rmmd-emcc-noticia/
Ritchie, G. (2022). Cult Shop: the home of Ivy League style in London. John Simons first brought preppy staples across the Atlantic in the 1960s. In Financial Times, 13. Februar 2022. Aufgerufen am 8. Februar 2023: https://www.ft.com/content/9ec5b7d9-5c67-41a6-85d9-9984534a3323
Shakeshaft, S, Burney, D. und Evans, N. (2019). Spurs Shirt: The Official History of the Tottenham Hotspur Jersey. Kingston upon Thames: Vision Sports Publishing.
Shakeshaft, S. und Elkin, J. (2021). Arsenal Shirt: Iconic Match Worn Shirts from the History of the Gunners. Kingston upon Thames: Vision Sports Publishing.
Shakeshaft, S. (2023). Three Lions on a Shirt: The Official History of the England Football Jersey. Kingston upon Thames: Vision Sports Publishing.
Strauss, B. (1969). Maß für Masse. Peter Tersons "Zicke Zacke" in Heidelberg und Bremen. In Theater heute. 4/1969, S. 26–29.
Taylor, T. (1961). Baron's Court. All Change.
Weight, R. (2013). Mod: A Very British Style. London: Bodley Head.
Welch, A. (2018). The man who dressed the mods: 'They were jumping up and down for my shirts!' In The Guardian. 11. Mai 2018. Aufgerufen am 08.02.2023: https://www.theguardian.com/culture/2018/may/11/john-simons-dressed-mods-shops-style-explosion-martin-freeman-paul-weller-kevin-rowland

Architekturgeschichtliche Analysen als Instrument sporthistorischer Forschung

Juliane Gansera-Blum

1 Einleitung

Die Wissenschaft hat sich in den vergangenen Jahrzehnten verändert. Sie ist digitaler geworden und arbeitet vermehrt Disziplinen übergreifend. Ihre Protagonisten sind gemäß der allgemeinen Entwicklung des Arbeitsmarktes sehr gut vernetzt und agieren zunehmend international. Wer in der Wissenschaft erfolgreich sein will, kommt um den Begriff interdisziplinär nicht mehr herum. Er ist zum Türöffner bei der Beantragung von Stipendien und Drittmitteln geworden.

Statt der so entstandenen Vielzahl von Studien eine weitere hinzuzufügen, geht dieser Beitrag der Frage nach, wie die Methode der einen Disziplin für die Analyse einer anderen Disziplin fruchtbar gemacht werden kann. Ausgehend vom wissenschaftlichen Hintergrund der Autorin wurde eine sporthistorische Untersuchung um eine architekturgeschichtliche Analyse ergänzt. Zur Exemplifizierung dient der Entstehungskontext der Deutschen Hochschule für Körperkultur und der Sporthochschule Köln. Die Abhandlung zeigt die Grenzen einer sowohl rein kunst- als auch rein sporthistorischen Perspektive auf.

2 Untersuchungsdesign

Da dieser Beitrag in einer sportwissenschaftlichen Publikation erscheint, wird zunächst die Methode der architekturhistorischen Einordnung kurz vorgestellt. Im nächsten Schritt rückt die Geschichte der beiden Sporthochschulen in den Vordergrund. Anschließend werden die Konzeptionen der Gesamtanlagen und die Architektur der Gebäude fokussiert. Auf die Zusammenführung der Ergebnisse folgt das abschließende Fazit und ein kurzer Ausblick.

Die Deutsche Hochschule für Körperkultur in Leipzig (DHfK) und die Sporthochschule Köln wurden als Beispiele gewählt, weil sie sowohl aus sport- als auch kunsthistorischer Perspektive lohnende Untersuchungsgegenstände darstellen. Weiterhin sprachen ihre politische Bedeutung im

Wettstreit der Systeme und die aus ihr resultierenden Privilegien für die beiden Ausbildungsstätten für sie.

Da das Erkenntnisinteresse auf die Eignung der architekturhistorischen Analyse als Instrument sportgeschichtlicher Forschung ausgerichtet ist, erheben die Ausführungen zu den Sporthochschulen keinen Anspruch auf Vollständigkeit. Vielmehr werden ausgewählte Aspekte, die für die Argumentation relevant sind, schlaglichtartig beleuchtet. Eine ausführlichere Darstellung bietet die in Auszügen publizierte Magisterarbeit der Autorin.[1]

3 Forschungsstand

Lorenz Peiffer hielt 2003 in Zum aktuellen Forschungsstand der Geschichte von Körperkultur und Sport in der DDR zur Deutschen Hochschule für Körperkultur fest:

> Trotz ihrer zentralen Stellung für die DDR-Sportwissenschaft steht eine ausführliche und reflektierte Darstellung zur Deutschen Hochschule für Körperkultur in Leipzig bislang noch aus.[2]

Auch noch zwanzig Jahre später ist das Fehlen einer solchen Monografie zu beklagen. Ralf Koch geht in seiner Dissertation *Leipzig und Dresden: Städte des Wiederaufbaus in Sachsen*[3] zwar auf die Hochschule ein, tut dies aber nur oberflächlich. Noch kursorischer ist die Darstellung in Gabriele Wiesemanns Dissertation zu *Hanns Hopp*[4]. Darüber hinaus gibt es drei Qualifizierungsarbeiten, die sich mit den Gebäuden der DHfK auseinandersetzen. Inga Kristin Schulze[5] befasst sich mit dem Werk von Kunz Nierade, der ab 1950 gemeinsam mit Hanns Hopp an den Plänen für die

---

[1] Gansera, Juliane: Die Deutsche Hochschule für Körperkultur in Leipzig. Entstehungskontext und Entwicklung des Bebauungskonzepts. Magisterarbeit Universität Leipzig, Institut für Kunstgeschichte 2008.
[2] Peiffer, Lorenz/Fink, Matthias: Zum aktuellen Forschungsstand der Geschichte von Körperkultur und Sport in der DDR. Eine kommentierte Bibliografie. Köln 2003, S. 59.
[3] Koch, Ralf: Leipzig und Dresden. Städte des Wiederaufbaus in Sachsen. Stadtplanung, Architektur, Architekten 1945–1955. Dissertation Universität Leipzig 1999.
[4] Wiesemann, Gabriele: Hanns Hopp 1890–1971. Königsberg, Dresden, Halle, Ost-Berlin. Eine biographische Studie zu moderner Architektur. Dissertation Universität Bonn 1998. Schwerin 2000.
[5] Schulze, Inga-Kristin: Kunz Nierade (1901–1976). Leben und Werk. Magisterarbeit Universität Leipzig, Institut für Kunstgeschichte 2000.

DHfK arbeitete. Sie sieht die Hochschule ebenso wie die Leipziger Oper als eines der Hauptwerke des Architekten. Die unzureichende Nachweisführung und der wenig reflektierte Umgang mit Quellen, stellt ein Manko der Studie dar. Die Inventarisierung des Nachlasses von Kunz Nierade, der inzwischen an das Stadtarchiv Leipzig übergegangen ist, ist hingegen positiv hervorzuheben. Anke Gehlhaar[6] setzt sich in ihrer Diplomarbeit mit der Baugeschichte der Deutschen Hochschule für Körperkultur auseinander. Sie stützt ihre Aussagen auf Akten des Bundesarchiv Berlin und des Universitätsarchiv Leipzig. Auch in ihrem Fall ist eine unzureichend kritische Auseinandersetzung mit den Quellen zu monieren. Die dritte Schrift hat die Autorin 2008 unter dem Titel *Die Deutsche Hochschule für Körperkultur in Leipzig. Entstehungskontext und Entwicklung des Bebauungskonzepts*[7] eingereicht. Teile der Arbeit sind unter dem Titel *»Ein Tempel für den Sport« Die Architektur der ehemaligen Deutschen Hochschule für Körperkultur in Leipzig*[8] veröffentlicht.

Die Darstellung der Geschichte der Sporthochschule Köln beruht vor allem auf den Arbeiten von Walter Borgers mit Dietrich Quanz *Bildbuch Deutsche Sporthochschule Köln*[9], von Wolfgang Buss und Franz Nitsch *Am Anfang war nicht Carl Diem. Die Gründungsphase der Sporthochschule Köln 1945–1947*[10] sowie der von Wolfgang Decker aus dem Nachlass von Werner Körbs herausgegebenen *Vorgeschichte und Gründung der Sporthochschule Köln 1946–1948*[11]. Wissenschaftliche Arbeiten zur Architektur der Sporthochschule Köln sind der Autorin nicht bekannt.

---

[6] Gehlhaar, Anke: Die Baugeschichte der Deutschen Hochschule für Körperkultur (DHfK) in Leipzig von 1949 bis 1985. Diplomarbeit Universität Leipzig, Sportwissenschaftliche Fakultät 2001.
[7] Gansera 2008.
[8] Gansera, Juliane: »Ein Tempel für den Sport« Die Architektur der ehemaligen Deutschen Hochschule für Körperkultur in Leipzig. In: Leipziger Sportwissenschaftliche Beiträge, Jg. 52, H. 1, 2011, S. 17–47.
[9] Borgers, Walter/Quanz, Dietrich R.: Bildbuch Deutsche Sporthochschule Köln. In: Schriftenreihe der Deutschen Sporthochschule Köln, Band 38. Sankt Augustin 1998.
[10] Buss, Wolfgang/Nitsch, Franz: Am Anfang war nicht Carl Diem. Die Gründungsphase der Sporthochschule Köln 1945–1947. Duderstadt 1986.
[11] Körbs, Werner/Decker, Wolfgang: Vorgeschichte und Gründung der Sporthochschule Köln 1946–1948. In: Schriften der Deutschen Sporthochschule Köln, Bd. 17. Sankt Augustin 1986.

4 Quellenlage

Die folgenden Ausführungen über die Deutsche Hochschule für Körperkultur in Leipzig und die Deutsche Sporthochschule Köln beruhen auf Studien, die die Autorin im Rahmen ihrer Magisterarbeit durchgeführt hat. Sie basieren vorrangig auf Primärquellen, die von Entwurfszeichnungen über Planungsunterlagen bis hin zu Sitzungsprotokollen reichen. Sie liegen im Bundesarchiv Berlin, im Universitätsarchiv Leipzig, im Bauaktenarchiv Leipzig, dem Stadtarchiv Leipzig und beim Baudezernat der Deutschen Sporthochschule Köln. Die realisierte Architektur wurde als Quelle umfangreich berücksichtigt.

5 Vorstellung der Methode der architekturhistorischen Analyse

Die architekturhistorische Analyse ist eine vergleichende Methode. Unterschieden wird zwischen typologisch-funktionalen und architekturhistorischen Einordnungen. Erstere stellt die Grundrissformen in den Vordergrund. So kann beispielsweise ein Stadion einen ovalen, einen kreisrunden oder einen hufeisenförmigen Grundriss haben. Diese Formen gilt es in ihrer Ausgestaltung auf die Erfüllung der Anforderungen der Bauaufgabe zu untersuchen. Zu ihnen zählen etwa die Erschließung des Stadions, die Sichtverhältnisse und geeignete Einrichtungen für Zuschauer, Athleten und Funktionäre. Im Gegensatz dazu beschäftigt sich die architekturhistorische Betrachtung mit der Ausgestaltung der Form. Neben dem Aufbau der Fassade werden unter anderem die Wahl der gliedernden Elemente und des bauplastischen Schmucks untersucht. Besondere Aufmerksamkeit kommt der Konstruktion und der Wahl des Baumaterials zu. Diese Erkenntnisse werden anschließend jeweils in Beziehung zu anderen Bauten gestellt. Auf diese Weise können Sie zeitlich, geografisch und kulturell verortet werden. Mitunter ist es möglich einzelne Motive auf konkrete Vorbilder zurückzuführen. Häufig erfolgt die Untersuchung der Bauten in größerem zeitlich Abstand zur Erbauung. Dann sind auch Aussagen zur Rezeption des Bauwerks möglich. Sofern Aussagen von Seiten der Architekturkritik vorliegen, sind diese ebenfalls zu berücksichtigen.

6 Die sporthistorische Perspektive: Gründung und frühe Entwicklung der Sporthochschule Köln und der Deutschen Hochschule für Körperkultur Leipzig

Nach dem Zweiten Weltkrieg bestand besatzungszonenübergreifend ein großer Mangel an Sportlehrern. Vor dem Krieg waren sie an der Deutschen Hochschule für Leibesübungen in Berlin und den Instituten für Leibesübungen der unterschiedlichen Universitäten ausgebildet worden, die nach und nach ihre Arbeit wieder aufnahmen.[12]

Die für die britische Besatzungszone zuständige Rektorenkonferenz[13] lehnte die Qualifizierung der Sportlehrer für höhere Schulen auf diesem Weg aber ab. Ihr Votum löste über die verschiedenen Gremien hinweg eine Diskussion aus, in der die Errichtung einer zentralen Ausbildungsstätte für Sportlehrer im Mittelpunkt stand.[14] Sie mündete am 29. November 1947 in der Gründung der Sporthochschule Köln, die ihre Arbeit zunächst im Müngersdorfer Stadion begann.[15] Aufgrund persönlicher Kontakte ist es wahrscheinlich, dass die Einsetzung und das Lehrkonzept der Kölner Ausbildungsstätte den Sportfunktionären der Deutschen Demokratischen Republik (DDR) bekannt war. Sie sind für Herrmann Altrock, der vor dem Zweiten Weltkrieg das Institut für Leibesübungen an der Universität Leipzig leitete,[16] und Carl Diem, der 1946 an der Universität Berlin an Plänen zum Aufbau eines Zentralinstituts der Sportwissenschaft arbeitete,[17] dokumentiert.

Die erste belegbare Forderung nach einer vergleichbaren akademischen Ausbildungsstätte in der sowjetischen Besatzungszone stellt ein Schreiben des Stadtplanungsamtes Leipzig vom 6. September 1949 an das Amt für Allgemeine Volkserziehung dar. In ihm wird ein „modernes Institut für

---

[12] Vgl. Buss/Nitsch 1986, S. 44–48.
[13] Diese Rektorenkonferenzen wurden später auch als Nordwestdeutsche Hochschulkonferenzen bezeichnet. An ihnen nahmen die Rektoren der Hochschulen und Universitäten sowie Vertreter der Militärregierung und der Schulbehörde teil. Vgl. ebd., S. 143.
[14] Eine ausführliche Darstellung unter Offenlegung der Quellen findet sich bei Gansera 2008, S. 55–58.
[15] Vgl. Körbs/Decker 1986, S. 113.
[16] Vgl. Kühnst, Peter: Der missbrauchte Sport. Die politische Instrumentalisierung des Sports in der SBZ und in der DDR 1945–1957. Köln 1982, S. 54.
[17] Vgl. Buss/Nitsch 1986, S. 41.

Körpererziehung"[18] gefordert. Zwischen 1946 und 1947 waren die Institute für Körpererziehung der Universitäten Berlin, Halle, Jena und Rostock wieder eröffnet worden. Sie konnten den Bedarf an Sportlehrkräften aber nicht decken.[19] Ab 1949 wurde mit dem Inkrafttreten der Verfassung der Bundesrepublik Deutschland am 23. Mai und der Gründung der DDR am 7. Oktober ein gesamtdeutscher Sportbetrieb erschwert. Die wachsende Konkurrenz, die auf sportlichem Gebiet zunächst über den innerdeutschen Sportverkehr und später über die gesamtdeutschen Olympiamannschaften ausgetragen wurde, begünstigte Anfang 1950 die endgültige Entscheidung für die Gründung einer Sporthochschule. Am 20. Januar wurde der Bau einer Hochschule für Körperkultur und eines Stadions in Leipzig im Gesetz über den Volkswirtschaftsplan der DDR festgeschrieben,[20] ebenso im Jugendgesetz vom 8. Februar.[21] Im September 1950 lief der reguläre Lehrbetrieb der DHfK in den Gebäuden der Deutschen Sportschule an. Ein halbes Jahr zuvor hatte dort bereits ein Vorbereitungslehrgang für das Studium stattgefunden.[22] Die offizielle Gründung erfolgte am 22. Oktober in der

---

[18] StAL, StVuR (1) 15803.
[19] Vgl. Wonneberger, Günther: Deutsche Hochschule für Körperkultur (DHfK) 1950–1990 – Überblick. In: Lehmann, Gerhard (Hg.): Deutsche Hochschule für Körperkultur Leipzig 1950–1990. Entwicklung, Funktion, Arbeitsweise. Aachen 2007, S. 14–29, S. 14.
[20] Vgl. Wiesemann 2000, S. 280.
[21] Vgl. Bernett, Hajo (Hg.): Körperkultur und Sport in der DDR. Dokumentation eines geschlossenen Systems (Texte, Quellen, Dokumente zur Sportwissenschaft, 27) Schorndorf 1994, S. 47f.
[22] Die Deutsche Sportschule in der Friedrich-Ebert-Straße bestand aus zwei getrennt voneinander liegenden dreigeschossigen Hauptgebäuden und einer Sporthalle in der Mitte. Vgl. UAL, DHfK-VwA 846. Noch im Mai 1950 hatten sich Vertreter der Stadt um den Wiederaufbau einer wenig zerstörten Sportanlage für die DHfK bemüht. Vgl. StAL, StVuR (1) 10763, Bl. 32. Vermutlich handelte es sich um die ehemalige Arbeiterturn- und Sportschule in der Fichtestraße 28. Vgl. StAL, StVuR (1) 10763, Bl. 55. Diese verfügte über zwei Turnhallen, ein Schwimmbad, zwei Hörsäle, mindestens fünf Seminarräume und die Möglichkeit zur internatsmäßigen Unterbringung von fünfzig bis achtzig Personen. Vgl. UAL, DHfK-VwA R 06 r1. Da die Kapazitäten der Sportschule nicht ausreichten, wurde 1952 das Gebäude der ehemaligen Sozialversicherungskasse für die Nutzung durch die DHfK umgebaut und bezogen. Vgl. UAL, DHfK-VwA 361 Bd. 1, Bl. 57–63; BArch, DH 1/43669 sowie Urban, Margot: Die nationale und internationale Rolle der Deutschen Hochschule für Körperkultur. Diplomarbeit Deutsche Hochschule für Körperkultur Leipzig 1960, S. 8 und Kühnst 1982, S. 51.

Leipziger Kongresshalle. Erster Rektor wurde Dr. Joachim Lohmann, der dem Deutschen Sportausschuss (DSA) unmittelbar unterstand.[23]

Ungeachtet der sportpolitischen Situation war das Verhältnis zwischen der Sporthochschule Köln und der Deutschen Hochschule für Körperkultur vor allem in der Anfangszeit gut. Unterlagen des Universitätsarchivs Leipzig belegen gegenseitige Besuche und Korrespondenzen, vor allem zwischen 1952 und 1954.[24] Für den Januar 1952 war ein gemeinsames Skilager geplant, das ausschließlich an Terminschwierigkeiten gescheitert sein soll. Im Juni desselben Jahres reisten drei Vertreter der DHfK nach Köln.[25] Im Januar und März 1954 folgten weitere Besuche westdeutscher Sportinstitute, darunter Hamburg und Frankfurt am Main sowie der Bayrischen Sportakademie in München und erneut der Sporthochschule Köln.[26] Zwar verbot der Deutsche Sportbund zwei Jahre später den westdeutschen Sportlern die aktive Teilnahme am *II. Turn- und Sportfest* der DDR auf den Frankfurter Wiesen in Leipzig,[27] die Funktionäre waren aber anwesend. Aufgrund der räumlichen Nähe ist es sehr wahrscheinlich, dass sie das Sportforum und die DHfK besuchten. Dafür spricht auch ein Schreiben des Rektors der DHfK, Willi Nitschke, an Konrad Paschen vom Pädagogischen Institut der Universität Hamburg vom 12. Juli 1956. In ihm drückt er sein Bedauern über den DSB-Beschluss aus und erklärt, dass er sich auf einen „beobachtenden Besuch"[28] des Kollegen freue.[29]

Obwohl sich die Beziehungen zunehmend verschlechterten und Besuche seltener wurden,[30] waren die DHfK und die Sporthochschule Köln über die gegenseitigen Entwicklungen gut informiert. Ab 1953 bezog die Sporthochschule Köln die Zeitschrift *Theorie und Praxis* der DHfK. Umgekehrt

---

[23] Vgl. Weidner, Edgar (Hg.): Zeittafel zur Geschichte der DHfK 1950–1985. 2. überarb. und erw. Aufl. Leipzig 1985, S. 9ff.
[24] Vgl. UAL, DHfK-VwA 361, Bd. 1, Bl. 83–92; UAL, DHfK-VwA 361, Bd. 2, Bl. 182–188 und UAL, DHfK-VwA R 9 – 3s, Bd. 2.
[25] Vgl. UAL, DHfK-VwA R 9 – 3s, Bd. 2.
[26] Vgl. UAL, DHfK-VwA 3317, Bd. 4, Bl. 169.
[27] Vgl. UAL, DHfK-VwA R 9 – 3s, Bd. 2.
[28] UAL, DHfK-VwA R 9 – 3s, Bd. 2.
[29] Vgl. UAL, DHfK-VwA R 9 – 3s, Bd. 2.
[30] Vgl. Frank, Günter: Die Deutsche Sporthochschule Köln. Geschichte–Ausbildung–Studium. Diplomarbeit Deutsche Hochschule für Körperkultur Leipzig 1967, S. 2.

erhielt die DHfK die Zeitschrift der Sporthochschule Köln *Nachrichten der Sporthochschule Köln* ab April 1956.[31]
1957 und damit zehn Jahre nach der Gründung der Sporthochschule Köln waren viele der in der Gründungsphase getroffenen Entscheidungen noch nicht umgesetzt. Die Hochschule war weiterhin an die Universität Köln angegliedert und verfügte über keine eigene Verfassung.[32] Die Anerkennung als wissenschaftliche Hochschule erfolgte am 30. März 1967. Am 8. Juni desselben Jahres wurde die akademische Eigenständigkeit mit der symbolischen Übergabe der Rektorenkette an Liselotte Diem gefeiert.[33] Das Satzungs- und Habilitationsrecht erhielt die Deutsche Sporthochschule Köln erst 1970.[34] Im Gegensatz hierzu war die Eigenständigkeit der DHfK bereits vor ihrer Gründung im Jugendgesetz festgelegt worden.[35] Ab 1956 hatte sie Promotionsrecht.[36] Da auch die Deutsche Hochschule für Leibesübungen (DHfL) von Anfang an eigenständig gearbeitet hatte und als wissenschaftliche Einrichtung anerkannt gewesen war,[37] stellte das – für die sich in dieser Tradition sehende Sporthochschule[38] – eine Zurücksetzung dar.[39] Auch wenn in den offiziellen Broschüren der Deutschen Hochschule für Körperkultur vehement jegliche Gemeinsamkeiten mit der DHfL abgestritten wurden,[40] nahmen die Angehörigen der Sporthochschule Köln das anders wahr: „Müssen wir voraussehen, daß die bei uns vor mehr als 30 Jahren gedachten Gedanken heute von anderen ausgeführt werden! Daß

---

[31] Vgl. UAL, DHfK-VwA 405, Bl. 169.
[32] Vgl. Deutsche Sporthochschule Köln (Hg.): Die Deutsche Sporthochschule Köln und ihre Partner. Informationsschrift zum 40jährigen Bestehen der DSHS 1987. Berlin, Bonn 1987, S. 8.
[33] Vgl. Borgers/Quanz 1998, S. 66.
[34] Vgl. Deutsche Sporthochschule Köln 1987, S. 8.
[35] Vgl. Bernett, 1994, S. 47f.
[36] Vgl. Deutsche Hochschule für Körperkultur (Hg.): Deutsche Hochschule für Körperkultur Leipzig. Leipzig 1968, o. P.
[37] Vgl. Borgers/Quanz 1998, S. 1f, 16, 18, 44f, 58.
[38] Vgl. Borgers/Quanz, 1998, S. 9.
[39] Vgl. Diem, Carl: Unsere Aufgabe. In: Sporthochschule Köln (Hg.): Festschrift zum 10-jährigen Bestehen der Sporthochschule Köln 1947–1957. Frankfurt am Main 1957, S. 1–9, S. 7.
[40] Vgl. Deutsche Hochschule für Körperkultur (Hg.): Deutsche Hochschule für Körperkultur Leipzig. Leipzig 1955, S. 3.

diese entschlossene Ausführung den anderen ein politisches Werbemittel an die Hand gibt!"[41]

Darüber hinaus hatten sowohl die DHfL als auch die DHfK das Wort Deutsch im Namen, das den Anspruch manifestierte, die führende Sporteinrichtung in Deutschland zu sein. Erst ab dem 1. Januar 1965 lautete die offizielle Bezeichnung Deutsche Sporthochschule Köln.[42] Dieser Zeitpunkt ist nicht zufällig. Er ist vielmehr Ausdruck einer gestärkten Position nach dem Ende der gesamtdeutschen Olympiamannschaften 1964[43] und einem gesteigerten Selbstbewusstsein durch den Bezug des Neubaus 1963.[44] Fortan beanspruchten sowohl die Deutsche Hochschule für Körperkultur als auch die Deutsche Sporthochschule für sich die führende Ausbildungsstätte im Bereich des Sports und der Körperkultur in Deutschland zu sein.

7 Die kunsthistorische Perspektive

7.1 Die Deutsche Hochschule für Körperkultur

7.1.1 Vorgeschichte

Die ersten nachweisbaren Planungen für die Errichtung einer Sporthochschule in der sowjetischen Besatzungszone nach dem Zweiten Weltkrieg[45]

---

[41] Carl Diem 1957 mit Blick auf die DHfK. Zitiert nach Borgers/Quanz 1998, S. 35.
[42] Vgl. Deutsche Sporthochschule Köln 1987, S. 8. und Deutsche Sporthochschule Köln (Hg.): Personal- und Vorlesungsverzeichnis. Sommersemester 2008. Köln 2008, S. 26.
[43] Vgl. Borgers/Quanz 1998, S. 64.
[44] Vgl. Hollmann, Wildor: Sporthochschule – heute und morgen. Festvortrag des Rektors anläßlich der Semesterfeier im Sommersemester am 21. Mai 1969 (Veröffentlichungen der Deutschen Sporthochschule Köln, 7). Köln 1971, S. 2.
[45] Die Randbereiche der Frankfurter Wiesen wurden bereits im 19. Jahrhundert durch Sportvereine genutzt. Neben einem Schreberbad, das seit 1866 in Betrieb war, entstand 1868 im nördlichen Teil der Wiesen das Schützenhaus der *Leipziger Schützengesellschaft*, im Osten wurde 1892 eine Turnhalle sowie ein Turnplatz des *Leipziger Turn- und Sportverein 1867 Leipzig* eröffnet. Da im 19. Jahrhundert die Bevölkerungsdichte in den an die Frankfurter Wiesen angrenzenden Gebieten stieg und den Anwohnern keine Sportstätten und Grünflächen zur Verfügung standen, nahm die sportliche Nutzung der Wiesen zu. 1892 wurde die Radrennbahn *Lindenauer Zement* am Westufer des Elsterflutbeckens eröffnet. Sie galt bis in die 1920er Jahre als eine der besten Radrennbahnen Europas. Sowohl 1908 als auch 1913 wurde auf ihr die Weltmeisterschaft im Radsport ausgetragen, wodurch das Sportgebiet und Leipzig als Sportstadt international bekannt wurden. Vgl. Manß, Christian: Vom „Stadion

datieren auf das Jahr 1949.[46] In einem Entwurf des Dezernats für Bauwesen der Stadt Leipzig ist eine „Schule für Leibesübungen und Erziehung"[47] eingezeichnet. Sie sollte zwischen der Frankfurter Straße[48] und dem nördlichen Teil der Friedrich-Ebert-Straße[49] entstehen. Zu einem an der Frankfurter Straße geplanten Stadion sollte sie durch eine Festwiese abgegrenzt werden, an die sich im Westen ein Schwimmstadion angeschlossen hätte. Trotz der Bezeichnung als Schule ist anzunehmen, dass es sich um einen frühen Entwurf für die spätere Deutsche Hochschule für Körperkultur handelt. Mit der gesetzlichen Festlegung des Baus Anfang 1950,[50] wurde das Vorhaben zum prestigeträchtigen Bauprojekt des Staates. Sein Einfluss auf die Planungen nahm in der Folge zu. Insbesondere die Forderungen des Deutschen Sportausschusses[51] gewannen an Gewicht. Am 7. Februar 1950

---

der Hunderttausend" zur Fußball-Arena. Die Neuplanung und der Umbau des Leipziger Zentralstadions 2000–2004. Magisterarbeit Universität Leipzig, Institut für Kunstgeschichte 2007, S. 24.
1922 wurde der Ausbau des Elsterflutkanals abgeschlossen, der die Trockenlegung des Überschwemmungs-gebietes Frankfurter Wiesen zur Folge hatte. Drei Jahre später machte der damalige Stadtbaurat Hubert Ritter den Vorschlag, das Gelände für den Bau eines Stadions freizuhalten. Ein 1927 vorgelegter Bebauungsplan sah zunächst ein Stadion für 70.000 bis 80.000 Zuschauer an der Ostseite des Flutbeckens vor. Der *Plan Stahl/Ritter*, der zwei Jahre später entstand, zeigte neben Parkanlagen, die später durch Tennisplätze oder eine Stadt- und Sporthalle ersetzt werden konnte, eine 100.000 m² große Festwiese. In ihrer Nähe sollten Sportstätten für das Institut für Leibesübungen der Universität Leipzig entstehen. 1930 wurde das Projekt wegen der finanziellen Lage im Zuge der Weltwirtschaftskrise eingestellt. Vgl. Manß 2007, S. 28f, 32f.
Die Planungen für ein Sportforum nahmen die Nationalsozialisten 1937 erneut auf. Ein erster Entwurf Werner Marchs, des Architekten des Reichssportfeldes in Berlin, vom 20. April 1939 sah ein Sportfeld mit Sporthochschule, Radrennbahn und Leichtathletik-Stadion in Verbindung mit der 1938 eröffneten Aufmarschwiese vor. Zwar wurde 1941 mit dem Bau einer Radrennbahn als Teil des Forums begonnen, in der Folge des Krieges wurden die Arbeiten jedoch noch im selben Jahr niedergelegt. Vgl. Manß 2007, S. 35.
[46] Vgl. StAL, StVuR (1) 15803.
[47] StAL, StVuR (1) 5117, Bl. 44.
[48] Die Frankfurter Straße wurde 1950 zunächst in Stalinallee und 1951 in Straße der III. Weltfestspiele umbenannt. Von 1956 bis 1992 hieß sie Friedrich-Ludwig-Jahnallee bevor dieser Name zu Jahnallee verkürzt wurde. In der vorliegenden Arbeit wird in Bezug auf die Planungen durchgängig der Begriff Stalinallee verwendet.
[49] Der nördliche Teil der Friedrich-Ebert-Straße heißt inzwischen Am Sportforum.
[50] Vgl. Bernett 1994, S. 47f und Wiesemann 2000, S. 280.
[51] Mit der Gründung des Deutschen Sportausschusses als Volkssportverband am 1. Oktober 1948 ging die Verantwortung für die Instandsetzung und den Bau von Sportstätten von den Kommunen an den Deutschen Sportausschuss über. Vgl. Teichler, Hans Joachim: Die

übernahm das *Institut für Städtebau und Hochbau des Ministeriums für Aufbau (MfA)*[52] die Entwurfsplanung vom Stadtplanungsamt Leipzig. Der Bau der Deutschen Hochschule für Körperkultur war vom städtischen Projekt zur staatlichen Bauaufgabe geworden.

7.1.2 Planungsgeschichte

Im Juli 1950 wurde das Gelände südlich der Stalinallee als Baugrund festgelegt. An den Planungssitzungen nahmen für das MfA der Architekt Hanns Hopp und der von ihm beauftrage freie Architekt Kunz Nierade teil. Zudem waren Vertreter des Leipziger Stadtplanungsamtes und des Deutschen Sportausschusses anwesend. Trotz zahlreicher Gespräche gelang es nicht Einigkeit in der Frage nach einer lockeren oder geschlossenen Bebauung zu erzielen.[53] Am 31. Oktober[54] reiste daher eine Delegation mit Vertretern der Deutschen Bauakademie (DBA), der Hochschule, des Deutschen Sportausschusses und der Stadt Leipzig in die Sowjetunion,[55] um geeignete Vorbilder zu ermitteln.[56] Der Besuch brachte jedoch keine Klarheit, weil die Einrichtungen in bestehenden Anlagen untergebracht waren. Sie sollen allesamt eine lockere Bebauung aufgewiesen haben.[57] Diese Variante bevorzugten sowohl Hanns Hopp[58] als auch der Leipziger Stadtbaurat Brendel.[59] Die Vertreter des DSA favorisierten hingegen eine geschlossene und symmetrische Anlage. Am Ende der Beratungen wurde beschlossen, die unterschiedlichen Standpunkte Aufbauminister Lothar Bolz und Walter Ulbricht in seiner Funktion als Stellvertreter des Ministerpräsidenten

---

Sportbeschlüsse des Politbüros. Eine Studie zum Verhältnis von SED und Sport mit einem Gesamtverzeichnis und einer Dokumentation ausgewählter Beschlüsse (Wissenschaftliche Berichte und Materialien, 2) Bergisch-Gladbach 2002, S. 27+38.
[52] Im § 1 des 15. Gesetzblattes der Deutschen Demokratischen Republik vom 12. Februar 1951 wurde die Zusammenfassung des *Instituts für Städtebau und Hochbau* und des *Instituts für Bauwesen* zur *Deutschen Bauakademie* festgelegt. Am 1. Januar 1952 nahm diese offiziell ihre Arbeit auf. Vgl. BArch, DH 2/A 5.
[53] Eine ausführliche Darstellung ist bei Gansera 2008, S. 12–17, nachzulesen.
[54] Vgl. Weidner 1985, S. 11.
[55] Vgl. BArch DH 1/41616.
[56] Vgl. StAL, StVuR (1) 10763, Bl. 86.
[57] Vgl. UAL, DHfK-VwA 4300, Bl. 49.
[58] Vgl. UAL, DHfK-VwA 4300, Bl. 49.
[59] Vgl. UAL, DHfK-VwA 4300, Bl. 350.

vorzulegen.[60] Am 30. Januar 1951 erklärte Hopp in einer verabredeten Stellungnahme seine Bedenken gegenüber einer Anlage nach den Vorstellungen des Sportausschusses:

> Eine auf schematische Symmetrie angelegte Anlage würde der Lage an der Hauptverkehrsstraße nicht entsprechen. Sie ist aus dem Raumprogramm auch nicht zu entwickeln, da nur ungleiche Einzelgebäude entstehen können.[61]

Er schlug eine weiträumige Anlage mit lockerer Bebauung vor. Im Vordergrund sollten Wirtschaftlichkeit und Funktionalität stehen. Neben einem repräsentativen Auditorium Maximum sah er Gebäude für die praktische Schulung und ein Internat vor. Abgesehen von diesen waren alle Gebäude mit einer geringen Gebäudehöhe geplant. In seinen Ausführungen wies er darauf hin, dass die DHfK mit den anvisierten 600 Studenten nicht mit einer großen Universität zu vergleichen wäre. Für ihn sollte sich das auch in der architektonischen Haltung der Gebäude widerspiegeln. Eine Architektur nach dem Vorbild der Lomonossow-Universität in Moskau schloss er explizit aus.[62]

Am 9. Februar 1951 stellten Kurt Liebknecht, Präsident der DBA, und Hanns Hopp dem Ministerpräsidenten Otto Grotewohl und Walter Ulbricht einen Vorentwurf vor. Er zeigte eine lockere Bebauung, die Grotewohl und Ulbricht aber ablehnten. Stattdessen verpflichteten sie Hopp und Nierade auf eine monumentale Anlage mit einer symmetrischen und geschlossenen Bebauung.[63] Die funktionalen Anforderungen, die sich aus der Bauaufgabe Sporthochschule ergaben, wurden in ihrer Berechtigung nicht anerkannt. Diese Haltung unterscheidet sich grundlegend von derjenigen, die die Mitglieder der Sporthochschule Köln vertraten. Dort entschied man sich im gleichen Zeitraum bei der Planung von Unterbringungen für die Studierenden für den Bau zweier locker im Wald gruppierter Studentenwohnheime.[64]

---

[60] Vgl. UAL, DHfK-VwA 4300, Bl. 349ff.
[61] BArch, DH 2/A 78.
[62] Vgl. BArch, DH 2/A 78.
[63] Vgl. BArch, DH 2/A 46.
[64] Vgl. Körbs/Decker 1986, S. 90.

Im März 1951 erklärte das Zentralkomitee den Deutschen Sportausschuss zur obersten Instanz auf allen Gebieten des Sports.[65] Aus dieser Position heraus legte er am 16. April die Ausschreibung eines beschränkten Wettbewerbs fest. Die Meisterwerkstatt II der Deutschen Bauakademie, die Hans Hopp leitete, wurde zur Teilnahme aufgefordert.[66] In der Ausschreibung wird ein architektonischer Ausdruck gefordert, der die Bedeutung und Anerkennung des Sports durch die Regierung und das Volk widerspiegelt. Die Anlage sollte funktional und repräsentativ sein, ihre Gestaltung den Auffassungen der DDR von Baukunst entsprechen. Formalistische oder ausschließlich funktionale Lösungen sollten von vornherein ausgeschlossen werden.[67] Das Bau- und Raumprogramm legte die Abteilung Bauwesen und Wirtschaft des DSA vor. In ihm wurden Räumlichkeiten für eine gesellschaftswissenschaftliche, eine pädagogische und eine sportmedizinische Abteilung mit Poliklinik gefordert. Die Hochschule sollte nun für 1200 Studenten konzipiert werden.[68]

Die Jury tagte am 4. August im Haus der Ministerien unter dem Vorsitz von Kurt Liebknecht. Neben ihm fungierten Walter Ulbricht, Prof. Herbert Gute von der Humboldt Universität Berlin, der Architekt Richard Linneke als Leiter des VEB Projektierung Berlin, Staatssekretär Max Opitz und Willy Mayer als persönlicher Referent des stellvertretenden Ministerpräsidenten als Juroren. Roland Weißig vertrat den Deutschen Sportausschuss und Joachim Lohmann als Rektor die Interessen der DHfK. Beratende Teilnehmer waren Edmund Collein als Vizepräsident der DBA, Kurt Leucht, Leiter der Abteilung Städtebau, und Werner Kraus, Leiter der Abteilung Hochbau im MfA. Das so zusammengesetzte Preisgericht verlieh dem Beitrag der Meisterwerkstatt II den ersten Preis (Abbildung 1).

---

[65] Vgl. Teichler 2002, S. 45.
[66] Vgl. BArch, DH 2/A 78.
[67] Vgl. BArch, DH 2/A 78.
[68] Vgl. BArch, DH 1/41616.

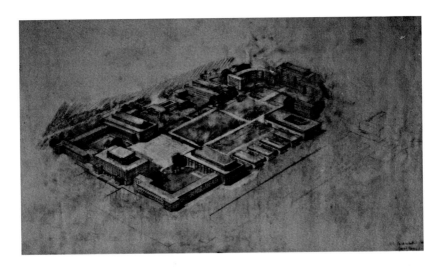

Abb. 1 Entwurf für die Deutsche Hochschule für Körperkultur Leipzig der Meisterwerkstatt II, 1951. Ex: BArch DH 1/43668, RS 11576_2N.

Der Entwurf sah eine nahezu vollständig geschlossene vierflügelige Anlage bei einer symmetrischen Anordnung der Baukörper vor. Die Jury lobte die architektonische Gesamthaltung im Einklang mit der städtebaulichen Lösung. Die innerbetrieblichen Funktionen seien befriedigend gelöst und die Architektur der Gebäude zur Stalinallee würde nach einer Überarbeitung den Anforderungen genügen.[69]

7.1.3 Einordnung

7.1.3.1 Typologisch-funktionale Einordnung

Der Entwurf der Meisterwerkstatt II von 1951 wirkt gleichermaßen monumental wie repräsentativ. Dieser Eindruck entsteht im Zusammenspiel der symmetrischen Komposition mit der geschlossenen Bebauung und der einheitlichen Architektur. Sie sind nach Simone Hain – ebenso wie die axiale

---

[69] Vgl. BArch, DH 2/A 78.

Ausrichtung des Ensembles und die zentrale Lage innerhalb der Stadt – als „Typologien des monumentalen Ausdrucks"[70] zu interpretieren.

Anfang der 1950er Jahre stellte die Situierung von Repräsentationsarchitektur entweder im Zentrum der Stadt, an öffentlichen Straßen und Plätzen oder an Flussufern den obersten städtebaulichen Grundsatz der DDR dar.[71] Hopp und Nierade richteten die Nord- als Hauptfassade auf die Stalinallee aus.[72] Ihr ist die westliche Schauseite zum Elsterflutbecken und dem gegenüberliegenden Ufer nachgeordnet.[73] Auch wenn eine zentrale Lage kennzeichnend für Großbauprojekte des sozialistischen Realismus ist,[74] stellt sie im Hinblick auf die Bauaufgabe eine Besonderheit dar. Sie gewährleistete ebenso wie die direkte Nachbarschaft zum Sportforum, dass die Sporthochschule einem großen Publikum aus eigener Anschauung bekannt war. Die Standortwahl folgt der Idee Gesellschaftsbauten im Zentrum der Stadt anzusiedeln, um die Bedürfnisse der Bevölkerung zu befriedigen.[75]

Ein weiteres Merkmal, das den „Willen zur Monumentalität"[76] ausdrückt, ist die Ausrichtung der Mittelachse der DHfK über die Festwiese hinweg auf den Glockenturm des Stadions.[77] Sie verläuft parallel zum

---

[70] Hain, Simone: „Von der Geschichte beauftragt Zeichen zu setzen". Zum Monumentalitätsverständnis in der DDR am Beispiel der Gestaltung der Hauptstadt Berlin. In: Schneider, Romana/Wang Wilfried (Hg.): Moderne Architektur in Deutschland 1900 bis 2000. Macht und Monument. Ostfildern-Ruit 1998, S. 189–220, S. 189.
[71] Vgl. Hain 1998, S. 195.
[72] In der Diskussion um eine lockere oder geschlossene Bebauung wies der Deutsche Sportausschuss immer wieder auf die Bedeutung der Gestaltung der DHfK zur Stalinallee hin. Im Bau- und Raumprogramm für den Wettbewerb wurde eine zentrale Lage des Auditorium Maximum an der Stalinallee gefordert. Vgl. BArch, DH 1/41616.
[73] Das Preisgericht regte Ende August 1951 an, die Gebäude an der Marschnerstraße auf die Seite des Flutbeckens zu verlegen, um diese repräsentativer zu gestalten. Vgl. BArch, DH 2/A 15, S. 60.
[74] Vgl. Hain 1998, S. 195.
[75] Vgl. Hain 1998, S. 194.
[76] Hain 1998, S. 193.
[77] Glockenturm, Appellplatz und Versammlungshalle sind charakteristisch für Gauforen, die während der Zeit des Nationalsozialismus in Deutschland gebaut wurden. Vgl. Nerdinger, Winfried: Architektur und öffentliches Leben. In: Schneider, Romana/Nerdinger, Winfried/Wang, Wilfried (Hg.): Architektur im 20. Jahrhundert. Deutschland. München, London, New York 2000, S. 264–271, S. 268. Weitere Informationen zu dieser Bauaufgabe können bei Christiane Wolf nachgelesen werden. Wolf, Christiane: Gauforen – Zentren der Macht. Zur nationalsozialistischen Architektur und Stadtplanung. Dissertation Universität

Elsterflutbecken, was die Wirkung der Westfassade zum gegenüberliegenden Ufer positiv beeinflusst. Anschließend schneidet sie die Stalinallee im rechten Winkel. Diese Achse war bereits im Bau- und Raumprogramm des Wettbewerbs festgelegt.[78] Sie ist – wie die Wahl der Hauptfassaden – auf den maßgeblichen Einfluss des Deutschen Sportausschusses zurückzuführen und spiegelt die staatlichen Vorstellungen von repräsentativer Architektur.[79]

Darüber hinaus wird die Anordnung der Baukörper von einer weiteren Achse bestimmt. Sie verläuft von Westen nach Osten und hat ihren Ursprung zwischen der zweiten und dritten der kleinen Sporthallen. Im Zentrum der Anlage schneidet sie die ihr übergeordnete Nord-Süd-Achse rechtwinklig. Ihren Abschluss findet sie im Casino an der Marschnerstraße. Die zweite Achse ist ausschlaggebend für die äußerst symmetrische Wirkung des Ensembles, obwohl Ost- und Westflügel nicht baugleich sind. Das Motiv, der von einer Querachse senkrecht geschnittenen Hauptachse, ist ein allgemeines Merkmal monumentaler Anlagen.[80] Derart fand es Eingang in den Kanon sozrealistischer Architektur wie die Stalinallee in Berlin und in Leipzig belegen. Antike Gymnasien weisen ebenfalls einen symmetrischen Grundriss auf. Die spiegelbildliche Anordnung der Baukörper der DHfK

Bochum 1999. Berlin 1999. Der Glockenturm des Stadions und die Festwiese mit dem Eingang zum Stadion erinnern in ihrer Disposition an dieses Konzept. Eine Interpretation vor dieser Folie ist aber nicht sinnvoll, weil die Ausrichtung der DHfK ausschließlich wirkungsästhetischen Prinzipien folgt.
[78] Vgl. BArch, DH 1/41616.
[79] Winfried Nerdinger wies 1998 darauf hin, dass Achse, Symmetrie und Monumentalität seit der Antike Mittel der Versinnbildlichung von Macht und Herrschaft sind. Besonders im Barock wurde die Achse zu einem zentralen Motiv herrschaftlicher Inszenierung. Als solches wurde es im sozialistischen Realismus übernommen, aber mit einem neuen Inhalt versehen. Winfried Nerdinger beschäftigt sich in *»Ein deutlicher Strich durch die Achse der Herrscher«. Diskussion um Symmetrie, Achse und Monumentalität zwischen Kaiserzeit und Bundesrepublik* aus diversen Perspektiven mit den aufgeführten Motiven. Dabei beleuchtet er insbesondere die Problematik der jeweiligen Konnotation. Vgl. Nerdinger, Winfried: »Ein deutlicher Strich durch die Achse der Herrscher«. Diskussion um Symmetrie, Achse und Monumentalität zwischen Kaiserzeit und Bundesrepublik. In: Schneider, Romana/Wang Wilfried (Hg.): Moderne Architektur in Deutschland 1900 bis 2000. Macht und Monument. Ostfildern-Ruit 1998, S. 87–100, S. 87.
[80] Vgl. Wagner, Heinrich: Die Anlage des Gebäudes. In: Durm, Josef/Ende, Hermann/Schmitt, Eduard u. a. (Hg.): Handbuch der Architektur: 4. Teil: Entwerfen. Anlage und Einrichtung der Gebäude 1. Halbband: Die architektonische Komposition. Darmstadt 1883, S. 78–119, S. 114.

ist aber kein Verweis auf die klassische Typologie. Sie ist vielmehr Mittel zum Zweck, um einen maximal repräsentativen Ausdruck zu erzielen.[81] Daher ist auch das Gebäude der Deutschen Hochschule für Leibesübungen in Berlin (DHfL) nicht als Vorläufer anzusehen, obwohl das gleiche bauliche Motiv zitiert wird. Umgekehrt ist der Entwurf von A.V. Barutcev, I. A. Gil'ter sowie I. O. Meerzon und Ja. O. Rubancik für eine Akademie der Wissenschaften der UdSSR in Moskau von 1934 in dieser Tradition zu sehen.

Er zeigt die Ansicht eines zentralen, rechteckigen Platzes, der von mehreren Gebäuden umschlossen wird. Das vermeintliche Hauptgebäude befindet sich an der Kurzseite des Platzes und ist am linken unteren Bildrand der Zeichnung zu sehen. Ihm gegenüber steht ein Gebäude mit U-förmigem Grundriss. Der Innenhof wird durch ein Wasserbassin strukturiert, an das sich beidseitig mehrere eingefasste Felder anschließen. Das Bassin und die umgebenden Grünanlagen sind vollständig eingesenkt. Sie werden über Terrassen erschlossen. Die Gebäude der Akademie umgeben den so gestalteten Innenhof in symmetrischer Anordnung. Ihre Fassade wirkt durch den geringen Abstand zwischen den Baukörpern geschlossen. Das Ensemble wird durch eine längsseitige Mittelachse bestimmt. Das Bassin ist an ihr ausgerichtet. Wie die Wasserachse barocker Schlossgärten gibt es den Abstand zu den Grünflächen und den Gebäuden an der Platzlängsseite vor. Die Gestaltung der Sockelgeschosse als Arkaden unterstützt den Eindruck, dass es sich um einen Raum für Kommunikation handelt. Die Gemeinsamkeiten zwischen dem Entwurf für die Akademie der Wissenschaften und die DHfK sind erstens die Anordnung der Gebäude auf einer rechteckigen Grundfläche, zweitens die längsseitige Symmetrieachse, drittens die geschlossen wirkende Bebauung und viertens die einheitliche Architektur. Aufgrund der Perspektive ist nicht zweifelsfrei zu sagen, ob die Anordnung der Akademie weiteren Symmetrieachsen folgt. Die Vermutung liegt aber nahe. Während der umbaute Hofraum der Akademie an ein Forum erin-

---

[81] Anders verhält es sich mit Schulen und Lehranstalten des neunzehnten Jahrhunderts, die sehr häufig eine symmetrische Gliederung des Baukörpers aufweisen. Sie beziehen sich sowohl konzeptionell auf das antike Gymnasion als Ausbildungsstätte von Körper und Geist als auch bautypologisch. Eine ausführliche Besprechung von Schulbauten dieser Zeit findet sich bei Durm, Josef/Ende, Hermann/Schmitt, Eduard u.a. (Hg.): Handbuch der Architektur: 4. Teil: Entwerfen. Anlage und Einrichtung der Gebäude. 6. Halbband: Gebäude für Erziehung, Wissenschaft und Kunst. 1. Heft: Niedere und höhere Schulen. Darmstadt 1889.

nert,[82] ist der Innenraum der Deutschen Hochschule für Körperkultur als imposante, aber funktionslose Grünfläche gestaltet. Sie ist nicht als öffentlicher Raum konzipiert. Dieser Umstand steht einer Interpretation als Forum ebenso entgegen wie die Konzentration auf die Außenansicht. Trotz dieser Unterschiede ist Barutcevs Entwurf als Vorbild für den Wettbewerbsbeitrag von Hopp und Nierade für die DHfK zu erachten.

In diesem Kontext ist auch Richard Paulicks Entwurf zum Berliner Forum, der um 1952 datiert wird, bedeutsam (Abbildung 2).

Abb. 2 Entwurf zum Berliner Forum am Kupfergraben in Berlin von Richard Paulick. Ex: IRS/Erkner, Wiss.Samml., Bestand Simone Hain (C11_K59).

Für ihn ist ebenfalls eine symmetrische Anordnung der Baukörper, eine geschlossene Bebauung und eine einheitliche Architektur kennzeichnend. Die auffällige Nähe zwischen den beiden Entwürfen ist ein starkes Indiz dafür, dass Paulick Barutcevs Konzept kannte. Ähnlich wahrscheinlich ist

---

[82] Das Forum, das auf die griechische Agora – den Marktplatz zurückgeht, stellte den zentralen Kommunikationsort einer Stadt dar. Deshalb war die architektonische Gestaltung des Hofraums wichtig. Er wurde von Säulenhallen umgeben, teilweise kamen auch Denkmäler oder Götterstatuen zur Aufstellung. Vgl. Durm, Josef: Die Baukunst der Griechen. In: Durm, Josef/Ende, Hermann/Schmitt, Eduard u.a. (Hg.): Handbuch der Architektur: 2. Teil: Die Baustile. Historische Entwicklung. 1. Halbband: Die Baukunst der Griechen. Darmstadt 1881, S. 233ff. Der Entwurf Barutcevs zeigt anstelle von Säulenhallen Arkaden sowie im linken Bildvordergrund die Rückansicht einer Plastik.

es, dass Hopp die Arbeit seines Kollegen Paulick[83] geläufig war. Paulicks Entwurf ist daher als Zwischenschritt zu bewerten. Die Entwürfe von Barutcev und Paulick zeigen Einzelbauten, die durch die gewählten Proportionen der Baukörper und der Gebäudeabstände geschlossen wirken. Hopp und Nierade konzipierten die DHfK hingegen als nahezu geschlossenes vierflügeliges Ensemble. Lediglich das Internat im Süden ist nicht unmittelbar mit den anderen Flügeln verbunden. Diese Geschlossenheit beziehungsweise die geschlossene Wirkung ist charakteristisch für monumentale Repräsentationsarchitektur im Allgemeinen und nicht nur für Bauten im Stil des sozialistischen Realismus. Vielmehr bedient sich letzterer im Streben nach einer entsprechenden Wirkung der gleichen Mittel.

Für einen Repräsentationsbau ist die Gebäudehöhe der DHfK überraschend niedrig. Ursächlich ist die Bodenbeschaffenheit im ehemaligen Hochwassergebiet.[84] Die von den Vertretern des Deutschen Sportausschusses gewünschte Erhöhung der Geschosszahl war wegen des Baugrundes nicht möglich.[85] Die Betonung einer weitgehend einheitlichen Horizontalen versucht diesen Umstand zu überspielen. Durchbrochen wird die Außenwand durch quergestellte und in den Innenraum hineingezogenen Hallen. Sie strukturieren die Fassade und verhindern ein Zergliedern durch übermäßig aus der Flucht tretende Gebäudeteile. Die Westfassade wird zusätzlich durch risalitartige Vorsprünge rhythmisiert. Eine vergleichbare Querstellung einzelner Gebäudeblöcke zu einem verbindenden Baukörper zeigen Vorentwürfe von Hanns Hopp für die Tbc-Heilstätte Bad Berka von 1951.[86] Das Militär-Reit-Institut in Hannover weist eine noch ähnlichere Integration der Übungshallen in einen verbindenden Gebäudeflügel auf. Es wurde zwischen 1874 und 1877 gebaut.[87]

---

[83] Durth, Werner/Düwel, Jörn/Gutschow, Niels: Ostkreuz. Personen, Pläne, Perspektiven. In: Architektur und Städtebau in der DDR. 2 Bde. Frankfurt am Main 1998/99, S. 250.
[84] Vgl. BArch, DH 2/A 15, S. 59ff.
[85] Vgl. BArch, DH 2/A 78.
[86] Vgl. Matthieß, Willi: Tbc-Heilstätte Bad Berka. Entwurf Nationalpreisträger Professor Hanns Hopp. In: Deutsche Architektur 4, Heft III, 1955, S. 112–118, S. 112.
[87] Die Anlage besteht aus einem vorgelagerten Kasernengebäude, hinter dem in Form eines umgekehrten U die Stallungen und Reithallen untergebracht sind. Pro Flügel gibt es zwei Reithallen, die quer zu den Stallungen angeordnet sind. Sie sind ebenso wie die Sporthallen der DHfK in den Hofraum hineingezogen und an der Außenfassade nur durch ein leichtes Vorspringen zu erkennen. Ob die Disposition der Anlage den Planern der DHfK bekannt

Die monumentale Wirkung der DHfK wurde auf Kosten der funktionalen Anforderungen erzielt. So sind beispielsweise die vier kleinen Sporthallen des Westflügels gleichförmig konzipiert, obwohl sie für die Ausbildung unterschiedlicher Sportarten genutzt werden sollten und bis heute werden. Ihre Abmessungen nehmen keine Rücksicht auf die jeweiligen wettkampfkonformen Feldabmessungen. Ähnlich problematisch gestaltet sich die Erschließung durch einen durchlaufenden Verbindungsweg im Inneren. Im weitgehend nach dem Siegerentwurf realisierten Teil der Hochschule wirken sich diese Aspekte bis heute negativ auf die Nutzung aus. Hierzu zählen weite Wege, volle Gänge zu Stoßzeiten und unzureichende Brandschutzvorkehrungen. Diese machten in den vergangenen beiden Jahrzehnten umfangreiche Um- und Anbauten notwendig.

7.1.3.2 Architekturgeschichtliche Einordnung

Zum Wettbewerbsbeitrag der Meisterwerkstatt II gehören eine Vogelschau (Abbildung 1) und eine weitere Ansicht. Sie zeigt die Fassade zur Stalinallee (Abbildung 3).

Abb. 3 Entwurf für die Deutsche Hochschule für Körperkultur Leipzig der Meisterwerkstatt II, 1951. Fassade zur Stalinallee. Ex: BArch DH 1/43668, RS 11576_1N.

Das Auditorium Maximum dominiert die Fassade zur Stalinallee. Es ist als erhöhter Mittelrisalit des Nordflügels zur Stalinallee konzipiert. Seine sechs Geschosse werden von einem dreigeschossigen Belvedere bekrönt. Die an es anschließenden Seitenflügel sind dreigeschossig angelegt. Eckrisalite begrenzen sie zur Marschnerstraße und zum Elsterflutbecken. Ihre

---

war und als Vorbild gedient haben kann, ist nicht zu beantworten.

Höhe entspricht der der Flügelbauten. Während das Auditorium Maximum zwanzigachsig ist, haben die Seitenflügel einschließlich der Eckrisalite jeweils 25 Achsen. Die ersten fünf Achsen vom Auditorium Maximum aus sind aus der Flucht zurückgesetzt. Zu den Risaliten springen die Seitenflügel zunächst über eine Achse in die Flucht des Auditoriums, um ihr dann über 14 Achsen folgen. Die vierachsigen Eckrisalite treten aus ihr erneut über eine weitere Achse hervor.

Die Sockelzone des Auditorium Maximum ist rustiziert und entspricht zwei Geschossen der Seitenflügel. Sie hat einen breiten Durchgang, den vier Doppelsäulenreihen strukturieren. Auf sie folgt eine eingeschossige Übergangszone. Im Gegensatz zu den weiteren Etagen verfügt sie über Türen statt Fenster. Durch sie kann man eine vorgelagerte Terrasse mit Balustrade betreten. Die Wandfläche des dritten Geschosses ist ebenfalls rustiziert. Einerseits trennt ein massives Gesims dieses Stockwerk von den darüber liegenden ab, anderseits verbinden Lisenen das dritte bis sechste Geschoss miteinander. In den beiden äußeren Achsen sind diese gedoppelt. Auf Ebene der Terrasse ist zwischen ihnen je ein Feld mit floraler Füllung eingepasst. Mit Ausnahme der Lisenen ist die Fassade des Auditorium Maximum im vierten bis sechsten Geschoss vollständig verglast. Ein Kranzgesims und eine Balustrade schließen das Hörsaalgebäude ab. Das dreigeschossige Belvedere ist mittig auf dem Flachdach situiert und stark zurückgesetzt. Es ist zehnachsig konzipiert und weist die gleiche architektonische Gestaltung wie das vierte bis sechste Geschoss auf. Angedeutete Schmuckformen bekrönen die Eckorte des Auditorium Maximum und des Belvederes. Dem Baukörper sind zwei dreigeschossige Treppenhäuser vorgelagert. Wie die Großform verfügen sie über ein rustiziertes Sockelgeschoss auf das zwei Vollgeschosse folgen. Sie werden von Kreuzstockfenstern über vier Achsen und Lisenen strukturiert. Der Übergang vom zweiten zum dritten Geschoss betonen Schmuckformen, die jedoch nicht genau zu erkennen sind. Sie greifen die Höhe der Balustrade des Auditoriums auf. Das Kranzgesims der Treppenhäuser korrespondiert mit dem Wechsel vom dritten auf das vierte Geschoss des Auditoriums.

Der Aufbau der Seitenflügel ist symmetrisch. Ein Gurtgesims trennt das Sockelgeschoss von einem besonders hohen Vollgeschoss. Auf es folgt ein Mezzaningeschoss mit Kranzgesims. Alle drei Geschosse sind durchfenstert. Das erste und dritte Geschoss weisen zweiflügelige Fenster auf, das dritte hingegen Kreuzstockfenster. Die Achsen werden durch alle Geschosse verbindende Lisenen gegeneinander abgegrenzt. Die Gebäudehöhe des Seitenflügels wirkt dadurch größer. Die Lisenen sind an allen Vor- und Rücksprüngen über eine Achse gedoppelt.

In der Gesamtbetrachtung bestimmt das Auditorium Maximum die Nordfassade der DHfK und ist auf eine Wahrnehmung aus der Ferne angelegt. Durch den großen Höhenunterschied zu den anschließenden Gebäudeteilen erscheint es imposant. Die Seitenflügel sind in ihrer Wirkung hingegen stärker auf Passanten und Besucher des Sportforums ausgerichtet. In der unmittelbaren Nachbarschaft gibt es keine Gebäude. Der Betrachter hat daher keinen Referenzpunkt für die Einordnung der Gebäudehöhe. Wegen der Beschaffenheit des Baugrundes mussten die Gebäude durchgängig niedriger konzipiert werden als der DHfK vergleichbare Bauprojekte wie die Berliner Stalinallee. Durch die gewählten Proportionen und die geschlossene Fassade wirkt der Entwurf trotz der geringen Gebäudehöhe monumental.

Die heraustretenden Treppenhäuser dynamisieren die Ansicht des Auditoriums. Einen ähnlichen Effekt haben die Vorsprünge der Seitenflügel und die Eckrisalite. Die Gebäudemasse wird dadurch in der Raumtiefe gegliedert und steht einer monotonen Wirkung der Fassade entgegen. Eine solche Anordnung ist auch für die Gebäude der Berliner Stalinallee zu konstatieren.

Die Gliederung geschlossener Gebäudefluchten mit Hilfe von Loggien, Erkern und Balkonen ist typisch für sozrealistische Architektur. Simone Hain sieht in ihrer Verwendung „eine Kopplung von Schönheit und Volksempfinden"[88] und misst ihr eine politische Dimension zu:

> Auch die Wahl des ästhetischen Konzepts selbst unterlag einem Herrschaftskalkül: nämlich, nichts offen zu lassen, in vertrauten Bildern zu sprechen und größtmögliche integrative Erzählkraft zu entwickeln.[89]

Das massive Sockelgeschoss des Auditorium Maximum mit seinen langen schmalen Quadern erinnert an die Sockelzone des Frankfurter Tores der Berliner Stalinallee (Abbildung 4).

---

[88] Hain 1998, S. 192.
[89] Hain 1998, S. 191.

Abb. 4 Ansicht des Frankfurter Tors von Hermann Henselmann um 1960.
Ex: IRS/ Erkner, Wiss.Samml., Bestand ISA/Dok. Stalinallee (A13-F003).

Als Vorbild für die vorgelagerten Treppenhäuser könnte der Eingang der ehemaligen Sozialversicherungskasse in unmittelbarer Nähe der DHfK gedient haben.[90] Zwischen zwei vorgelagerten Baukörpern spannt sich ein von Pfeilern getragener Architrav. Dahinter befindet sich ein kleiner Platz, über den Besucher das Gebäude betreten können. Hopp und Nierades Entwurf variiert dieses Motiv. Der pfeilergestützte Architrav rückt in die Flucht des Gebäudes und geht im Gurtgesims auf. Eine solche Einbindung lokaler Bautraditionen ist nicht unüblich für Bauten des sozialistischen Realismus. Wolfgang Pehnt hält fest:

> Lokale oder regionale Eigenheiten wurden infolgedessen statt jener Nationaleigenschaften akzeptiert, die das Stalin-Wort vom sozialistischen Inhalt und der nationalen Form eingefordert hatte.[91]

---

[90] Das Gebäude der ehemaligen Sozialversicherungskasse wurde zwischen 1922 und 1925 nach einem Entwurf von Otto Droege errichtet. Vgl. Narbert, Thomas/Jackowski, Nannette/Rost, Wolf-Dietrich: Sportforum Leipzig. Geschichte und Zukunft. Leipzig 2004, S. 23. Heute ist in ihm die Allgemeine Ortskrankenkasse in der Wilmar-Schwabe-Straße 2 untergebracht.
[91] Pehnt, Wolfgang: Deutsche Architektur seit 1900. 2. Aufl. München 2006, S. 296.

Neben dieser Motivlage ist es aber auch vorstellbar, dass die Architekten auf diese Weise versuchten, die Architektur der Deutschen Hochschule für Körperkultur an die der umliegenden Bauten anzugleichen.

Den Übergang zum vierten bis sechsten Geschoss bildet ein rustiziertes Vollgeschoss. Es ist durch ein Gurtgesims und verstärkte Querstreben deutlich von den angrenzenden Geschossen abgesetzt. Die ihm vorgelagerte Terrasse wird von einer Balustrade eingefasst. Dieses Motiv wurde beim Leipziger Ring-Café aufgegriffen. Es entstand zwischen 1953 und 1955.[92]

Der mittlere Teil des Auditoriums hebt sich deutlich von der Architektursprache des gesamten Nordflügels ab. Die durchgängige Glasfassade wirkt technisiert. Daran ändert auch die Gliederung mittels barocker Lisenen und Querstreben nichts. Was sich hinter der Wand verbirgt, ist an der Fassade nicht ablesbar. Hanns Hopp wählte für die Tbc-Heilstätte Bad Berka eine ähnliche, aber auf das Dachgeschoss beschränkte, Ausführung. Es steht zu vermuten, dass sich die Kritik der Jury auf diesen Teil der Fassade bezieht.[93] Gestützt wird diese Annahme durch den Umstand, dass dieser Teil im weiteren Entwurfsprozess als erstes revidiert wurde. Eine vergleichbare Gliederung durch Lisenen sind für zahlreiche Bauten des sozialistischen Realismus zu konstatieren. Beispielhaft seien die Nordfassade der Tbc-Heilstätte Bad Berka[94] und die Südansicht des Ausführungsentwurfs des Kulturhauses Maxhütte Unterwellenborn[95] genannt. Innerhalb Leipzigs sind der Kopfbau des Anatomischen Instituts an der Liebigstraße[96] und das Gebäude der ehemaligen Sozialversicherungskasse anzuführen.

---

[92] Vgl. Engmann, Birk: Bauen für die Ewigkeit. Monumentalarchitektur des zwanzigsten Jahrhunderts und Städtebau in Leipzig in den fünfziger Jahren. Beucha 2006, S. 113.
[93] Vgl. BArch, DH 2/A 78.
[94] Die Tbc-Heilstätte Bad Berka wurde nach einem Entwurf von Hanns Hopp zwischen 1951 und 1955 gebaut. Vgl. Matthieß 1955, S. 112; Bauakademie der DDR (Hg.): Chronik Bauwesen. 1945–1971. Berlin 1974, S. 53 und Topfstedt, Thomas: Grundlinien der Entwicklung von Städtebau und Architektur in der Deutschen Demokratischen Republik 1949 bis 1955. 3 Bde. Dissertation Universität Leipzig 1980, S. 95.
[95] Das Kulturhaus Maxhütte Unterwellenborn wurde von 1952 bis 1954 gebaut und galt als beispielhafte Lösung der Bauaufgabe Kulturhaus in der ehemaligen DDR. Entworfen wurde es von Josef Kaiser und Hanns Hopp. Vgl. Topfstedt 1980, S. 90f.
[96] Zwar wurde dieser Teil des Institutes erst zwischen 1954 und 1956 errichtet, bei Engmann werden die Baudaten für das zugehörige Hörsaalgebäude mit 1952 bis 1953 angegeben, was eine Projektierung in diesem Zeitraum nahelegt. Vgl. Engmann 2006, S. 126.

Eine Balustrade bildet den Dachabschluss. Dieses Motiv ist typisch für sozrealistische Gebäude. Im lokalen Kontext schmückten sie zunächst den Haupteingang des Leipziger Stadions, später auch die Ringbebauung und die Wohnhäuser an der Windmühlenstraße. Der Entwurf der Meisterwerkstatt II deutet an den Eckorten des Auditorium Maximum weitere Schmuckformen an. Es ist jedoch nicht erkennbar, ob klassische Eckakroterien, barocke Vasen oder Figuren vorgesehen waren. Akroterien könnten als Referenz auf die griechische Antike und als Verweis auf das Geburtsland des sportlichen Trainings und Wettkampfs verstanden werden. Ein auf 1953 datierender Entwurf, der die Westfassade der großen Spielhalle und der Kinderturnhalle abbildet, zeigt Eckakroterien an den Eckpositionen der Balustrade. Sollte es sich um Vasen handeln, dann würden sie einen weiteren Bezug zum SVK-Gebäude herstellen. Selbst die Aufstellung von Figuren ist vorstellbar. Auf der Fotografie eines Modells der DHfK von 1954 sind sowohl Plastiken an den Eckstellungen des Belvederes als auch Vasen auf der unteren Balustrade des Auditorium Maximum zu sehen. Neben den genannten Schmuckformen gehörten auch Obelisken zum Repertoire sozrealistischer Architektur der ehemaligen DDR.[97]

Die Seitenflügel setzen sich aus einem Sockel-, einem Haupt- und einem Mezzaningeschoss mit einer Balustrade zusammen. Dieser Wandaufriss steht in der Tradition der Renaissance und des Klassizismus.[98] Barocke Lisenen gliedern die Achsen. In Verbindung mit dem Gurtgesims erinnert die Fassade stark an Paulicks Entwurf für das Berliner Forum. Er sah aber anstelle des Mezzanin- ein Vollgeschoss und statt der Lisenen Pilaster vor.

Die Gestaltung der Fassaden, insbesondere zur Stalinallee, veränderte sich im Entwurfsprozess sehr stark. Sie wurde bis zum Ende des ersten Bauabschnitts 1958 insgesamt schlichter und die Formensprache zunehmend neoklassizistischer. In diesem Wandel spiegelt sich auch die Suche

---

[97] Die Stalinistische Doktrin vom sozialistischen Inhalt in der nationalen Form manifestierte sich in anderen Regionen der ehemaligen Sowjetunion besonders stark in der Wahl des Gebäudeabschlusses, der durch eine landestypische Form als national markiert wurde. Besonders deutlich wird das bei den entsprechenden Gebäuden in Polen, die stets das Motiv einer polnischen Attika zitieren.
[98] Vgl. Leonhard, Peter: Sport frei! Das Sportforum und die DHfK in Leipzig. In: Bauwelt 84, Heft 30, 1993, S. 1568–1571, S. 1569 und Hanns Hopp, Kunz Nierade. Deutsche Hochschule für Körperkultur, Leipzig, 1951–62. In: Schneider, Romana (Hg.): Architektur im 20. Jahrhundert. Deutschland. München, London, New York 2000, S. 336f.

nach einer eigenen Architektursprache. Simone Hain hielt hinsichtlich der frühen Versuche eine solche zu entwickeln fest: „Unterdessen scheiterten die ersten Wettbewerbe für die gewünschten Monumente an der Unmöglichkeit, einen unverbrauchten Ausdruckswert zu kreieren oder auch nur eine gemeinsame Sprache zu finden."[99]

Eine Querschnittsbetrachtung prominenter Beispiele wie dem Hochhaus an der Weberwiese, der Stalinallee in Berlin, der Tbc-Heilstätte Bad Berka, dem Kulturhaus Maxhütte in Unterwellenborn oder der Langen Straße in Rostock untermauern diese Einschätzung. Dieses Panorama verdeutlicht die Unterschiedlichkeit der architektonischen Formensprache. Teilweise ist sie auf lokale Bautraditionen zurückzuführen. Im Fall der DHfK ist das Gebäude der ehemaligen Sozialversicherungskasse der Bezugspunkt. Die Architektur der Leipziger Universitätsbauten vom Anfang der 1950er Jahre wurde bis zum Ende des ersten Bauabschnittes 1958 maßgeblich.

Zusammenfassend ist die Architektur des siegreichen Wettbewerbsbeitrags der Meisterwerkstatt II als „abstrahierter Klassizismus"[100] zu bezeichnen. Er wird durch barocke Lisenen ergänzt. Der technisierten Gestaltung des dritten bis sechsten Geschosses des Auditorium Maximums kommt eine Sonderstellung zu.

7.1.4 Interpretation

Der Entwurf für die Deutsche Hochschule für Körperkultur ist analog zu den Wohnpalästen für Arbeiter als Palast für den Sport zu lesen. Trotz einer Vielzahl von Gemeinsamkeiten mit anderen staatlichen Repräsentationsbauten der Zeit, nimmt die Architektur der Deutschen Hochschule für Körperkultur in Leipzig eine Sonderstellung innerhalb der Stilrichtung des sozialistischen Realismus Anfang der 1950er Jahre in der DDR ein.

---

[99] Hain 1998, S. 192.
[100] Ulrich Hartung verwendete diesen Begriff in Bezug auf die Gebäude des Leipziger Universitätsviertels, die Anfang der 1950er Jahre entstanden. Hartung, Ulrich: Hochschulbauten der DDR in den fünfziger Jahren. In: Gibas, Monika/Pasternack, Peer (Hg.): Sozialistisch behaust und bekunstet: Hochschulen und ihre Bauten in der DDR. Leipzig 1999, S. 26–52, S. 34.

7.1.5 Baugeschichte

Die Meisterwerkstatt II der Deutschen Bauakademie erhielt am 26. September 1951 den offiziellen Auftrag für die Vorprojektierung der DHfK.[101] Am 30. Januar 1952 bestätigte das Staatssekretariat für Hochschulwesen die Entwurfsunterlagen. Die Gründungsarbeiten begannen am 3. März,[102] Grundsteinlegung war am 17. Mai.[103] Die Bauarbeiten wurden am 29. Juli aufgenommen[104] und sollten ursprünglich bis 1955 abgeschlossen sein.[105] Die Kosten für den Bau wurden zunächst mit 63 Millionen Mark veranschlagt.[106]

Die Fertigstellung der Deutschen Hochschule für Körperkultur zog sich aufgrund mangelnder Baustoffe, Gelder und Facharbeiter mit längeren Unterbrechungen bis zum Januar 1987 hin.[107] Innerhalb dieses Zeitraums lassen sich vier Bauabschnitte ausmachen. Zwischen 1952 und 1958 entstand das Haus I weitgehend nach dem Entwurf der Meisterwerkstatt II. Um den Bau des benachbarten Sportforums zu beschleunigen, wurden im Herbst 1955 massiv Arbeitskräfte von der DHfK abgezogen.[108] Bereits im zweiten Fünfjahresplan der DDR für die Jahre 1956 bis 1960 waren keine Gelder für die Errichtung der Einrichtung vorgesehen.[109] Die noch vorhandenen Mittel für 1957 wurden für die Fertigstellung der begonnen Gebäude verwendet.[110]

Um zu klären, ob sich ein Weiterbau lohne, wurde Erich Honecker am 18. Oktober 1960 vom Politbüro der SED mit der Prüfung der vorhandenen Räumlichkeiten, der Struktur und dem Bedarf der Hochschule beauftragt. In einem Argumentationsschreiben vom 19. Juli 1961 wiesen die Vertreter der DHfK auf den internationalen Erfolg der Hochschule in der Forschung und in der Ausbildung von Spitzensportlern hin. Um beide Zweige in der Weltspitze etablieren zu können, brauche die Hochschule Trainingsan-

---

[101] Vgl. UAL, DHfK-VwA 4296.
[102] Vgl. UAL, DHfK-VwA 4304, Bd. 2.
[103] Vgl. UAL, DHfK-VwA 4296.
[104] Vgl. UAL, DHfK-VwA 4298.
[105] Vgl. BArch, DH 1/41616.
[106] Vgl. BArch, DH 2/A 15.
[107] Vgl. UAL, DHfK-VwA 3476, Bd. 1.
[108] Vgl. UAL, DHfK-VwA 4297, Bd. 1955.
[109] Vgl. UAL, DHfK-VwA 4302, Bd. 2.
[110] Vgl. UAL, DHfK-VwA 4302, Bd. 1.

lagen und Forschungseinrichtungen.[111] Ein entsprechender Beschluss erfolgte zeitnah. Im zweiten Bauabschnitt entstanden zwischen 1961 und 1964 das Sportmedizinische Institut (Haus II), dass das ursprünglich geplante Auditorium Maximum ersetzte, und der östliche Institutsflügel (Haus III) anstelle des vorgesehenen Gebäudetrakt für Lehre und Forschung.[112] Das Sportmedizinische Institut wurde nach einem Entwurf von Eitel Jackowski gebaut.[113] Gegenüber dem Entwurf von Hopp und Nierade ist es stärker aus der Gebäudefront gesetzt. Auf die geplante Verbindung mit dem westlichen und östlichen Institutsflügel wurde verzichtet. Dadurch wurde der geschlossene Charakter aufgeweicht und der ursprünglich vorgesehene zentrale Eingang negiert. Während Pilaster, Säulen und Dreiecksgiebel sowie der Kontrast von Muschelkalk und hellem Putz die Fassade der Gebäude des ersten Bauabschnitts bestimmten, wurde beim Haus II auf klassizistische Gestaltungsmittel verzichtet. Stattdessen arbeitete Jackowski mit den Farben Rot und Weiß. Im Gegensatz zum östlichen und westlichen Institutsflügel, die – um ein einheitliches Bild zur Stalinallee zu erreichen – spiegelgleich geplant und in Mauerwerksbauweise errichtet wurden,[114] entstand das Sportmedizinische Institut in Stahlbetonskelett-Fertigteilmontage-Bauweise.[115]

Der dritte Bauabschnitt ist durch eine weitere Abkehr von einer einheitlichen Architektursprache und die Aufgabe der Idee einer symmetrischen Gesamtanlage gekennzeichnet. Er umfasst die Jahre 1967 bis 1971. In dieser Zeit wurden eine Schwimmhalle (Haus VII), ein Institutsgebäude und ein Test- und Untersuchungsfeld errichtet (beide Haus V).[116] Der Bau der Schwimmhalle erfolgte anstelle des Internats an der Mainzer Straße. Auf der zentralen Grünfläche entstand ein Test- und Untersuchungsfeld.[117] Alle Bauten wurden in Stahlbeton-Fertigteil-Bauweise realisiert.[118]

Dem letzten Bauabschnitt von 1974 bis 1987 sind ein weiterer Gebäudetrakt für Lehre und Forschung (Haus IV), eine Experimentier- und Produk-

---

[111] Vgl. UAL, DHfK-VwA 1610.
[112] Vgl. UAL, DHfK-VwA 1610.
[113] Vgl. Haberbeck, A.: Denkmalpflegerische Zielstellung Jahn-Allee 59 Leipzig. Leipzig 1996, S. 5.
[114] Vgl. UAL, DHfK-VwA 1610.
[115] Vgl. UAL, DHfK-VwA 1610.
[116] Vgl. UAL, DHfK-VwA 2070 und 2981.
[117] Vgl. UAL, DHfK-VwA 2070 und 298.
[118] Vgl. Gehlhaar 2001, S. 69.

tionshalle (Haus IX) und eine Mensa (Haus VI) zuzuordnen.[119] Das blauverkleidete Haus IV wurde an der Marschnerstraße als nördliche Fortsetzung des dunkelgrün umhüllten Institutsgebäudes nahezu spiegelgleich gebaut. Die Expermentier- und Produktionshalle befindet sich zwischen Testfeld und Internat. Der ebenfalls grüne, aber eingeschossige Plattenbau wurde als Stahlbetonskelettkonstruktion mit Hettelflex-Fassade umgesetzt.[120] Die Mensa liegt südlich des Haus II in der Achse des Sportforums. Bei ihr handelt es sich um ein Typenprojekt von Ulf Zimmermann.[121] Zwar entstand 1975 auf dem Gelände der Hochschule noch ein Internat (Haus VIII), es lässt sich aber keinem Bauabschnitt zuordnen. Der Bau soll 1969 vom Stadtrat beschlossen und unabhängig von den anderen Gebäuden der DHfK unter Aufsicht des Chefarchitekten der Stadt Leipzig, Horst Siegel, projektiert worden sein.[122] Das Typenbauprojekt geht auf das Baukombinat Leipzig zurück.[123] Am 31. Januar 1987 wurde das Investitionsvorhaben Deutsche Hochschule für Körperkultur abgeschlossen.[124]

Die realisierte Anlage unterscheidet sich deutlich von den Wettbewerbsentwürfen von Hopp und Nierade. Im Laufe der 45 Jahre, in denen mit Unterbrechungen an der DHfK gebaut wurde, traten Motive wie die geschlossene Bebauung, die symmetrische Anordnung der Baukörper und die Einheitlichkeit der Architektur immer weiter in den Hintergrund. Stattdessen lassen sich an den Gebäuden die veränderten Vorstellungen davon, wie staatliche Architektur auszusehen habe, und der Bautechnik ablesen. Die Bebauung der Grünflächen mit Testfeld und Mensa nahm der Anlage den großzügigen parkähnlichen Charakter. Daher können heute nur die Gebäude des ersten Bauabschnitts einen Eindruck von der ursprünglichen Planung vermitteln.

---

[119] Vgl. UAL, DHfK-VwA 4058.
[120] Vgl. UAL, DHfK-VwA 3785.
[121] Vgl. Haberbeck 1996, S. 5.
[122] Vgl. Gehlhaar 2001, S. 73f.
[123] Vgl. Haberbeck 1996, S. 5.
[124] Vgl. UAL, DHfK-VwA 3476, Bd. 1, Bl. 146.

7.2 Die Sporthochschule Köln

7.2.1 Planungs- und Baugeschichte

Zwischen 1951 und 1953 entstanden westlich des Müngersdorfer Stadions auf dem späteren Gelände der Sporthochschule Köln zwei Wohnheime.[125] Sie folgten bereits dem Konzept einer lockeren Bebauung und nahmen die spätere Anordnung der weiteren Wohnheime vorweg. Im Jahr 1957 wurde ein Generalraumplan erstellt und das darin enthaltene Raumprogramm im Frühjahr 1958 genehmigt.[126] Drei weitere Studentenwohnheime folgten zwischen 1958 und 1960, um den Wohnraumbedarf zu decken.[127]

Die Vorstellung der Pläne für den Neubau der Sporthochschule Köln fand am 12. Dezember 1959 öffentlich statt.[128] Die Entwürfe sahen eine lockere Gruppierung der Gebäude vor, wie sie Carl Diem bereits 1947 in einer Denkschrift gefordert hatte.[129] Der realisierte Entwurf stammt von einer Arbeitsgemeinschaft um Oberbauleiter Walter Tralau. Ihr gehörten die Architekten Wolfgang Bleser und Hannsotto Schaefler sowie die Diplom-Ingenieure Klaus Encke und Helmut Schröter an.[130] Die Gesamtplanung lag beim Hochbauamt der Stadt Köln in Zusammenarbeit mit dem Gartenbau- und Tiefbauamt.[131] Bauherr war das Land Nordrhein-

---

[125] Vgl. Körbs/Decker 1986, S. 90.
[126] Vgl. Schwarz, Willi: Das Raumprogramm. In: Kultusministerium des Landes Nordrhein-Westfalen und Institut für Bauplanung und Bautechnik (Hg.): Deutsche Sporthochschule Köln, Zielplanung (Monographien und Werkberichte über europäische Grossbauten, 5) Detmold 1965, S. 2. Das vollständige Bau- und Raumprogramm ist in Sporthochschule Köln (Hg.): Feierliche Einweihung der Neubauten der Sporthochschule Köln am Dienstag, dem 25. Juni 1963. Köln 1963 nachzulesen.
[127] Vgl. Körbs/Decker 1986, S. 90.
[128] Vgl. UAL, DHfK-VwA 405, Bl. 66.
[129] Vgl. Körbs/Decker 1986, S. 89. Carl Diem war sehr stark an der Gestaltung von Sportstätten interessiert und rief 1953 das Institut für Sportstättenbau ins Leben. Dieses nahm ab 1957 die Aufgabe einer zentralen Beratungsstelle für den kommunalen Sportstättenbau wahr. Vgl. Roskam, Friedrich: Das Institut für Sportstättenbau des Deutschen Sportbundes. In: Kultusministerium des Landes Nordrhein-Westfalen und Institut für Bauplanung und Bautechnik (Hg.): Deutsche Sporthochschule Köln, Zielplanung (Monographien und Werkberichte über europäische Grossbauten 5) Detmold 1965, S. 13.
[130] Vgl. Sporthochschule Köln 1963, S. 7. Zur Planungsgeschichte des Neubaus und zur Baugeschichte bis 1963 konnten keine weiteren Quellen ausfindig gemacht werden.
[131] Vgl. Sporthochschule Köln 1963, S. 7.

Westfalen,[132] das am 1. April 1960 die Hochschule von der Stadt Köln übernahm. Letztere hatte bis zu diesem Zeitpunkt die Hälfte des Gesamtetats der Hochschule getragen.[133]
Die Grundsteinlegung für den Hochschulneubau erfolgte am 8. Mai 1960 durch den Ministerpräsidenten des Landes Nordrhein-Westfalen, Franz Meyers.[134] Einen Monat später begannen die Gründungsarbeiten. Die Bauarbeiten sollten im Herbst 1962 abgeschlossen werden. Auch im Fall der Sporthochschule Köln verzögerten sich dieser Termin wegen des Fachkräftemangels.[135] Am 1. März 1963 wurde der Neubau offiziell in Betrieb genommen (Abbildung 5).[136]

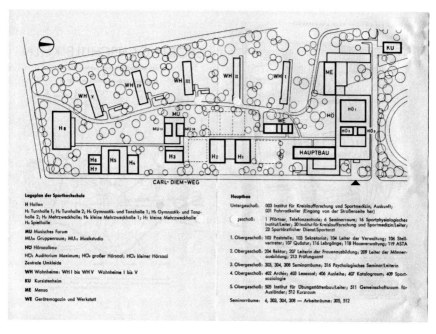

Abb. 5 Lageplan der Sporthochschule Köln um 1963. Ex: UAL, DHfK-VwA 405.

---

[132] Vgl. Tralau, Walter: Die Gesamtplanung. In: Sport- und Bäderbauten 3, Heft 3, 1964, S. 120f, S. 120.
[133] Vgl. Tralau 1964, S. 120.
[134] Vgl. Hollmann 1971, S. 2 und Deutsche Sporthochschule Köln 1987, S. 8.
[135] Vgl. Sporthochschule Köln 1963, S. 10.
[136] Vgl. Hollmann 1969, S. 2.

Die Anordnung der einzelnen Gebäude ist durch die Betonung der Geraden und des rechten Winkels geprägt. Aufgebrochen wird dieses Schema durch die bogenförmige Stellung der Wohnheime. Neben diesem Kontrast ist das Zusammenspiel von großen Gebäudekomplexen und kleinen Hallen charakteristisch. Es handelt sich um eine lockere Bebauung, in der jede Symmetrie vermieden wird. Die Architektur der Gebäude spiegelt die unterschiedlichen Funktionsbereiche wider. Während der Gebäudetrakt im Norden mit Eifel-Basalt-Lava verkleidet ist,[137] werden die Fassaden der Sporthallen durch gelbes Ziegelmauerwerk bestimmt.[138] Große Glasflächen sorgen jeweils für eine gute, natürliche Beleuchtung. Die Ausstattung der Gebäude ist als sehr funktional zu beschreiben, besonders im Fall der Sportstätten.

Die Erweiterung der Sporthochschule Köln begann neun Jahre nach der Fertigstellung der Anlage durch die Ergänzung um ein Schwimmzentrum südlich der Junkersdorfer Straße. 1975 folgte ein als Hochhaus realisiertes Wohnheim am nördlichen Ende des Carl-Diem-Weges. Am Guts-Muths-Weg eröffnete ein Jahr später ein Hockey- und Judozentrum. Ein Leichtathletikzentrum und die Nordhallen für Turnen und Sportspiele wurden im gleichen Jahr fertiggestellt. 1980 kam ein weiteres Institutsgebäude am Carl-Diem-Weg hinzu. 1985 wurde der Umbau der Mensa beendet.[139] Zehn Jahre später nahm die Zentralbibliothek der Sportwissenschaften im nördlichen Teil der Anlage den Betrieb auf. Ab 2003 standen die Hallen 9 und 10 östlich des Carl-Diem-Wegs, nach der Übergabe durch die Belgischen Streitkräfte, der Sporthochschule zur alleinigen Nutzung zur Verfügung. Der Bezug des Institutsgebäude II folgte ein Jahr später. 2006 wurde nördlich der Hallen 9 und 10 eine Leichtathletikanlage eingeweiht.[140]

---

[137] Vgl. Schröter, Helmut: Hauptbau. In: Sport- und Bäderbauten 3, Heft 3, 1964, S. 122f. S. 122.
[138] Vgl. Sporthochschule Köln 1963, S. 9.
[139] Unterlagen des Baudezernats der Sporthochschule Köln. Stand Mai 2008. Die Sporthochschule Köln hat dem Schwimmzentrum, dem Hockey- und Judozentrum sowie der Leichtathletikhalle jeweils eine eigene Publikation gewidmet. In ihnen wird auch auf die jeweilige Baugeschichte eingegangen. Vgl. Sporthochschule Köln (Hg.): Schwimmzentrum bei der Deutschen Sporthochschule in Köln. Köln 1972; Sporthochschule Köln (Hg.): Bundes- und Landesleistungszentrum für Hockey und Judo bei der Deutschen Sporthochschule Köln und Trainerakademie Köln e.V. Köln 1976 und Sporthochschule Köln (Hg.): Leichtathletikhalle der Deutschen Sporthochschule in Köln. Köln 1976.
[140] Vgl. Unterlagen des Baudezernats der Sporthochschule Köln. Stand Mai 2008 und URL:

Zwischen 2013 und 2019 entstand das Naturwissenschaftlich-Medizinische Institutsgebäude (NaWi Medi)[141] am Olympiaweg gegenüber den Nordhallen.[142]

7.2.2 Einordnung

7.2.2.1 Typologisch-funktionale Einordnung

Die Disposition der Sporthochschule Köln erinnert stark an die der Eidgenössischen Turn- und Sportschule in Magglingen in der Schweiz (Abbildung 6).[143]

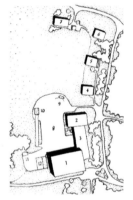

Abb. 6 Lageplan der Eidgenössischen Sport- und Turnschule Magglingen in der Schweiz vor 1956. Ex: Ortner, Rudolf: Sportbauten. Anlage, Bau, Ausstattung. 2. überarb. Aufl. München 1956, S. 302.

Sie ist nach Süden orientiert und wird durch einen großen Gebäudekomplex bestimmt. In ihm sind verschiedene Sportstätten untergebracht. Seine

---

https://www.dshs-koeln.de/hochschule/campus-freizeit/geschichte-entwicklung-des-campus/, Zugriff am 14. April 2023 um 14:46 Uhr. Nähere Informationen zur Baugeschichte sind bei Lietzau, Christian: Geschichte der Sporthochschule Köln von 1982 bis 2003. Diplomarbeit Deutsche Sporthochschule Köln 2005 nachzulesen.
[141] Vgl. URL: https://www.kadawittfeldarchitektur.de/projekt/nawi-medi-deutsche-sporthochschule/, Zugriff am 14. April 2023 um 15:07 Uhr.
[142] Vgl. URL: https://www.dshs-koeln.de/fileadmin/redaktion/Hochschule/Campus_und_Freizeit/Campusplan_DSHS.pdf, Zugriff am 14. April um 15:17 Uhr.
[143] Die Eidgenössische Turn- und Sportschule entstand nach einem Entwurf von Werner Schindler, Herrn Biel und Rudolf Knupfer. Vgl. Ortner, Rudolf: Sportstätten. Anlage, Bau, Ausstattung. 2. überarb. Aufl. München 1956, S. 302.

Form entspricht der eines nach Nordwesten offenen Winkels. In Richtung Norden folgen Spielplätze und Sprunganlagen. An seiner Ostseite verläuft ein Weg, der ihn mit drei nahezu quadratischen Hallen verbindet. Sie sind bogenförmig nach Nordosten angeordnet und stehen weit auseinander. Dem Pfad folgend befinden sich im äußersten Norden des Geländes zwei Atelierwohnungen für Bildhauer und Maler. Sowohl bei der Sporthochschule Magglingen als auch bei der Sporthochschule Köln werden eine zentrale Achse und eine symmetrische Anordnung vermieden. Beide Einrichtungen sind in einer bewaldeten Umgebung situiert. Ihre Gebäude sind jeweils locker gruppiert.[144] Aus einem von Walter Tralau, dem Oberbauleiter der Sporthochschule Köln, 1964 veröffentlichten Beitrag in der Zeitschrift *Sport + Bäderbauten* geht hervor, dass die an der Planung der Sporthochschule Köln beteiligten Architekten vom Typus ähnliche Bauaufgaben in der Bundesrepublik und in der Schweiz besichtigt hatten. Dabei soll auch die Eidgenössische Turn- und Sportschule besucht worden sein.[145]

Nach Darstellung der offiziellen Internetseite der Deutschen Sporthochschule Köln orientierten sich die Architekten bei der Situierung der einzelnen Gebäude am Aufbau des menschlichen Körpers. In dieser Analogie entspricht das Hauptgebäude dem Kopf und das Musische Forum in Anlehnung an Vorstellungen der griechischen Antike dem Herzen. Der überdachte Weg symbolisiert die Wirbelsäule.[146] Die Wohnheime können innerhalb dieses Bildes als Brustkorb beschrieben werden. Die Interpretation ist nachvollziehbar und die angeführte Rückbeziehung auf antike Vorstellungen sehr gut vorstellbar. Es ist wahrscheinlich, dass diese Metapher lediglich die Anordnung der Einzelbauten und nicht die gewählte Form einer lockeren Bebauung beeinflusste.

---

[144] Weiterführende Informationen zur Eidgenössischen Sporthochschule Magglingen können bei Eichenberger, Lutz: Die Eidgenössische Sportschule Magglingen 1944–1994. Magglingen 1994 nachgelesen werden. Ein Kapitel ist der baulichen Entwicklung der Sporthochschule ab 1950 gewidmet.
[145] Vgl. Tralau 1964, S. 3.
[146] Vgl. URL: https://www.dshs-koeln.de/hochschule/campus-freizeit/geschichte-entwicklung-des-campus/, Zugriff am 14. April 2023 um 14:46 Uhr. Diese Interpretation findet sich auch bei Borgers/Quanz 1998, S.60.

7.2.2.2 Architekturhistorische Einordnung

Auch im Hinblick auf die Architektur sind zwischen der Eidgenössischen Turn- und Sportschule Magglingen und der Sporthochschule Köln Parallelen festzustellen. So prägen die verwandten Klinkersteine in beiden Fällen sowohl die Fassade als auch die Innenwände der Sporthallen. Eine weitere Gemeinsamkeit sind die durchgehenden Fensterflächen an den Längsseiten der Gebäude. Die Schmalseiten sind hingegen fensterlos. Die Hallen der Turn- und Sportschule weisen im Gegensatz zu denen der Sporthochschule Köln Satteldächer auf.

Als Vorbild für die Architektur der Wohnheime dürften die Unterkunftshäuser der Sportakademie in Grünwald bei München gedient haben. Die Bauaufgabe wurde jeweils in Form langer schmaler Gebäuderiegel mit Satteldächern gelöst. Charakteristisch ist, dass die Fensterfronten in beiden Fällen nur im rechten Teil die volle Gebäudebreite nutzen. Die einzelnen Studentenwohnungen sind durch einen durchlaufenden Balkon miteinander verbunden. Im Fall der Kölner Unterkünfte gilt dies nur für die beiden nördlichen Wohnheime, die bereits zwischen 1951 und 1953 realisiert wurden.[147]

Mangels Bildmaterials ist es nicht möglich die Architektur des Haupt- und Hörsaalgebäudes der Sporthochschule Köln in Beziehung zur Eidgenössischen Turn- und Sportschule Magglingen oder der Sportakademie in München in Beziehung zu setzen.

8 Zusammenführung

Die Gründung der Sporthochschule Köln 1947 und die wachsende Konkurrenz zwischen den beiden 1949 gegründeten deutschen Staaten auf sportlichem Gebiet stellen entscheidende Faktoren für die Gründung der Deutschen Hochschule für Körperkultur 1950 dar. Umgekehrt wurde die Realisierung der DHfK als staatlicher Repräsentationsbau in den 1950er Jahren vor dem Hintergrund der Unterbringung der Sporthochschule im Müngersdorfer Stadion zum Politikum. Karsten Schumann zitiert in DHfK Leipzig 1950 – 1990 aus einer vertraulichen Notiz Willi Daumes vom 26.

---

[147] Vgl. Körbs/Decker 1986, S. 90.

Januar 1956 an den für Sport zuständigen Innenminister der Adenauer-Regierung:

> In Leipzig an der 'Sportschule' wird in den großartig eingerichteten wissenschaftlichen Instituten der beste wissenschaftliche Nachwuchs Deutschlands auf dem Gebiet der Sportwissenschaft gesammelt. Es besteht für mich kein Zweifel darüber, daß auch geistig in der Sportwissenschaft die SBZ alles in den Schatten stellen wird, was in der Bundesrepublik vorhanden ist... Ich glaube, daß es keinen Zweck hat, sehr verehrter Herr Minister, die Tatsachen noch weiter zu bagatellisieren; ich glaube vielmehr, daß es richtiger ist, die Tatsachen zu erkennen und zu überlegen, ob es nicht erforderlich ist, wirksame Gegenmaßnahmen zu ergreifen.[148]

Carl Diem äußerte 1957:

> Mit dem Bau der gewaltigen, vornehm ausgestatteten Privat-Sportschulen der Landessportbünde und der Fußballverbände und mit den noch gewaltigeren staatlichen Anlagen in Leipzig, in Moskau, Leningrad, Budapest, Rom, Paris, Stockholm, in China, Japan, den Vereinigten Staaten usw. können wir uns nicht vergleichen. Wir sind nicht einmal in der Lage größere Tagungen aufzunehmen, weder solche internationaler noch nationaler Art, weil wir uns mit Wohn-, Lehr- und Verpflegungsräumen gegenüber allen diesen Anstalten zurückstehend fühlen müssen.[149]

In seinen Augen war der Führungsanspruch, den die Sporthochschule Köln in Deutschland erhob, nicht mehr haltbar.[150] Da die wissenschaftliche Anerkennung deutlich später erfolgte, liegt die Vermutung nahe, dass die von Willi Daume geforderten Gegenmaßnahmen auf politischer Ebene zu Überlegungen über einen Neubau führten. Bei Borgers und Quanz findet sich der Hinweis, dass der Neubau bereits 1956 beschlossene Sache gewesen sein soll,[151] Carl Diem waren die Pläne in seiner Funktion als Rektor 1957 aber nicht bekannt.[152] Unstrittig ist hingegen ihre öffentliche Präsentation am 12. Dezember 1959.[153]

---

[148] Schumann, Karsten (Hg.): DHfK 1950–1990. Chronologie einer weltbekannten Sporthochschule und das abrupte Ende ihrer Geschichte. Köln 2003 3, S. 19.
[149] Diem 1957, S. 7.
[150] Vgl. Diem 1957, S. 7.
[151] Vgl. Borgers/Quanz 1998, S. 17.
[152] Vgl. Diem 1957, S. 2.
[153] Vgl. UAL, DHfK-VwA 405, Bl. 66.

Der Neubau der Sporthochschule Köln steht aus architekturhistorischer Perspektive in maximaler Opposition zu den nur in Teilen realisierten Plänen für die Deutsche Hochschule für Körperkultur Leipzig. Die lockere Bebauung, die Vermeidung jeglicher Symmetrie und die schlichte Architektur der Gebäude rezipieren den »Bautypus Sporthochschule« in der BRD und in der Schweiz. Die Deutsche Hochschule für Körperkultur folgt hingegen den in den 1950er Jahren propagierten städtebaulichen Grundsätzen der DDR und steht in der Tradition der Architektur des sozialistischen Realismus. Während bei der Kölner Sporthochschule großer Wert auf die Funktionalität der Gesamtplanung, der Architektur und auch der Einrichtung gelegt wurde, zielt die Gestaltung der DHfK in all diesen Punkten auf einen möglichst repräsentativen Ausdruck ab. Derart ordnen sich beide Sporthochschulen in die jeweiligen staatlichen Vorstellungen von Bauen ein. Sie sind gleichermaßen Symbole für das Sportsystem der Bundesrepublik und der DDR sowie für die Konkurrenz, in der die beiden deutschen Staaten zueinanderstanden.

9 Fazit und Ausblick

Wie die vorangegangenen Ausführungen zeigen, können architekturhistorische Methoden von großem Nutzen für sportgeschichtliche Untersuchungen sein. Die wechselseitige Beziehung zwischen der Deutschen Sporthochschule Köln und der Deutschen Hochschule für Körperkultur Leipzig illustriert dies besonders eindrucksvoll – ist aber keine Ausnahme. So verwundert es nicht, dass in den vergangenen Jahren die Zahl der Studien, die sich im Spannungsfeld von Architektur und Sportwissenschaft bewegen, gestiegen ist. Der in diesem Jahrbuch enthaltene Beitrag von Alexander Priebe[154] und die Ausführungen von Martin Falk[155] in der Vorjahres-Ausgabe belegen diesen Trend auch für die Gesellschaft der Geschichte der Sportwissenschaften e.V.

---

[154] Priebe, Alexander/Grabarits, Miriam: Das Institut für Leibesübungen und die kommunale Sportentwicklung in der Universitätsstadt Marburg. In: Court, Jürgen/Müller, Arno (Hg.): Jahrbuch 2023 der Deutschen Gesellschaft für Geschichte der Sportwissenschaft e.V. Münstern 2023, S. 111–121.
[155] Falk, Martin: Die Einführung des obligatorischen Schwimmunterrichts in Marburg. In: Court, Jürgen/Müller, Arno (Hg.): Jahrbuch 2022 der Deutschen Gesellschaft für Geschichte der Sportwissenschaft e.V. Münstern 2023, S. 33–47.

Der wissenschaftliche Mehrgewinn durch die fächerübergreifende Kombination von Methoden spricht dafür, dass sich diese Tendenz in den kommenden Jahren fortsetzen wird. Dennoch ist in jedem Fall zu prüfen, ob und in welcher Form eine interdisziplinäre Konzeption sinnvoll und methodisch vertretbar ist.

10 Literaturverzeichnis

Bauakademie der DDR (Hg.): Chronik Bauwesen. 1945–1971. Berlin 1974.
Bernett, Hajo (Hg.): Körperkultur und Sport in der DDR. Dokumentation eines geschlossenen Systems (Texte, Quellen, Dokumente zur Sportwissenschaft, 27) Schorndorf 1994.
Borgers, Walter/Quanz, Dietrich R.: Bildbuch Deutsche Sporthochschule Köln. In: Schriftenreihe der Deutschen Sporthochschule Köln, Band 38. Sankt Augustin 1998.
Buss, Wolfgang/Nitsch, Franz: Am Anfang war nicht Carl Diem. Die Gründungsphase der Sporthochschule Köln 1945–1947. Duderstadt 1986.
Deutsche Hochschule für Körperkultur (Hg.): Deutsche Hochschule für Körperkultur Leipzig. Leipzig 1955.
Deutsche Hochschule für Körperkultur (Hg.): Deutsche Hochschule für Körperkultur Leipzig. Leipzig 1968.
Deutsche Sporthochschule Köln (Hg.): Die Deutsche Sporthochschule Köln und ihre Partner. Informationsschrift zum 40jährigen Bestehen der DSHS 1987. Berlin, Bonn 1987.
Deutsche Sporthochschule Köln (Hg.): Personal- und Vorlesungsverzeichnis. Sommersemester 2008. Köln 2008.
Diem, Carl: Unsere Aufgabe. In: Sporthochschule Köln (Hg.): Festschrift zum 10-jährigen Bestehen der Sporthochschule Köln 1947–1957. Frankfurt am Main 1957, S. 1–9.
Durm, Josef/Ende, Hermann/Schmitt, Eduard u.a. (Hg.): Handbuch der Architektur: 4. Teil: Entwerfen. Anlage und Einrichtung der Gebäude. 6. Halbband: Gebäude für Erziehung, Wissenschaft und Kunst. 1. Heft: Niedere und höhere Schulen. Darmstadt 1889.
Durm, Josef: Die Baukunst der Griechen. In: Durm, Josef/Ende, Hermann/Schmitt, Eduard u.a. (Hg.): Handbuch der Architektur: 2. Teil: Die Baustile. Historische Entwicklung. 1. Halbband: Die Baukunst der Griechen. Darmstadt 1881.
Durth, Werner/Düwel, Jörn/Gutschow, Niels: Ostkreuz. Personen, Pläne, Perspektiven. In: Architektur und Städtebau in der DDR. 2 Bde. Frankfurt am Main 1998/99.
Eichenberger, Lutz: Die Eidgenössische Sportschule Magglingen 1944–1994. Magglingen 1994.
Engmann, Birk: Bauen für die Ewigkeit. Monumentalarchitektur des zwanzigsten Jahrhunderts und Städtebau in Leipzig in den fünfziger Jahren. Beucha 2006.
Falk, Martin: Die Einführung des obligatorischen Schwimmunterrichts in Marburg. In: Court, Jürgen/Müller, Arno (Hg.): Jahrbuch 2022 der Deutschen Gesellschaft für Geschichte der Sportwissenschaft e.V. Münster 2023, S. 33–47.
Frank, Günter: Die Deutsche Sporthochschule Köln. Geschichte–Ausbildung–Studium. Diplomarbeit Deutsche Hochschule für Körperkultur Leipzig 1967.

Gansera, Juliane: Die Deutsche Hochschule für Körperkultur in Leipzig. Entstehungskontext und Entwicklung des Bebauungskonzepts. Magisterarbeit Universität Leipzig, Institut für Kunstgeschichte 2008.

Gansera, Juliane: »Ein Tempel für den Sport« Die Architektur der ehemaligen Deutschen Hochschule für Körperkultur in Leipzig. In: Leipziger Sportwissenschaftliche Beiträge, Jg. 52, H. 1, 2011, S. 17–47.

Gehlhaar, Anke: Die Baugeschichte der Deutschen Hochschule für Körperkultur (DHfK) in Leipzig von 1949 bis 1985. Diplomarbeit Universität Leipzig, Sportwissenschaftliche Fakultät 2001.

Haberbeck, A.: Denkmalpflegerische Zielstellung Jahn-Allee 59 Leipzig. Leipzig 1996.

Hain, Simone: „Von der Geschichte beauftragt Zeichen zu setzen". Zum Monumentalitätsverständnis in der DDR am Beispiel der Gestaltung der Hauptstadt Berlin. In: Schneider, Romana/Wang Wilfried (Hg.): Moderne Architektur in Deutschland 1900 bis 2000. Macht und Monument. Ostfildern-Ruit 1998, S. 189–220.

Hanns Hopp, Kunz Nierade. Deutsche Hochschule für Körperkultur, Leipzig, 1951–62. In: Schneider, Romana (Hg.): Architektur im 20. Jahrhundert. Deutschland. München, London, New York 2000, S. 336f.

Hartung, Ulrich: Hochschulbauten der DDR in den fünfziger Jahren. In: Gibas, Monika/Pasternack, Peer (Hg.): Sozialistisch behaust und bekunstet: Hochschulen und ihre Bauten in der DDR. Leipzig 1999, S. 26–52.

Hollmann, Wildor: Sporthochschule – heute und morgen. Festvortrag des Rektors anläßlich der Semesterfeier im Sommersemester am 21. Mai 1969 (Veröffentlichungen der Deutschen Sporthochschule Köln, 7). Köln 1971.

Koch, Ralf: Leipzig und Dresden. Städte des Wiederaufbaus in Sachsen. Stadtplanung, Architektur, Architekten 1945–1955. Dissertation Universität Leipzig 1999.

Körbs, Werner/Decker, Wolfgang: Vorgeschichte und Gründung der Sporthochschule Köln 1946–1948. In: Schriften der Deutschen Sporthochschule Köln, Bd. 17. Sankt Augustin 1986.

Kühnst, Peter: Der missbrauchte Sport. Die politische Instrumentalisierung des Sports in der SBZ und in der DDR 1945–1957. Köln 1982.

Lietzau, Christian: Geschichte der Sporthochschule Köln von 1982 bis 2003. Diplomarbeit Deutsche Sporthochschule Köln 2005.

Manß, Christian: Vom „Stadion der Hunderttausend" zur Fußball-Arena. Die Neuplanung und der Umbau des Leipziger Zentralstadions 2000–2004. Magisterarbeit Universität Leipzig, Institut für Kunstgeschichte 2007.

Matthieß, Willi: Tbc-Heilstätte Bad Berka. Entwurf Nationalpreisträger Professor Hanns Hopp. In: Deutsche Architektur 4, Heft III, 1955, S. 112–118.

Narbert, Thomas/Jackowski, Nannette/Rost, Wolf-Dietrich: Sportforum Leipzig. Geschichte und Zukunft. Leipzig 2004.

Nerdinger, Winfried: Architektur und öffentliches Leben. In: Schneider, Romana/Nerdinger, Winfried/Wang, Wilfried (Hg.): Architektur im 20. Jahrhundert. Deutschland. München, London, New York 2000, S. 264–271.

Nerdinger, Winfried: »Ein deutlicher Strich durch die Achse der Herrscher«. Diskussion um Symmetrie, Achse und Monumentalität zwischen Kaiserzeit und Bundesrepublik. In: Schneider, Romana/Wang Wilfried (Hg.): Moderne Architektur in Deutschland 1900 bis 2000. Macht und Monument. Ostfildern-Ruit 1998, S. 87–100.

Noever, Peter/Grojs, Boris (Hg.). Tyrannei des Schönen. Architektur der Stalin-Zeit. Katalog Österreichisches Museum für Angewandte Kunst Wien, München, New York, Prestel 1994.
Ortner, Rudolf: Sportstätten. Anlage, Bau, Ausstattung. 2. überarb. Aufl. München 1956.
Pehnt, Wolfgang: Deutsche Architektur seit 1900. 2. Aufl. München 2006.
Peiffer, Lorenz/Fink, Matthias. Zum aktuellen Forschungsstand der Geschichte von Körperkultur und Sport in der DDR. Eine kommentierte Bibliografie. Köln 2003.
Priebe, Alexander/Grabarits, Miriam: Das Institut für Leibesübungen und die kommunale Sportentwicklung in der Universitätsstadt Marburg. In: Court, Jürgen/Müller, Arno (Hg.): Jahrbuch 2023 der Deutschen Gesellschaft für Geschichte der Sportwissenschaft e.V. Münstern 2023, S. 111–121.
Roskam, Friedrich: Das Institut für Sportstättenbau des Deutschen Sportbundes. In: Kultusministerium des Landes Nordrhein-Westfalen und Institut für Bauplanung und Bautechnik (Hg.): Deutsche Sporthochschule Köln, Zielplanung (Monographien und Werkberichte über europäische Grossbauten 5) Detmold 1965.
Schröter, Helmut: Hauptbau. In: Sport- und Bäderbauten 3, Heft 3, 1964, S. 122f.
Schulze, Inga-Kristin: Kunz Nierade (1901–1976). Leben und Werk. Magisterarbeit Universität Leipzig, Institut für Kunstgeschichte 2000.
Schumann, Karsten (Hg.): DHfK 1950–1990. Chronologie einer weltbekannten Sporthochschule und das abrupte Ende ihrer Geschichte. Köln 2003.
Schwarz, Willi: Das Raumprogramm. In: Kultusministerium des Landes Nordrhein-Westfalen und Institut für Bauplanung und Bautechnik (Hg.): Deutsche Sporthochschule Köln, Zielplanung (Monographien und Werkberichte über europäische Grossbauten, 5) Detmold 1965.
Sporthochschule Köln (Hg.): Bundes- und Landesleistungszentrum für Hockey und Judo bei der Deutschen Sporthochschule Köln und Trainerakademie Köln e.V. Köln 1976.
Sporthochschule Köln (Hg.): Feierliche Einweihung der Neubauten der Sporthochschule Köln am Dienstag, dem 25. Juni 1963. Köln 1963.
Sporthochschule Köln (Hg.): Leichtathletikhalle der Deutschen Sporthochschule in Köln. Köln 1976.
Sporthochschule Köln (Hg.): Schwimmzentrum bei der Deutschen Sporthochschule in Köln. Köln 1972.
Teichler, Hans Joachim: Die Sportbeschlüsse des Politbüros. Eine Studie zum Verhältnis von SED und Sport mit einem Gesamtverzeichnis und einer Dokumentation ausgewählter Beschlüsse (Wissenschaftliche Berichte und Materialien, 2) Bergisch-Gladbach 2002.
Topfstedt, Thomas: Grundlinien der Entwicklung von Städtebau und Architektur in der Deutschen Demokratischen Republik 1949 bis 1955. 3 Bde. Dissertation Universität Leipzig 1980.
Tralau, Walter: Die Gesamtplanung. In: Sport- und Bäderbauten 3, Heft 3, 1964, S. 120f.
Unterlagen des Baudezernats der Sporthochschule Köln. Stand Mai 2008.
Urban, Margot: Die nationale und internationale Rolle der Deutschen Hochschule für Körperkultur. Diplomarbeit Deutsche Hochschule für Körperkultur Leipzig 1960.
Wagner, Heinrich: Die Anlage des Gebäudes. In: Durm, Josef/Ende, Hermann/Schmitt, Eduard u. a. (Hg.): Handbuch der Architektur: 4. Teil: Entwerfen. Anlage und

Einrichtung der Gebäude 1. Halbband: Die architektonische Komposition. Darmstadt 1883, S. 78–119.

Weidner, Edgar (Hg.): Zeittafel zur Geschichte der DHfK 1950–1985. 2. überarb. und erw. Aufl. Leipzig 1985.

Wiesemann, Gabriele: Hanns Hopp 1890 – 1971. Königsberg, Dresden, Halle, Ost-Berlin. Eine biographische Studie zu moderner Architektur. Dissertation Universität Bonn 1998. Schwerin 2000.

Wolf, Christiane: Gauforen – Zentren der Macht. Zur nationalsozialistischen Architektur und Stadtplanung. Dissertation Universität Bochum 1999. Berlin 1999.

Wonneberger, Günther: Deutsche Hochschule für Körperkultur (DHfK) 1950–1990 – Überblick. In: Lehmann, Gerhard (Hg.): Deutsche Hochschule für Körperkultur Leipzig 1950–1990. Entwicklung, Funktion, Arbeitsweise. Aachen 2007, S. 14–29.

11 Internetquellen:

https://www.dshs-koeln.de/fileadmin/redaktion/Hochschule/Campus_und_Freizeit/Campusplan_DSHS.pdf, Zugriff am 14. April um 15:17 Uhr.

https://www.dshs-koeln.de/hochschule/campus-freizeit/geschichte-entwicklung-des-campus/, Zugriff am 14. April 2023 um 14:46 Uhr.

https://www.kadawittfeldarchitektur.de/projekt/nawi-medi-deutsche-sporthochschule/, Zugriff am 14. April 2023 um 15:07 Uhr.

12 Archivalien

Bundesarchiv Berlin
BArch DH 1/41616
BArch DH 1/43668
BArch, DH 1/43669
BArch, DH 2/A 5
BArch, DH 2/A 15
BArch, DH 2/A 46
BArch, DH 2/A 78

Stadtarchiv Leipzig
StAL, StVuR (1) 5117
StAL, StVuR (1) 10763
StAL, StVuR (1) 15803

Universitätsarchiv Leipzig
UAL, DHfK-VwA 298
UAL, DHfK-VwA 361, Bd. 1
UAL, DHfK-VwA 361, Bd. 2
UAL, DHfK-VwA 405
UAL, DHfK-VwA 846

UAL, DHfK-VwA 1610
UAL, DHfK-VwA 2070
UAL, DHfK-VwA 2981
UAL, DHfK-VwA 3317, Bd. 4
UAL, DHfK-VwA 3476, Bd. 1
UAL, DHfK-VwA 3785
UAL, DHfK-VwA 4058
UAL, DHfK-VwA 4296
UAL, DHfK-VwA 4297, Bd. 1955
UAL, DHfK-VwA 4298
UAL, DHfK-VwA 4300
UAL, DHfK-VwA 4302, Bd. 1
UAL, DHfK-VwA 4302, Bd. 2
UAL, DHfK-VwA 4304, Bd. 2
UAL, DHfK-VwA R 06 r1.
UAL, DHfK-VwA R 9 – 3s, Bd. 2

Nachruf

Ingomar Weiler †

Unser langjähriges Mitglied Ingomar Weiler ist Ende Oktober 2023 nach langjähriger Krankheit verstorben. Als Altertumswissenschaftler mit weltweiter Anerkennung lag sein Schwerpunkt auf der Erforschung der antiken Sklaverei und der alten Sportgeschichte, in der vor allem sein Buch „Der Sport bei den Völkern der Alten Welt" und seine von ihm mitherausgegebenen „Quellen zum Antiken Sport" zum unverzichtbaren Rüstzeug geworden sind. Die Deutsche Gesellschaft für Geschichte der Sportwissenschaft e. V. hat in vielfacher Weise von ihm profitieren dürfen: durch die Veröffentlichung von maßgeblichen Aufsätzen in ihren Jahrbüchern, die profunde und stets vom Geist großer Hilfsbereitschaft geprägte Kritik der nicht aus seiner Feder stammenden Publikationen und schließlich die Abhaltung der Jahrestagung 2009 an seiner Grazer Wirkungsstätte. Unvergeßlich und beispielhaft für seine Gastfreundschaft und Liebenswürdigkeit war der Überraschungsauftritt seiner Band mit Ingomar Weiler an der Posaune im Roseggerhof und dem Ständchen für unsere Gesellschaft.

Der Vorstand

Autoren- und Herausgeberverzeichnis

Prof. em. Dr. Jürgen Court
Ölbergstr. 30
50939 Köln

Dr. Matthias Fechner
Universität Trier
FB II
Universitätsring 15
54296 Trier

Juliane Gansera-Blum
Dorfplatz 9
04668 Grimma

Miriam Grabarits
Technische Universität Darmstadt
Institut für Geschichte
Arbeitsgebiet Geschichtsdidaktik
Residenzschloss 1
64283 Darmstadt

Prof. em. Dr. Winfried Joch
WWU Münster
Institut für Sportwissenschaft
Horstmarer Landweg 62 b
48149 Münster

Prof. Dr. Arno Müller
Universität Erfurt
Fachgebiet Sport- und
Bewegungswissenschaften
Nordhäuser Str. 63
99089 Erfurt

M. Tarik Orliczek
Philipps-Universität Marburg
Institut für Sportwissenschaft
und Motologie
Barfüßerstraße 1
35032 Marburg

Dr. Alexander Priebe
Philipps-Universität Marburg
Institut für Sportwissenschaft
und Motologie
Barfüßerstraße 1
35032 Marburg

Prof. em. Dr. Dr. h.c.
Klaus Willimczik
Werkstraße 27
64732 Bad König

Studien zur Geschichte des Sports
hrsg. von Prof. Dr. Wolfram Pyta (Universität Stuttgart),
Prof. Dr. Giselher Spitzer (HU Berlin), Prof. Dr. Rainer Gömmel
(Universität Regensburg), Prof. Dr. Jürgen Court (Universität Erfurt) und
Prof. Dr. Michael Krüger (Universität Münster)

Jürgen Court, Arno Müller (Hrsg.)
Jahrbuch 2022 der Deutschen Gesellschaft für Geschichte der Sportwissenschaft e. V.
Dieses siebzehnte Jahrbuch der interdisziplinären Deutschen Gesellschaft für Geschichte der Sportwissenschaft e. V. versammelt die Beiträge ihrer Jahrestagung 2021. Es behandelt spätmittelalterliche und frühneuzeitliche Fechtmeister, die Einführung des Schwimmunterrichts in Marburg, ein neuentdecktes Bonner Gutachten zur Reform der Turnlehrerbildung von 1928, den Marburger Institutsdirektor Peter Jaeck, das National Gymnasium in Tokio, das Marburger Institut für Leibesübungen zwischen 1965 und 1975 sowie den Vorschlag einer neuen Torewertung im Fußballspiel.
Die Autoren der Aufsätze sind Jan Schlürmann, Martin Falk, Jürgen Court, Alexander Priebe, Juliane-Gansera-Blum, Ralf Laging und Günther Bäumler.
Der Band ist für Studierende und Lehrende der Sportwissenschaft und ihrer Mutterdisziplinen (Geschichtswissenschaft, Wissenschaftsgeschichte, Architekturgeschichte, Sportgeschichte, Militärgeschichte, Pädagogik, Statistik) gleichermaßen von Interesse.
Bd. 27, 2022, 116 S., 24,90 €, br., ISBN 978-3-643-15266-4

Jürgen Court; Arno Müller (Hrsg.)
Jahrbuch 2021 der Deutschen Gesellschaft für Geschichte der Sportwissenschaft e. V.
Bd. 26, 2022, 114 S., 24,90 €, br., ISBN 978-3-643-15022-6

Jürgen Court; Arno Müller; Wolfgang Buss (Hrsg.)
Jahrbuch 2020 der Deutschen Gesellschaft für Geschichte der Sportwissenschaft e. V.
Bd. 25, 2021, 114 S., 24,90 €, br., ISBN 978-3-643-14817-9

Jürgen Court; Arno Müller (Hrsg.)
Jahrbuch 2019 der Deutschen Gesellschaft für Geschichte der Sportwissenschaft e. V.
Bd. 24, 2020, 164 S., 24,90 €, br., ISBN 978-3-643-14513-0

Jürgen Court
Deutsche Sportwissenschaft in der Weimarer Republik und im Nationalsozialismus
Bd. 3: Institute für Leibesübungen 1920 – 1925
Bd. 23, 2019, 228 S., 24,90 €, gb., ISBN 978-3-643-14354-9

Jürgen Court; Arno Müller (Hrsg.)
Jahrbuch 2018 der Deutschen Gesellschaft für Geschichte der Sportwissenschaft e. V.
Bd. 22, 2019, 132 S., 24,90 €, br., ISBN 978-3-643-14234-4

LIT Verlag Berlin – Münster – Wien – Zürich – London
Auslieferung Deutschland / Österreich / Schweiz: siehe Impressumsseite

Jürgen Court; Arno Müller (Hrsg.)
Jahrbuch 2017 der Deutschen Gesellschaft für Geschichte der Sportwissenschaft e. V.
Bd. 21, 2018, 200 S., 24,90 €, br., ISBN 978-3-643-13926-9

Jürgen Court; Arno Müller (Hrsg.)
Jahrbuch 2015/16 der Deutschen Gesellschaft für Geschichte der Sportwissenschaft e. V.
Bd. 20, 2017, 250 S., 24,90 €, br., ISBN 978-3-643-13637-4

Jürgen Court; Arno Müller (Hrsg.)
Jahrbuch 2014 der Deutschen Gesellschaft für Geschichte der Sportwissenschaft e. V.
Bd. 19, 2016, 136 S., 24,90 €, br., ISBN 978-3-643-13245-1

Jürgen Court; Arno Müller (Hrsg.)
Jahrbuch 2013 der Deutschen Gesellschaft für Geschichte der Sportwissenschaft e. V.
Bd. 18, 2014, 160 S., 24,90 €, br., ISBN 978-3-643-12895-9

Josef M. Feigenberg
Nikolai Bernstein – from Reflex to the Model of the Future
vol. 17, 2014, 272 pp., 29,90 €, pb., ISBN-CH 978-3-643-90583-3

Jürgen Court
Deutsche Sportwissenschaft in der Weimarer Republik und im Nationalsozialismus
Bd. 2: Die Geschichte der Deutschen Hochschule für Leibesübungen 1919 – 1925
Bd. 16, 2014, 320 S., 39,90 €, br., ISBN 978-3-643-12558-3

Jürgen Court; Eberhard Loosch; Arno Müller (Hrsg.)
Jahrbuch 2012 der Deutschen Gesellschaft für Geschichte der Sportwissenschaft e. V.
N. A. Bernstein versus I. P. Pavlov – „,bedingte Reflexe' revisited"
Bd. 15, 2014, 192 S., 24,90 €, br., ISBN 978-3-643-12437-1

Jürgen Court; Hans-Georg Kremer; Arno Müller (Hrsg.)
Jahrbuch 2011 der Deutschen Gesellschaft für Geschichte der Sportwissenschaft e. V.
Bd. 14, 2012, 248 S., 24,90 €, br., ISBN 978-3-643-11922-3

Michael Krüger (Hrsg.)
Erinnerungskultur im Sport
Vom kritischen Umgang mit Carl Diem, Sepp Herberger und anderen Größen des deutschen Sports
Bd. 13, 2. Aufl. 2014, 312 S., 29,90 €, br., ISBN 978-3-643-11677-2

Jürgen Court; Arno Müller; Wolfram Pyta (Hrsg.)
Jahrbuch 2010 der Deutschen Gesellschaft für Geschichte der Sportwissenschaft e. V.
Bd. 12, 2011, 144 S., 24,90 €, br., ISBN 978-3-643-11476-1

LIT Verlag Berlin – Münster – Wien – Zürich – London
Auslieferung Deutschland / Österreich / Schweiz: siehe Impressumsseite

Jürgen Court; Arno Müller; Christian Wacker (Hrsg.)
Jahrbuch 2009 der Deutschen Gesellschaft für Geschichte der Sportwissenschaft e. V.
Bd. 11, 2010, 176 S., 24,90 €, br., ISBN 978-3-643-11026-8

Jürgen Court; Arno Müller; Andrea Schulte (Hrsg.)
Jahrbuch 2008 der Deutschen Gesellschaft für Geschichte der Sportwissenschaft e. V.
Bd. 10, 2009, 232 S., 24,90 €, br., ISBN 978-3-643-10229-4

Michael Krüger (Hrsg.)
Der deutsche Sport auf dem Weg in die Moderne
Carl Diem und seine Zeit
Bd. 9, 2009, 400 S., 39,90 €, br., ISBN 978-3-643-10140-2

Michael Krüger (Hrsg.)
Erinnerungen an Carl Diem
Bd. 8, 2009, 136 S., 19,90 €, br., ISBN 978-3-643-10120-4

Jürgen Court; Arno Müller; Christian Wacker (Hrsg.)
Jahrbuch 2007 der Deutschen Gesellschaft für Geschichte der Sportwissenschaft e. V.
Sport-Körper-Religion
Bd. 7, 2008, 160 S., 24,90 €, br., ISBN 978-3-8258-1678-0

Jürgen Court
Deutsche Sportwissenschaft in der Weimarer Republik und im Nationalsozialismus
Band 1: Die Vorgeschichte 1900 – 1918
Bd. 6, 2008, 320 S., 24,90 €, gb., ISBN 978-3-8258-1379-6

Christian Wacker; Robert Marxen (Hrsg.)
Olympia – Ideal und Wirklichkeit
Festschrift für Norbert Müller zum 60. Geburtstag
Bd. 5, 2008, 352 S., 34,90 €, br., ISBN 978-3-8258-1208-9

Loosch Eberhard
Otto Klemm (1884 – 1939) und das Psychologische Institut in Leipzig
Bd. 4, 2008, 160 S., 24,90 €, gb., ISBN 978-3-8258-0981-2

Peter Tauber
Vom Schützengraben auf den grünen Rasen
Der Erste Weltkrieg und die Entwicklung des Sports in Deutschland
Bd. 3, 2008, 496 S., 39,90 €, br., ISBN 978-3-8258-0675-0

Jürgen Court; Arno Müller; Christian Wacker (Hrsg.)
Jahrbuch 2006 der Deutschen Gesellschaft für Geschichte der Sportwissenschaft e. V.
Fußballsport und Wissenschaftsgeschichte
Bd. 2, 2007, 176 S., 24,90 €, br., ISBN 978-3-8258-0674-3

Jürgen Court (Hrsg.)
Jahrbuch 2005 der Deutschen Gesellschaft für Geschichte der Sportwissenschaft e. V.
Bd. 1, 2006, 192 S., 14,90 €, br., ISBN 3-8258-9352-9

LIT Verlag Berlin – Münster – Wien – Zürich – London
Auslieferung Deutschland / Österreich / Schweiz: siehe Impressumsseite